기출문제를 토대로 한 국가공인
한자 자격시험
연습문제집 사범

- 선정한자/수록
- 기출문제를 토대로 한 연습문제 12회분 구성
- 실제 시험형태의 문제지와 답안지로 실전 대비
- 대학 특기, 특별전형 시 우대
- 삼성전자 및 주요 기업 입사, 승진 시 가산점 부여

형 민 사

기출문제를 토대로 한
한자자격시험 연습문제 사범

인　　　쇄 | 2024. 06. 01
펴　낸　곳 | 주식회사 형민사
지　은　이 | 국제어문능력개발원
인터넷구매 | www.hanja114.com
구　입　문의 | TEL.02-736-7693~4, FAX.02-736-7692
주　　　소 | ㉾100-032 서울시 중구 수표로45, B1 101호(저동2가 비즈센터)
등　록　번호 | 제2016-000003호
정　　　가 | 20,000
I S B N | 978-89-91325-41-8 13710

국가공인
한자자격시험
연습문제집 사범

1.

이 책은
'사단법인 한자교육진흥회'가 주관하고
'한국한자실력평가원'이 시행하는
'국가공인 한자자격시험 사범'을 준비하는 응시자를 위해
만들어졌습니다.

2.

선정한자를 익힌 후
기출문제를 토대로 한 12회분의 연습문제를 풀면서
출제유형과 경향을 파악하도록 구성하였습니다.

3.

정답을 작성할 수 있는 연습용 답안지 5회분을 수록하여
실전에 대비한 모의시험이 가능하도록 하였습니다.

국가공인
한자자격시험
연습문제집 사범

목 차

국가공인 한자자격시험 안내

● 한자자격시험은

낱글자 암기 능력 위주의 평가를 지양하고
우리 국어 생활에 필요한 한자어들의 활용 능력을 평가하여
한자공부로 一石多鳥의 효과를 누릴 수 있도록 구성된
국가공인기관에서 시행하는 시험입니다.

총 5,000자의 선정한자를 등급별로 선정	▶	체계있는 단계별 한자학습
초·중·고등학교 교과서 한자어 평가	▶	전 교과목 학습능력 향상
총 1,000여 단어의 직업별 전문용어 평가	▶	업무능력의 향상

● **시험일정: 연간 4회(세부일정은 홈페이지 참조, www.hanja114.org, 전화 02-3406-9111**

● **시험 요강**

급수		공인급수				교양급수							
		사범	1급	2급	3급	준3급	4급	준4급	5급	준5급	6급	7급	8급
평가한자수	계	5,000자	3,500자	2,300자	1,800자	1,350자	900자	700자	450자	250자	170자	120자	50자
	선정한자	5,000자	3,500자	2,300자	1,300자	1,000자	700자	500자	300자	150자	70자	50자	30자
	교과서. 직업군별 실용한자어	단문. 한시 등	500단어	500단어	500자 (436단어)	350자 (305단어)	200자 (156단어)	200자 (139단어)	150자 (117단어)	100자 (62단어)	100자 (62단어)	70자 (43단어)	20자 (13단어)
문항수		200	150	100	100	100	100	100	100	100	80	50	50
합격기준		80점	70점	70점	70점	70점	70점	70점	70점	70점	70점	70점	70점
시험시간(분)		120	80	60	60	60	60	60	60	60	60	60	60

※교과서 한자어는 3급 이하 급수에서 출제되며, 쓰기문제는 출제되지 않습니다. ※직업군별 실용한자어는 1급과 2급에서 출제됩니다.

● **접수방법**

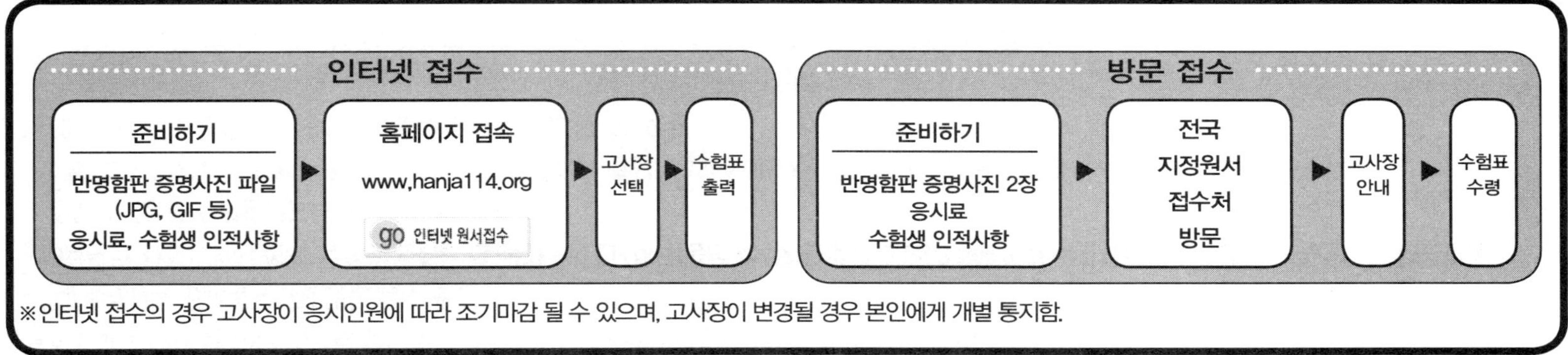

※인터넷 접수의 경우 고사장이 응시인원에 따라 조기마감 될 수 있으며, 고사장이 변경될 경우 본인에게 개별 통지함.

● **시험당일 준비 사항**

▶ 수험표와 신분증 소지
▶ 필기구: 6급 이상 – 컴퓨터용 싸인펜, 검정볼펜, 수정테이프
　　　　　7급~8급 – 연필, 지우개
▶ 고사장 위치 사전 확인
▶ 시험시간 20분 전 입실 완료

추천교재 구입처

도서출판 **형 민 사**

전화: 02)736-7694
홈페이지: www.hanja114.com

긍지로 20년 희망으로 200년!

사단법인 한자교육진흥회는?

- 한자교육 단체 중 국내 최초로 법인 인가(1990년 11월)/국가공인 · 자격관리 운영기관 지정(2004년 1월)
- 국내 유일의 공교육체계에 맞는 급수 편성
- 3급부터 사범급까지 전체 급수 공인취득 ◐ 국가공인 민간자격증은 자격기본법 제 23조 3항에 따라 국가자격을 취득한 자와 동등한 대우를 받음
- 전역예정장교 직업훈련교육기관으로 지정된 단체
- 생활보호대상자(학교별 단체 특별시험에 한함–교장의 추천), 교도소재소자, 발달장애아 등에게 무료 응시케 하는 사회봉사 단체
- **해외 한인학교 한자교육 및 자격시험 지원 기관(인도네시아, 독일 등)**
- 공공기관이 주관 · 실시하는 한자경시대회 출제 및 채점 지원(양천구청장배 등)
- **※ 간송학술장학재단의 장학규정에 의거 초 · 중 · 고교생 중 사범 합격자에게는 장학증서 및 장학금 지급**

한자자격시험은 이렇게 출제하여 평가한다.

- 교육부선정 한문교육용 기초한자 1,800자와 대법원인명용한자, 전산용한자, 고문연구용한자 등 총 5,000자를 급수별로 선정하고,
  초 · 중 · 고교의 교과서 한자어와 직업군별 실용한자어 등을 종합평가한다.
- **객관식 약 30%, 주관식 약 70%로 출제**하고 한자의 훈음, 독음, 상대어(반의어), 유의어, 부수, 고문의 이해 범위에서의 쓰기, 읽기,
  해석하기, 문장구성 등 종합적 활용능력을 평가한다.
- 3급 이하에서 출제되는 교과서 한자어는 사용 빈도수가 높은 단어를 선정 평가함으로써 **어휘력, 논술력 향상과 교과서 한자어의 인지도를 높여
  종합적 학습능력을 신장**시킨다.
- 2급, 1급에서는 직업군별 실용한자어를 평가함으로써 **직무능력의 향상**을 꾀한다.

자격증을 취득하면 어디에 활용하는가?

초 · 중 · 고교생	• 초 · 중 · 고교 학교 생활기록부 '자격증 및 인증 취득상황'란에 등재 (교육과학기술부 훈령 제719호 학교 생활기록 작성 및 관리지침 제10조)되며 진학 및 개인별 능력평가 시 반영 ◐ '자격증 및 인증 취득상황'란 기재 예시 <table><tr><td>자격종목</td><td>급수</td><td>자격증번호</td><td>취득년월일</td><td>자격증발행기관</td></tr><tr><td>한자실력급수</td><td>3급</td><td>000-30-00000</td><td>2008.00.00.</td><td>(사)한자교육진흥회</td></tr></table>• 국내 유수대학의 **입시에 우대** (각 대학의 입시요강 참고) • 이화여자외국어고등학교, 김포외국어고등학교는 한자자격시험에 전원 응시케 해 자격증을 취득하고 있음
대학생 · 일반 · 직장인	• 한국방송통신대학교 중어중문학과에서 1급 이상의 자격을 취득한 자는 졸업논문 대체 인정 • 한국교육개발원의 학점인정기준에 따라 전국학점은행제 기관에 신청하면 **사범 5학점, 1급 3학점 인정** • 전국경제인연합회 전임 강신호 회장이 타 단체와 크게 차별화 된 것을 높이 평가 전경련 회원사 (기업체)에 추천 ◐ 국정원, 삼성그룹, 한국무역협회, 동아제약, 우리은행 등 **수많은 기업신입사원 채용 시 가산점 부여, 면접활용** ◐ 녹십자와 현대건설 등 다수의 기업에서는 협약을 맺어 전 사원에게 한자자격시험에 응시 인사고과에 반영 • 육군간부 및 군무원의 인사고과 반영 • 경기도 파주시청을 비롯한 국가기관에서 **공무원 직무능력 향상의 수단으로 한자 자격취득 권장**

한자자격시험 응시를 위한 준비는 어떻게 하나?

- **교재 활용하기**
  - ◐ 추천도서: 도서출판 **형민사** 발행 수험서
    - 한자자격시험(사범~8급, 총 12종)
    - 한자자격시험 연습문제집 (사범~8급, 총 12종)
    - 한자공부(1단계~5단계: 8급~5급 내용수록)
    - 쉽고 재미있게 익히는 한자공부 (초등학교용, 1단계~3단계): 서울시 교육감인정도서
- **인터넷 활용하기**
  - ◐ 한자교육진흥회 홈페이지의 **기출문제** 이용하기: www.hanja114.org ➡ 상단 메뉴바 기출문제 참고

사범 선정한자

가

한자	뜻	음	약자
呵	꾸짖을	가	
椵	나무이름	가	
枷	도리깨	가	
茄	연줄기	가	
珂	옥이름	가	
跏	책상다리할	가	
咖	커피	가	
痂	헌데딱지	가	
哥	형/성(姓)	가	
咯	꿩소리/토할	각	
慤	성실할	각	(悫)
柬	가릴	간	
癎	간질	간	(痫)
齦	깨물	간	(龈)
桿	박달	간	(杆)
稈	짚	간	(秆)
旰	해질	간	
堨	땅이름	갈	
曷	어찌	갈	
蝎	전갈	갈	
褐	털옷	갈	
橄	감람나무	감	
紺	감색	감	(绀)
龕	감실	감	(龛)
疳	감적	감	
苷	감초	감	
坎	구덩이	감	
歁	바랄	감	
砍	벨	감	
嵌	산깊을	감	
瑊	옥돌	감	
酣	즐길	감	
戡	칠	감	
閘	수문	갑	(闸)
胛	어깨	갑	
杠	깃대/다리	강	
畺	지경	강	
鎧	갑옷	개	(铠)
喈	새소리	개	
愾	성낼	개	(忾)
喀	토할	객	
粳	메벼	갱	
賡	이을	갱	(赓)
倨	거만할	거	
祛	떨어없앨	거	
裾	옷자락	거	
踞	웅크릴	거	
据	일할/의거할	거	
鋸	톱	거	(锯)
炬	횃불	거	
褰	옷걷을	건	
騫	이지러질	건	(骞)
蹇	절(절다)	건	
腱	힘줄밑둥	건	
黔	검을	검	
瞼	눈꺼풀	검	(睑)
鈐	비녀장	검	(钤)
迲	갈	겁	
偈	쉴/게송	게	
覡	박수	격	(觋)
繭	고치	견	(茧)
蠲	밝을/맑을	견	
箝	재갈먹일	겸	
慊	찐덥지않을	겸	
鉗	칼	겸	(钳)
歉	흉년들/부족할	겸	
裌	겹옷	겹	
璟	경옥	경	
檠	도지개	경	
罄	빌/공허할	경	
熲	빛날/불빛	경	
勍	셀	경	
脛	정강이	경	(胫)
悸	두근거릴	계	
髻	상투/부엌귀신	계	
薊	엉겅퀴	계	(蓟)
堺	지경	계	
棨	창(儀仗用)	계	
誥	고할/경계	고	(诰)
暠	깨끗할	고	
尻	꽁무니	고	
翶	날(날다)	고	(翱)
蠱	독	고	(蛊)
錮	땜질할	고	(锢)
餻	떡/가루떡	고	
藁	마른나무	고	
栲	북나무	고	
攷	상고할	고	(考)
呱	울(울다)	고	
苽	줄	고	
沽	팔(팔다)	고	
菰	향초	고	
辜	허물	고	
鵠	고니	곡	(鹄)
嚳	고할	곡	(喾)
斛	휘/열(十)말	곡	
閫	문지방	곤	(阃)
錕	붉은금(赤金)	곤	(锟)
褌	잠방이	곤	
滾	흐를	곤	(滚)
鶻	송골매	골	(鹘)
汨	잠길	골	
圣	힘쓸	골	
箜	공후	공	
蚣	지네	공	
栱	큰말뚝/두공	공	
顆	낟알	과	(颗)
鍋	노구솥	과	(锅)
窠	보금자리	과	
裹	쌀(싸다)	과	
跨	타넘을	과	
槨	덧널	곽	(椁)
霍	빠를/갑자기	곽	
盥	씻을/대야	관	
綰	얽다	관	(绾)
菅	왕골	관	
錧	쟁기/비녀장	관	
刮	깎을/비빌	괄	
适	빠를	괄	
恝	여유없을	괄	
桄	광랑나무	광	
筐	광주리	광	
誆	속일	광	(诳)
罫	줄	괘	
乖	어그러질	괴	
紘	갓끈	굉	
轎	가마	교	(轿)
餃	경단	교	(饺)
蛟	공룡	교	
翹	꼬리깃털	교	(翘)
皎	달빛	교	
蕎	메밀	교	(荞)
嶠	산길	교	(峤)
鮫	상어	교	(鲛)
咬	새소리	교	
姣	예쁠	교	
恔	유쾌할	교	
鉤	갈고랑이	구	(钩)
裘	갖옷	구	
毬	공/둥근물체	구	(球)
勾	굽을	구	
晷	그림자	구	
絿	급박할	구	
衢	네거리	구	
謳	노래할	구	(讴)
瞿	놀라서볼	구	
扣	두드릴/뺄	구	
廐	마구	구	(厩)
韭	부추	구	
劬	수고로울	구	
呴	숨내쉴	구	
屨	신/신을	구	(屦)
璆	아름다운옥	구	
構	이해못할/이끌	구	(构)

臼	절구/방아확	구		畸	떼기밭	기		爹	아비	다	
述	짝	구		羈	말굴레	기	(羁)	象	단	단	
嶇	험할	구	(岖)	覬	바랄	기	(觊)	簞	대광주리	단	(箪)
鞫	국문할	국		機	밭갈	기	(机)	亶	믿음	단	
麴	누룩	국		暣	볕기운	기		蛋	새알	단	
掬	움킬	국		肌	살	기		袒	웃통벗을	단	
窘	막힐/군색할	군		祁	성할	기		鄲	조나라서울	단	(郸)
裙	치마	군		埼	언덕머리	기		闥	문	달	(闼)
芎	궁궁이/천궁	궁		跂	육발/기어갈	기		澾	미끄러울	달	(达)
穹	하늘	궁		夔	조심할	기		躂	미끄러질	달	
捲	말(말다)	권	(卷)	祇	토지신	기		獺	수달	달	
港	물도는모양	권		姞	성	길		怛	슬플	달	
蕨	고사리	궐						韃	종족이름	달	(鞑)
獗	날뛸	궐			**나**			聃	귀바퀴없을	담	
跪	꿇어앉을	궤						郯	나라이름/성	담	
饋	먹일	궤	(馈)	拿	붙잡을	나		禫	담제	담	
簣	삼태기	궤	(篑)	儺	역귀쫓을	나	(傩)	啖	먹을	담	
几	안석/책상	궤		糯	찰벼	나		坍	물이언덕칠	담	
簋	제기이름	궤		煖	따뜻할	난	(暖)	湛	즐길	담	
櫃	함	궤	(柜)	赧	얼굴붉힐	난		蕁	지모	담	(荨)
匱	함/삼태기	궤	(匮)	枏	녹나무	남	(楠)	氮	질소	담	
竅	구멍	규	(窍)	喃	재잘거릴	남		錟	창	담	(锬)
硅	규소	규		衲	기울	납		憺	편안할	담	
槻	물푸레나무	규		囊	접때/앞서	낭		儻	빼어날/갑자기	당	(傥)
跬	반걸음	규		廼	이에/너	내	(乃)	鐺	쇠사슬/북소리	당	(铛)
刲	찌를/벨	규		撚	비틀	년	(捻)	戇	어리석을	당	(戆)
赳	헌걸찰/용맹	규		涅	개흙/검을	녈		檔	의자	당	(档)
筠	대나무	균		捻	비틀	념		醣	탄수화물	당	
勻	적을	균		拈	집을	념		倘	혹시	당	
亟	빠를	극		獰	모질	녕	(狞)	黛	눈썹먹	대	
郤	틈/고을이름	극		濘	진흙	녕	(泞)	坮	집	대	
芹	미나리	근		甯	편안할	녕	(甯)	韜	감출	도	(韬)
懃	은근할	근		駑	둔할	노	(驽)	賭	걸(걸다)	도	(赌)
菫	제비꽃	근		瑙	마노	노		櫂	노	도	(棹)
觔	힘줄	근		弩	쇠뇌	노		闍	망루	도	
檎	능금나무	금		孥	자식/종	노		滔	물넘칠	도	
擒	사로잡을	금		嫋	예쁠	뇨		燾	벼가릴	도	
妗	외숙모	금		耨	김맬/없앨	누		覩	볼(보다)	도	(睹)
笒	첨대	금		嫩	어릴/예쁠	눈		嶋	섬	도	(岛)
芩	풀이름	금		訥	말더듬을	눌	(讷)	謟	의심할	도	
伋	속일	급		杻	감탕나무	뉴		淘	일(일다)	도	
髻	갈기	기		你	너	니		叨	탐낼/함부로	도	
朞	돌	기		昵	친할	닐					
鰭	등지느러미	기	(鳍)								

掉	흔들	도	
禿	대머리	독	
纛	둑	독	
牘	편지	독	(牍)
櫝	함/관	독	(椟)
旽	밝을	돈	
沌	어두울	돈	
咄	꾸짖을	돌	
僮	아이/하인	동	
胴	큰창자	동	
垌	항아리	동	
竇	구멍	두	(窦)
逗	머무를	두	
蠹	좀	두	
荳	콩	두	(豆)
兜	투구	두	
遯	달아날/둔괘	둔	(遁)
臀	볼기	둔	
芚	채소이름	둔	
嶝	고개	등	
滕	나라이름	등	
橙	등자나무	등	

라

喇	나팔	라	
蘿	담쟁이덩굴/무	라	(萝)
邏	순행할	라	(逻)
駱	낙타	락	(骆)
闌	가로막을	란	(阑)
欒	나무이름	란	(栾)
鸞	난새	란	(鸾)
鑾	방울	란	(銮)
欖	감람나무	람	(榄)
纜	닻줄	람	(缆)
擥	모을	람	(揽)
嵐	아지랑이	람	(岚)
攬	잡을	람	(揽)
蠟	밀	랍	(蜡)
瑯	고을이름	랑	(琅)
螂	버마재비	랑	
徠	올/위로할	래	
勑	위로할	래	
粱	기장	량	

漢字	訓	音	俗字
厲	갈	려	(厉)
濾	거를	려	(滤)
蠣	굴	려	(蛎)
驢	나귀	려	(驴)
藜	명아주	려	
癘	염병	려	(疠)
蠡	좀먹을	려	
櫚	종려나무	려	(榈)
儷	짝	려	(俪)
茘	타래붓꽃	려	
瀝	거를	력	(沥)
櫟	상수리나무	력	(栎)
礫	조약돌	력	(砾)
殮	염할	렴	(殓)
鬣	말갈기	렵	
翎	깃	령	
苓	도꼬마리	령	
聆	들을	령	
岺	산으슥할	령	(岭)
羚	영양	령	
狑	좋은개	령	
澧	강이름	례	
瀘	강이름	로	(泸)
潞	강이름	로	
櫓	방패	로	(橹)
鹵	소금/염전	로	(卤)
輅	수레	로	(辂)
彔	나무새길	록	
碌	돌모양	록	(碌)
菉	조개풀	록	
籙	책상자	록	
隴	고개이름	롱	(陇)
壟	언덕	롱	(垅)
朧	흐릿할	롱	(胧)
誄	뇌사/조문	뢰	(诔)
磊	돌무더기	뢰	
罍	술독/대야	뢰	
瀨	여울	뢰	(濑)
耒	쟁기	뢰	
賚	줄/하사품	뢰	(赉)
牢	짐승우리	뢰	
廖	공허할	료	
寮	벼슬아치	료	
蓼	여뀌	료	
聊	즐길/애오라지	료	
燎	화톳불	료	
摟	끌어모을	루	(搂)
婁	별이름	루	(娄)
瘻	부스럼	루	(瘘)
鏤	새길	루	(镂)
縷	실	루	(缕)
蔞	쑥	루	(蒌)
旒	깃발	류	
瀏	맑을	류	(浏)
鎏	면류관드리움	류	
榴	석류나무	류	
溜	처마물	류	
瘤	혹	류	
勒	굴레	륵	
廩	곳집/녹미	름	
稜	밭두둑/모	릉	
纚	갓끈	리	
螭	교룡	리	
詈	꾸짖을	리	
狸	너구리	리	
涖	다다를/물소리	리	
釐	다스릴	리	(厘)
醨	삼삼한술	리	
唎	소리	리	
漓	스며들	리	
羸	여윌	리	
鯉	잉어	리	(鲤)
犁	쟁기/얼룩소	리	
厘	티끌	리	
浬	해리	리	(里)
藺	골풀	린	(蔺)
燐	도깨비불	린	(磷)
砬	돌소리	립	

마

漢字	訓	音	俗字
媽	어미/암말	마	(妈)
麼	잘(잘다)/어찌	마	
瘼	병들	막	
彎	굽을	만	(弯)
鏋	금	만	
饅	만두	만	(馒)
巒	뫼	만	(峦)
鰻	뱀장어	만	(鳗)
輓	상여소리/끌	만	(挽)
抹	바를/지울	말	
襪	버선	말	(袜)
芒	까끄라기	망	
陌	두렁	맥	
驀	말탈	맥	(蓦)
氓	백성	맹	
冪	덮을	멱	(幂)
緬	가는실	면	(缅)
湎	물넘칠	면	
眄	애꾸눈	면	
皿	그릇	명	
瞑	눈감을	명	
螟	마디충	명	
蓂	명협	명	
暝	어두울	명	
茗	차싹	명	
榠	홈통	명	
袂	소매	메	
眸	눈동자	모	
耄	늙은이	모	
摹	베낄	모	
麰	보리	모	
瑁	서옥	모	
姆	여스승	모	
芼	풀우거질	모	
鶩	집오리	목	(鹜)
矇	소경	몽	
朦	풍부할	몽	
渺	아득할	묘	
玅	아름다울	묘	
眇	애꾸눈	묘	
杳	어두울	묘	
蕪	거칠어질	무	(芜)
楙	무성할	무	
誣	속일/무고할	무	(诬)
繆	얽을	무	(缪)
无	없을	무	
廡	집/처마	무	(庑)
雯	구름무늬	문	
們	들/무리	문	(们)
忟	어지러워질	문	
吻	입술	문	
汩	아득할	물	
縻	고삐	미	
黴	곰팡이	미	(霉)
梶	나무끝	미	
楣	문미	미	
湄	물가	미	
媚	아첨할	미	(媚)
糜	죽	미	
弭	활고자	미	
緡	낚싯줄	민	(缗)
敃	힘들/강할	민	
忞	힘쓸	민	
謐	고요할	밀	(谧)

바

漢字	訓	音	俗字
亳	땅이름	박	
箔	발	박	
雹	우박	박	
搏	잡을/칠	박	
粕	지게미	박	
樸	통나무	박	(朴)
膊	포	박	
盼	눈예쁠	반	
攀	더위잡을	반	
礬	명반	반	(矾)
蟠	서릴	반	
拌	썩을/버릴	반	
斑	얼룩	반	
槃	쟁반	반	(盘)
絆	줄	반	(绊)
泮	학교	반	
瘢	흉터	반	
胖	희생반쪽	반	
魃	가물귀신	발	
撥	다스릴	발	(拨)
醱	술괼/빚을	발	(酦)
幇	겯들/도울	방	(帮)
枋	다목	방	
磅	돌떨어지는소리	방	
榜	매/방	방	
蚌	방합	방	
舫	배	방	
髣	비슷할	방	

한자	뜻	음	이체자
龙	삽살개	방	
蒡	인동덩굴	방	
牓	패	방	
焙	불에쬘	배	
褙	속적삼	배	
胚	아이밸	배	
燔	구울	번	
幡	기/깃발	번	
藩	덮을	번	
樊	울	번	
杋	나무이름	범	
梵	범어	범	
琺	법랑	법	(珐)
癖	버릇/적취	벽	
甓	벽돌	벽	
擘	엄지손가락	벽	
辟	임금/법	벽	
劈	쪼갤	벽	
蘗	황경나무	벽	
檗	황벽나무	벽	
抃	손뼉칠	변	
籩	제기이름	변	(笾)
瞥	언뜻볼	별	
鱉	자라	별	(鳖)
鼈	자라	별	(鳖)
浜	갯고랑	병	
骿	두필나란히할	병	(骈)
鉼	판금/가마솥	병	
洑	나루	보	
黼	무늬/수놓은옷	보	
湺	물막을	보	
珤	보배	보	
簠	제기이름	보	
匍	길(기다)	복	
幞	두건	복	
蔔	무	복	(卜)
輻	바퀴살	복	(辐)
茯	복령	복	
輹	복토	복	
宓	성	복	
鍑	아가리큰솥	복	
燧	연기자욱할	봉	
駙	곁마	부	(駙)
埠	부두	부	
咐	분부할	부	
鮒	붕어	부	(鲋)
俘	사로잡을/포로	부	
仆	엎드릴	부	
鳧	오리	부	(凫)
舿	작은배	부	
缶	장군	부	
趺	책상다리할	부	
芣	풀이름	부	
祔	합사(合祀)할	부	
扮	꾸밀	분	
吩	뿜을	분	
賁	클	분	(贲)
苯	풀떨기로날	분	
盼	햇빛	분	
佛	비슷할	불	
紱	수	불	
市	슬갑	불	
繃	묶을	붕	(绷)
硼	붕사	붕	
棚	시렁	붕	
沘	강이름	비	
憊	고달플	비	(惫)
轡	고삐	비	(辔)
沸	끓을	비	
蜚	날/메뚜기	비	
髀	넓적다리	비	
霏	눈펄펄내릴	비	
篚	대광주리	비	
俾	더할	비	
毗	도울	비	
裨	도울	비	
圮	무너질	비	
翡	물총새	비	
砒	비상	비	
榧	비자나무	비	
痹	암메추라기	비	(痺)
菲	엷을/무성할	비	
斐	오락가락할	비	
妣	죽은어미	비	
秕	쭉정이	비	
粃	쭉정이	비	(秕)
玭	구슬이름	빈	
瀕	물가/임박할	빈	(濒)
檳	빈랑나무	빈	(槟)
鬢	살쩍/귀밑털	빈	(鬓)
殯	염할	빈	(殡)
顰	찡그릴	빈	
騁	달릴	빙	(骋)
娉	장가들	빙	

사

한자	뜻	음	이체자
俟	기다릴	사	
蓑	도롱이	사	
姒	동서	사	
槎	떼	사	
耜	보습	사	
梭	북	사	
駟	사마	사	(驷)
麝	사향노루	사	
佘	산이름	사	
柶	수저/윷	사	
伺	엿볼	사	
儚	잘게부술	사	
乍	잠깐	사	
些	적을	사	
渣	찌끼	사	
篩	체	사	(筛)
莎	향부자	사	
鑠	녹일/빛날	삭	(铄)
蒴	말오줌때	삭	
槊	창	삭	
刪	깍을	산	
蒜	달래	산	
疝	산증	산	
霰	싸라기눈	산	
汕	오구	산	
繖	일산	산	
乷	땅이름	살	
煞	죽일/총괄할	살	
芟	벨(베다)	삼	
滲	스밀	삼	
衫	적삼	삼	
澁	떫을	삽	(涩)
颯	바람소리	삽	(飒)
鈒	창	삽	
孀	과부	상	
塽	땅높고밝은곳	상	
橡	상수리나무	상	
顙	이마	상	(颡)
殤	일찍죽을	상	(殇)
廂	행랑	상	(厢)
賽	굿할	새	(赛)
鰓	아가미	새	(鳃)
楝	가시나무	색	
嗇	핥을	색	
黍	기장	서	
墅	농막	서	
犀	무소	서	
胥	서로	서	
絮	솜	서	
噬	씹을	서	
筮	점대	서	
鼠	쥐	서	
薯	참마	서	
鋤	호미	서	(锄)
鉐	놋쇠	석	
祏	섬	석	
跣	맨발	선	
饍	반찬	선	
墡	백토	선	
鐥	복자	선	(钐)
癬	옴	선	
蘚	이끼	선	
僊	춤출	선	(仙)
嫙	이름	선	
屑	가루	설	
媟	깔볼/친압할	설	
偰	맑을	설	
齧	물	설	(啮)
挈	손에들	설	
贍	넉넉할	섬	(赡)
躡	밟을/이를	섭	(蹑)
腥	비릴	성	
娍	아름다울	성	
瑆	옥빛	성	
笹	가는대나무	세	
瀟	강이름	소	(潇)
招	나무흔들릴	소	
銷	녹일	소	(销)
甦	되살아날	소	(苏)

蕭	맑은대쑥	소	(蕭)	蠅	파리	승	(蝇)	歹	부서진뼈	알	
宵	밤	소		偲	굳셀/똑똑할	시		揠	뽑을	알	
艘	배	소		翅	날개	시		唵	머금을	암	
梳	빗	소		豕	돼지	시		嵒	바위/가파를	암	(岩)
篠	조릿대	소	(筱)	屎	똥	시		黯	어두울/검을	암	
瘙	종기	소	(瘙)	枲	모시풀/삼	시		諳	욀	암	(谙)
塑	토우	소		蒔	모종낼	시	(莳)	狎	익숙할	압	
簫	통소	소	(箫)	匙	숟가락	시		盎	동이	앙	
贖	속바칠	속	(赎)	豺	승냥이	시		秧	모	앙	
謖	일어날	속	(谡)	緦	시마복	시	(缌)	怏	원망할	앙	
涑	헹굴	속		蓍	시초	시		靄	아지랑이	애	(霭)
飧	저녁밥	손	(餐)	諡	시호	시	(谥)	掖	겨드랑이	액	
蓀	향풀이름	손	(荪)	嘶	울(울다)	시		扼	누를	액	
瑣	자질구레할	쇄	(琐)	塒	홰	시		縊	목맬	액	(缢)
嗽	기침할	수		筬	대밥그릇	식		阨	좁을/막힐	액	(厄)
邃	깊을	수		栻	점판	식		罌	양병	앵	(罂)
銹	녹쓸	수	(锈)	侁	걷는모양	신		椰	야자나무	야	
叟	늙은이	수		燼	깜부기불	신	(烬)	揶	희롱할	야	
藪	늪	수	(薮)	呻	끙끙거릴	신		葯	구릿대잎	약	(药)
晬	돌	수		蜃	무명조개	신		蒻	부들	약	
眸	바로볼/재물	수		藎	조개풀	신	(荩)	鑰	자물쇠	약	(钥)
燧	부싯돌/햇불	수		宸	집/대궐	신		恙	근심	양	
蓨	수산	수		矧	하물며	신		瀁	내이름	양	
鬚	수염	수	(须)	蟋	귀뚜라미	실		驤	머리들/달릴	양	(骧)
茱	수유	수		芯	등심초	심		穰	볏대	양	
漱	양치질할	수		諶	참	심	(谌)	痒	앓을	양	
溲	오줌/반죽할	수						敭	오를	양	(扬)
璲	패옥	수			**아**			禳	제사이름	양	
脩	포	수						煬	쬘	양	(炀)
倏	갑자기/빛날	숙		鴉	갈가마귀	아	(鸦)	漾	출렁거릴	양	
潚	깊고맑을	숙		俄	갑자기	아		暘	해돋이	양	(旸)
橚	나무줄지어설	숙		鵝	거위	아	(鹅)	颺	흩날릴	양	(飏)
玊	옥다듬는장인	숙		蛾	나방	아		齬	어긋날	어	(龉)
菽	콩	숙		莪	지칭개	아		瘀	어혈질	어	
桷	가름대나무	순		喔	닭소리	악		飫	포식할/물릴	어	(饫)
楯	난간	순		渥	두터울	악		臆	가슴	억	
橓	무궁화	순		鄂	땅이름	악		堰	방죽	언	
蒓	순채	순	(莼)	鰐	악어	악	(鳄)	嫣	상긋웃을	언	
恂	정성	순		齷	악착할	악	(龌)	偃	쓰러질	언	
徇	주창할	순		顎	얼굴높을	악	(颚)	蘖	그루터기	얼	
銌	돗바늘	술	(鉥)	鍔	칼날	악	(锷)	孼	서자	얼	
崧	우뚝솟을	숭		幄	휘장	악		儼	근엄할	엄	(俨)
璱	푸른진주	슬		鮟	아귀	안	(鮟)	淹	담글	엄	
褶	주름	습		遏	막을	알		渰	비구름일	엄	

茹	먹을/기를	여	
艅	배이름	여	
礜	비상섞인돌	여	
轝	수레바탕	여	(轝)
歟	어조사	여	(欤)
璵	옥	여	(玙)
閾	문지방	역	(阈)
繹	풀어낼/실마리	역	(绎)
繽	길(길다)	연	(缤)
挺	늘일	연	
吮	빨/핥을	연	
嚥	삼킬	연	(咽)
椽	서까래	연	
鳶	솔개	연	(鸢)
涎	침/물흐를	연	
髯	구레나룻	염	
冉	나아갈	염	
剡	날카로울	염	
焰	불당길	염	
苒	풀우거질	염	
嶸	가파를	영	(嵘)
穎	강이름	영	(颖)
籯	광주리	영	
濚	물돌아나갈	영	
瀛	바다	영	
霙	진눈깨비	영	
蕊	꽃술	예	
穢	더러울/거칠	예	(秽)
霓	무지개	예	
瘞	묻을/제터	예	(瘗)
汭	물굽이	예	
猊	사자	예	
呬	수다스러울	예	
倪	어린이	예	
詣	이를	예	(诣)
翳	일산/가릴	예	
忤	거스를	오	
澳	깊을	오	(澳)
敖	놀(놀다)	오	
鼯	다람쥐	오	
襖	도포/웃옷	오	(袄)
塢	둑/언덕	오	(坞)
俉	맞이할	오	
筽	버들고리	오	(筽)

熬	볶을	오	
珸	옥돌	오	
鰲	자라	오	(鳌)
蜈	지네	오	(蜈)
螯	집게발/차오	오	
懊	한할	오	(懊)
圬	흙손	오	
醞	빚을	온	(酝)
慍	성낼	온	(愠)
瘟	염병	온	(瘟)
縕	헌솜	온	(缊)
兀	우뚝할	올	
顒	공경할	옹	
噰	기러기짝지어울	옹	
饔	아침밥	옹	
癰	악창	옹	(痈)
蛙	개구리	와	
蝸	달팽이	와	(蜗)
窩	보금자리/숨길	와	(窝)
窪	웅덩이	와	(洼)
宛	굽을	완	
碗	그릇	완	
琬	옥이름	완	
脘	밥통	완	
豌	완두	완	
娃	아름다울	왜	
矮	키작을	왜	
嵬	높을	외	
巍	높을	외	
徭	구실	요	(徭)
橈	굽을	요	(桡)
拗	꺽을	요	
嶢	높을	요	(峣)
繞	두를	요	(绕)
邀	맞을	요	
繇	역사	요	
蟯	요충	요	(蛲)
褥	요	욕	
縟	화문놓을	욕	(缛)
慵	게으를	용	
慂	권할	용	
冗	번잡할	용	
聳	솟을	용	(耸)
俑	허수아비	용	

甬	휘	용	
紆	굽을	우	(纡)
雩	기우제	우	
汻	물이름	우	
盂	바리	우	
禑	복	우	
藕	연뿌리	우	
盱	클	우	
栯	산앵두	욱	
稶	서직무성할	욱	
勖	힘쓸	욱	
橒	나무무늬	운	
煴	노란모양	운	
隕	떨어질	운	(陨)
蕓	평지	운	(芸)
圬	땅이름	울	(亏)
湲	물흐를	원	
爰	이에	원	
黿	자라	원	(鼋)
鉞	도끼	월	(钺)
葦	갈대	위	(苇)
蝟	고슴도치	위	(猬)
闈	대궐작은문	위	(闱)
萎	마를	위	
蒍	애기풀	위	(芛)
葳	초목무성한모양	위	
揄	끌	유	
逾	넘을	유	
鍮	놋쇠	유	(鍮)
囿	동산	유	
萸	수유	유	
諛	아첨할	유	(谀)
呦	울	유	
釉	윤	유	
襦	저고리	유	
壝	제단	유	
楢	졸참나무	유	
毓	기를	육	
贇	예쁠	윤	(赟)
聿	붓	율	
瀜	물이깊고넓은모양	융	
絨	융	융	(绒)
慇	괴로워할	은	(殷)
嚚	논쟁할	은	

嚚	어리석을	은	
听	웃을	은	
狺	으르렁거릴	은	
蔭	풀그늘/덮을	음	(荫)
挹	뜰(뜨다)	읍	
揖	읍	읍	
蟻	개미	의	(蚁)
螘	도롱이벌레	의	
艤	배댈	의	(舣)
饐	쉴/밥썩을	의	
薏	율무	의	
餌	먹이	이	(饵)
迤	비스듬할	이	
痍	상처	이	
飴	엿	이	(饴)
苡	율무	이	
肄	익힐	이	
靷	가슴걸이	인	
絪	기운	인	(茵)
茵	자리	인	
湮	잠길	인	
蚓	지렁이	인	
靭	질길	인	(韧)
婣	화할	인	
釰	둔할/부릴	일	
佚	편안할	일	
荏	들깨	임	
恁	생각할	임	
廿	스물	입	(廿)
艿	새풀싹	잉	

자

茨	가시나무	자	
粢	기장/사곡식	자	
觜	별이름/털뿔	자	
赭	붉은흙	자	
蔗	사탕수수	자	
孜	힘쓸	자	
勺	구기	작	
綽	너그러울	작	(绰)
斫	벨/쪼갤	작	
嚼	씹을	작	
潺	물흐르는소리	잔	

棧	잔도	잔	(栈)
孱	잔약할	잔	
岑	봉우리	잠	
簪	비녀	잠	
醬	간장	장	(酱)
莀	나무이름	장	(苌)
獐	노루	장	
檣	돛대	장	
仗	무기	장	
漿	미음	장	(浆)
槳	상앗대	장	(桨)
瘴	장기	장	
欌	장롱	장	(桩)
贓	장물	장	(赃)
臧	착할	장	
齎	가져올	재	(赍)
纔	겨우/비로소	재	(才)
賫	집어줄	재	
滓	찌끼	재	
諍	간할	쟁	(诤)
箏	쟁	쟁	
樗	가죽나무	저	
氐	근본	저	
詆	꾸짖을	저	(诋)
猪	돼지	저	
疽	등창	저	
姐	맏누이	저	
苧	모시	저	(苎)
渚	물가	저	
雎	물수리	저	
杵	방망이	저	
杼	북/베틀북	저	
藷	사탕수수	저	(薯)
儲	쌓을	저	(储)
齟	어긋날	저	(龃)
佇	우두커니	저	(伫)
狙	원숭이	저	
這	이	저	(这)
詛	저주할	저	(诅)
菹	채소절임	저	
勣	공적/사업	적	(绩)
謫	귀양갈	적	(谪)
翟	꿩/꽁지긴꿩	적	
荻	물억새	적	

한자	뜻	음	이체	한자	뜻	음	이체	한자	뜻	음	이체	한자	뜻	음	이체
鏑	살촉	적	(鏑)	醍	맑은술	제		甑	시루	증		簒	빼앗을	찬	
糴	쌀사들일	적	(籴)	臍	배꼽	제	(脐)	璔	옥모양	증		竄	숨을	찬	(窜)
頔	아름다울	적		娣	여동생	제		茞	구릿대	지		紮	감을	찰	(扎)
狄	오랑캐	적		躋	오를	제	(跻)	漬	담글	지	(渍)	扎	뺄	찰	
輾	구를	전	(辗)	啼	울(울다)	제		砥	숫돌	지		驂	곁마/말네필	참	(骖)
煎	달일	전		禔	편안할	제		枳	탱자나무	지		站	우두커니설	참	
腆	두터울	전		徂	갈/비롯할	조		贄	폐백	지	(贽)	僭	참람할	참	
顫	떨릴	전	(颤)	粗	거칠	조		榛	개암나무	진		讖	참서	참	(谶)
氈	모전	전	(毡)	繰	고치켤	조	(缲)	殄	다할/죽을	진		譖	참소할	참	(谮)
癲	미칠	전	(癫)	雕	독수리	조		藎	더위지기	진	(荩)	倡	광대	창	
佃	밭갈	전		藻	마름	조		畛	두렁길	진		搶	닿을/이를	창	(抢)
畋	밭갈/사냥할	전		璪	면류관드림옥	조		溱	많을	진		娼	몸파는여자	창	
塼	벽돌	전	(砖)	漕	배로실어나를	조		瞋	부릅뜰	진	(瞠)	猖	미쳐날뛸	창	
痊	병나을	전		蚤	벼룩/일찍	조	(蚤)	縉	붉은비단/꽂을	진	(缙)	脹	배부를	창	(胀)
鈿	비녀	전	(钿)	竈	부엌	조	(灶)	嗔	성낼	진	(嗔)	漲	불을	창	(涨)
鐫	새길/송곳	전	(镌)	稠	빽빽할	조		臻	이를	진		氅	새털	창	
澱	앙금	전	(淀)	躁	성급할	조		栚	평고대	진		艙	선창	창	(舱)
纏	얽힐	전	(缠)	糶	쌀내어팔	조	(粜)	疹	홍역	진		鬯	울창주/방향주	창	
顓	전단할	전	(颛)	胙	제지낸고기/복	조		袗	홑옷	진		槍	창	창	(枪)
餞	전별할	전	(饯)	殂	죽을	조		迭	갈마들	질		悵	한스러워할	창	(怅)
篆	전자	전		皂	하인/마구간	조		蛭	거머리	질		踩	뛸	채	
囀	지저귈	전	(啭)	阻	험할	조		軼	번갈을	일	(轶)	寨	울짱	채	
筌	통발	전		簇	모일/조릿대	족		膣	새살돋을	질		砦	울타리	채	
箭	화살	전		猝	갑자기	졸		侄	어리석을	질		柵	울짱/울타리	책	(栅)
畑	화전	전		慫	권할	종	(怂)	礩	주춧돌/맷돌	질		萋	풀무성할	처	
浙	강이름	절		踵	발꿈치	종		絰	질	질		倜	대범할	척	
截	끊을	절		蹤	자취/뒤쫓을	종	(踪)	桎	차꼬	질		擲	던질	척	(掷)
癤	부스럼	절	(疖)	挫	꺾을	좌		帙	책갑	질		蹠	밟을	척	(跖)
坫	경계	점		蛛	거미	주		朕	나	짐	(朕)	摭	주울	척	
鮎	메기	점	(鲇)	侏	난쟁이	주		戢	그칠	집		坧	터	척	
岾	재	점		紬	명주	주	(䌷)	緝	모을	집	(缉)	蔵	경계할	천	(葳)
霑	젖을	점	(沾)	綢	얽을	주	(绸)					韆	그네	천	(千)
椄	접붙일	접		霔	장마	주						穿	뚫을	천	
摺	접을	접		籌	투호살	주	(筹)		차			擅	멋대로	천	
楪	평상	접		粥	죽	죽						舛	어그러질	천	
鞓	가죽띠	정		鬻	죽	죽		釵	비녀	차	(钗)	闡	열	천	(阐)
睛	눈동자	정		逡	뒷걸음질칠	준		侘	실의할	차		玔	옥고리	천	
瀞	맑을	정		寯	모일	준	(俊)	箚	차자	차		喘	헐떡일	천	
渟	물괼	정		蹲	웅크릴	준		嗟	탄식할	차		輟	그칠	철	(辍)
淸	서늘할	정		皴	주름/살틀	준		鑿	뚫을	착	(凿)	歠	마실/먹을	철	
檉	위성류	정	(柽)	喞	두런거릴	즉	(唧)	齪	악착할	착	(龊)	籤	농	첨	(签)
霽	갤(개다)	제	(霁)	葺	지붕일	즙		窄	좁을	착		甛	달	첨	(甜)
碲	검은돌	제		拯	건질	증		搾	짤	착		忝	더럽힐/욕될	첨	
薺	냉이	제	(荠)	繒	비단	증	(缯)	酇	나라이름	찬		沾	더할	첨	
								饌	반찬	찬	(馔)				

한자	훈(訓)	음(音)	약자
詹	소곤거릴	첨	
覘	엿볼	첨	(觇)
簷	처마	첨	(檐)
檐	처마	첨	
疊	겹쳐질	첩	(叠)
輒	문득	첩	(辄)
貼	붙을	첩	(贴)
堞	성가퀴	첩	
睫	속눈썹	첩	
菁	부추꽃/순무	청	
鯖	청어	청	(鲭)
薔	가시	체	
涕	눈물	체	
剃	머리깎을	체	
逮	섬	체	
禘	종묘제사이름	체	
悄	근심할	초	
愀	근심할	초	
誚	꾸짖을	초	(诮)
剿	끊을	초	
梢	나무끝	초	
鈔	노략질/베낄	초	(钞)
苕	능소화	초	
髫	다박머리	초	
貂	담비	초	
迢	멀	초	
稍	벼줄기끝	초	
炒	볶을	초	
椒	산초나무	초	
綃	생사	초	(绡)
軺	수레/영구자	초	(轺)
憔	수척할	초	
礁	숨은바윗돌	초	
醋	식초	초	
硝	초석	초	
鞘	칼집	초	
鏃	살촉	촉	(镞)
矗	우거질	촉	(矗)
邨	마을	촌	(村)
忖	헤아릴	촌	
摠	모두	총	(摠)
塚	무덤/사직단	총	
悤	바쁠	총	
驄	총이말	총	(骢)

한자	훈(訓)	음(音)	약자
蔥	파/부들	총	(葱)
撮	찍을	촬	
啐	맛볼/쪼을줄	쵀	
摧	꺾을	최	
麤	거칠	추	
鞦	그네	추	(秋)
芻	꼴	추	(刍)
諏	꾀할	추	(诹)
瘳	나을	추	
湫	다할	추	
酋	두목	추	
騶	말먹이는사람	추	(驺)
椎	몽치	추	
鰍	미꾸라지	추	(鳅)
雛	병아리	추	(雏)
萩	사철쑥	추	
鎚	쇠망치	추	(锤)
惆	실심할/슬퍼할	추	
皺	주름살	추	(皱)
蹙	대지를	축	
筑	악기이름	축	
顣	찡그릴	축	
賰	부유할	춘	
朮	차조	출	
膵	췌장	췌	
悴	파리할	췌	
贅	혹	췌	(赘)
驟	달릴	취	(骤)
嘴	부리	취	
鷲	수리	취	(鹫)
厠	뒷간	측	(厕)
襯	속옷	츤	
緇	검은비단	치	(缁)
淄	검은빛	치	
幟	기(깃발)	치	(帜)
寘	둘(두다)	치	(置)
緻	밸	치	(致)
嗤	비웃을	치	
鴟	소리개/올빼미	치	(鸱)
蚩	어리석을	치	
錙	저울눈	치	(锱)
輜	짐수레	치	(辎)
梔	치자나무	치	(栀)
痔	치질	치	

한자	훈(訓)	음(音)	약자
飭	신칙할	칙	(饬)
柒	옻	칠	
砧	다듬잇돌	침	
忱	정성	침	

카

한자	훈(訓)	음(音)	약자
夬	나눌	쾌	

타

한자	훈(訓)	음(音)	약자
拖	끌(끌다)	타	
駝	낙타	타	(驼)
朶	늘어질	타	(朵)
陀	비탈질	타	
陊	비탈질	타	
隋	오이/열매	타	
馱	짐/실을	타	(驮)
舵	키	타	
柝	열	탁	
啄	쪼을	탁	
坼	터질	탁	
殫	다할/두루	탄	(殚)
綻	옷터질	탄	(绽)
頋	턱	탈	
榻	걸상	탑	
搨	베낄	탑	
搭	탈	탑	
帑	금고	탕	
宕	방탕할	탕	
盪	씻을	탕	
迨	미칠	태	
笞	볼기칠	태	
駄	짐실을	태	
樘	기둥	탱	
牚	버팀목/버틸	탱	
攄	펼	터	
菟	새삼(藥草)	토	
啍	느릿한모양	톤	
筒	대롱	통	
慟	서럽게 울	통	(恸)
腿	넓적다리	퇴	
槌	던질	퇴	
頹	무너질	퇴	(颓)

한자	훈(訓)	음(音)	약자
裭	바랠	퇴	
偸	훔칠	투	
慝	사특할	특	
闖	말문나오는모양	틈	(闯)

파

한자	훈(訓)	음(音)	약자
爬	긁을	파	
葩	꽃	파	
怕	두려울/아마	파	
擺	열릴	파	(摆)
跛	절뚝발이	파	
鈑	금박	판	(钣)
瓣	외씨	판	
辦	힘쓸	판	(办)
捌	깨뜨릴	팔	
叭	입벌릴	팔	
孛	살별/혜성	패	
悖	어그러질	패	
狽	이리	패	(狈)
唄	찬불	패	(呗)
稗	피	패	
膨	부풀	팽	
愎	괴팍할	퍅	
徧	두루/넓을	편	
翩	빨리날	편	
騙	속일	편	(骗)
貶	떨어뜨릴	폄	(贬)
萍	부평초	평	
斃	넘어질	폐	(毙)
嬖	사랑할	폐	
吠	짖을	폐	
苞	그령/나무밑동	포	
匍	길	포	
逋	달아날	포	
袍	두루마기	포	
雹	박	포	
蒲	부들/창포	포	
庖	부엌	포	
晡	신시(申時)	포	
咆	으르렁거릴	포	
圃	채마밭	포	
疱	천연두	포	
炮	통째로구울	포	

한자	훈	음	변형
脯	포	포	
曝	쬘	폭	
慓	날쌜	표	
瓢	박	표	
剽	빠를	표	
飇	회오리바람	표	(飙)
俵	흩을	표	
陂	비탈	피	
蹕	길치울	필	(跸)
佖	점잖을	필	
鉍	창자루	필	(铋)

하

한자	훈	음	변형
涸	마를	학	
瘧	학질	학	(疟)
狠	개싸우는소리	한	
罕	드물	한	
捍	막을/세찰	한	
悍	사나울	한	
喊	고함지를	함	
檻	우리	함	(槛)
銜	재갈/직함	함	(衔)
諴	화할	함	
蛤	대합조개	합	
闔	문짝	합	(阖)
哈	물고기많은모양	합	
盍	어찌아니할	합	
閤	쪽문	합	(合)
盒	합	합	
杭	건널	항	
伉	짝/굳셀	항	
肛	항문	항	
缸	항아리	항	
蟹	게	해	
廨	관아	해	
孩	어린아이	해	
咳	어린아이웃을	해	
瀣	이슬기운	해	
醢	젓갈	해	
垓	지경	해	
劾	캐물을	핵	
覈	핵실할/엄할	핵	(核)
荇	마름	행	
餉	건량	향	(饷)
嚮	향할/지난번	향	(向)
噓	불	허	(嘘)
歇	쉴	헐	
爀	붉을/밝을	혁	
絢	무늬	현	(绚)
舷	뱃전	현	
眩	어지러울	현	
俔	염탐할	현	
衒	팔/자랑할	현	(炫)
頁	머리	혈	(页)
孑	외로울	혈	
夾	낄/부축할	협	(夹)
頰	뺨	협	(颊)
篋	상자	협	
鋏	집게	협	(铗)
莢	풀열매	협	(荚)
叶	화합할	협	
桁	도리	형	
迥	멀	형	(迴)
瀅	물이름	형	(滢)
炯	밝을	형	(炯)
滎	실개천/물이름	형	(荥)
鎣	줄	형	(莹)
憓	사랑할	혜	
傒	산이름	혜	
鞋	신	혜	
醯	초	혜	
蝴	나비	호	
葫	마늘	호	
縞	명주	호	(缟)
滸	물가	호	(浒)
岵	산	호	
蒿	쑥	호	
芦	지황	호	
瓠	표주박	호	
琿	아름다운옥	혼	(珲)
笏	홀	홀	
鍧	돌쇠뇌	홍	
哄	떠들썩할	홍	
汞	수은	홍	
譁	시끄러울	화	(哗)
鑊	가마솥	확	(镬)
碻	굳을	확	(确)
攫	붙잡을	확	
廓	클	확	
寰	기내(畿內)	환	
圜	두를	환	
宦	벼슬	환	
鐶	쇠고리	환	
豁	소통할	활	
蝗	누리	황	
堭	당집	황	
篁	대숲	황	
肓	명치끝	황	
怳	밝을	황	
晄	밝을	황	(晃)
慌	어렴풋할	황	
媓	어머니	황	
潢	웅덩이	황	
貺	줄/하사할	황	(贶)
湟	해자	황	
幌	휘장	황	
蛔	거위	회	
獪	교활할	회	(狯)
匯	물돌	회	(汇)
茴	약이름	회	
膾	회	회	(脍)
洄	흐물흐물할	회	
宖	집울림	횡	
淆	뒤섞일	효	
肴	안주	효	
梟	올빼미	효	(枭)
哮	으르렁거릴	효	
爻	효(주역육효)	효	
酵	효모/술괼	효	
篌	공후	후	
帿	과녁	후	
煦	따뜻하게할	후	
嗅	맡을	후	
朽	썩을	후	
珝	옥이름	후	
吼	울(울다)	후	
詡	자랑할	후	(诩)
暈	무리	훈	(晕)
薨	죽을	훙	
煊	빛날	훤	
喙	부리	훼	
卉	풀	훼	
諱	꺼릴	휘	(讳)
麾	대장기/지휘할	휘	
煇	빛날	휘	(辉)
畦	밭두둑	휴	
鑴	솥/큰종	휴	
恤	구휼할	휼	
鷸	도요새	휼	(鹬)
洶	물살세찰	흉	(汹)
忻	기뻐할	흔	
很	어길	흔	
俒	완전할	흔	
吃	말더듬을	흘	
訖	이를	흘	(讫)
紇	질낮은명주실	흘	(纥)
歆	받을	흠	
譆	감탄할	희	
爔	불빛	희	
唏	쉴/휴식	희	
囍	쌍희	희	
怵	두려워할	휼	

선 정 한 자 (8급~1급)

8 급

한자	뜻	음
九	아홉	구
口	입	구
女	계집	녀
六	여섯	륙
母	어머니	모
木	나무	목
門	문	문 (门)
白	흰	백
父	아버지	부
四	넉	사
山	메/산	산
三	석	삼
上	위	상
小	작을	소
水	물	수
十	열	십
五	다섯	오
王	임금	왕
月	달	월
二	두	이
人	사람	인
日	날	일
一	한	일
子	아들	자
中	가운데	중
七	일곱	칠
土	흙	토
八	여덟	팔
下	아래	하
火	불	화

7 급

한자	뜻	음
江	강	강
工	장인	공
金	쇠	금
男	사내	남
力	힘	력
立	설	립
目	눈	목
百	일백	백
生	날	생
石	돌	석
手	손	수
心	마음	심
入	들(들어가다)	입
自	스스로	자
足	발	족
川	내/냇물	천
千	일천	천
天	하늘	천
出	날	출
兄	맏	형

6 급

한자	뜻	음
南	남녘	남
內	안	내
年	해	년
東	동녘	동 (东)
同	한가지	동
名	이름	명
文	글월	문
方	모/방법	방
夫	지아비/남편	부
北	북녘	북
西	서녘	서
夕	저녁	석
少	적을/젊을	소
外	바깥	외
正	바를	정
弟	아우	제
主	주인	주
靑	푸를	청
寸	마디	촌
向	향할	향

준 5 급

한자	뜻	음
歌	노래	가
家	집	가
間	사이	간 (间)
車	수레	거 (车)
巾	수건	건
古	예	고
空	빌	공
教	가르칠	교 (教)
校	학교	교
國	나라	국 (国)
軍	군사	군 (军)
今	이제	금
記	기록할	기 (记)
氣	기운	기 (气)
己	몸	기
農	농사	농 (农)
答	대답	답
代	대신할	대
大	큰	대
道	길	도
洞	골	동
登	오를	등
來	올	래 (来)
老	늙을	로
里	마을	리
林	수풀	림
馬	말	마 (马)
萬	일만	만 (万)
末	끝	말
每	매양	매
面	낯	면
問	물을	문 (问)
物	물건	물
民	백성	민
本	근본	본
分	나눌	분
不	아니	불
食	밥	사
士	선비	사
事	일	사
色	빛	색
先	먼저	선
姓	성씨	성
世	세상/인간	세
所	바	소
時	때	시 (时)
市	저자	시
植	심을	식 (植)
室	집	실
安	편안할	안
羊	양	양
語	말씀	어 (语)
午	낮	오
玉	구슬	옥
牛	소	우
右	오른	우
位	자리	위
有	있을	유
育	기를	육
邑	고을	읍
衣	옷	의
耳	귀	이
字	글자	자
長	긴/어른	장 (长)
場	마당	장 (场)
電	번개	전 (电)
前	앞	전
全	온전할/온전	전
祖	할아버지	조
左	왼/왼쪽	좌

한자	뜻	음	약자
住	살/머무를	주	
地	땅	지	
草	풀	초	
平	평평할	평	
學	배울	학	(学)
韓	나라이름	한	(韩)
漢	한수/한강	한	(汉)
合	합할	합	
海	바다	해	
孝	효도	효	
休	쉴	휴	

5 급

한자	뜻	음	약자
各	각각/제각기	각	
感	느낄	감	
強	강할	강	
開	열	개	(开)
去	갈	거	
犬	개	견	
見	볼	견	(见)
京	서울	경	
計	셀	계	(计)
界	지경	계	(界)
苦	괴로울/쓸	고	
高	높을	고	
功	공	공	
共	함께	공	
科	과목	과	
果	과실/열매	과	
光	빛	광	
交	사귈	교	
郡	고을	군	
近	가까울	근	
根	뿌리	근	
急	급할	급	
多	많을	다	
短	짧을	단	
當	마땅할	당	(当)
堂	집	당	
對	대답할	대	(对)
圖	그림	도	(图)
度	법도	도	

한자	뜻	음	약자
刀	칼	도	
讀	읽을	독	(读)
冬	겨울	동	
童	아이	동	
頭	머리	두	(头)
等	무리	등	
樂	즐거울	락	(乐)
禮	예도	례	(礼)
路	길	로	
綠	푸를	록	(绿)
理	다스릴	리	
李	오얏	리	
利	이로울	리	
命	목숨	명	
明	밝을	명	
毛	털	모	
無	없을	무	(无)
聞	들을	문	(闻)
米	쌀	미	
美	아름다울	미	
朴	순박할	박	
反	돌이킬	반	
半	절반/반	반	
發	필/출발할	발	(发)
放	놓을	방	
番	차례	번	
別	다를	별	
病	병/병들	병	
步	걸음	보	
服	옷/의복	복	
部	거느릴/부분	부	
死	죽을	사	
書	글	서	(书)
席	자리	석	
線	줄	선	(线)
省	살필	성	
性	성품	성	
成	이룰	성	
消	사라질/지울	소	
速	빠를	속	
孫	손자	손	(孙)
樹	나무	수	(树)
首	머리/우두머리	수	

한자	뜻	음	약자
習	익힐	습	(习)
勝	이길	승	(胜)
詩	글	시	(诗)
示	보일	시	
始	처음	시	
式	법	식	
神	귀신	신	
身	몸	신	
信	믿을	신	
新	새로울	신	
失	잃을	실	
愛	사랑	애	(爱)
野	들	야	
夜	밤	야	
藥	약	약	(药)
弱	약할	약	
陽	볕	양	(阳)
洋	큰바다	양	
魚	물고기	어	(鱼)
言	말씀	언	
業	일	업	(业)
永	길(길다)	영	
英	꽃부리	영	
勇	날쌜	용	
用	쓸(쓰다)	용	
友	벗	우	
運	움직일/운전	운	(运)
遠	멀	원	(远)
原	언덕	원	
元	으뜸	원	
油	기름	유	
肉	고기	육	
銀	은	은	(银)
飮	마실	음	(饮)
音	소리	음	
意	뜻	의	
者	놈/사람	자	(者)
昨	어제	작	
作	지을	작	
章	글/글월	장	
在	있을	재	
才	재주	재	
田	밭	전	

한자	뜻	음	약자
題	제목/글	제	(題)
第	차례	제	
朝	아침	조	
族	겨레	족	
晝	낮	주	(昼)
竹	대/대나무	죽	
重	무거울	중	
直	곧을	직	(直)
窓	창문	창	(窗)
淸	맑을	청	
體	몸	체	(体)
村	마을	촌	
秋	가을	추	
春	봄	춘	
親	친할	친	(亲)
太	클/콩	태	
通	통할	통	
貝	조개	패	(贝)
便	편할	편	
表	겉	표	
品	물건/성품	품	
風	바람	풍	(风)
夏	여름	하	
行	다닐	행	
幸	다행	행	
血	피	혈	
形	모양/형상	형	
號	이름/성	호	(号)
花	꽃	화	
話	말씀	화	(话)
和	화할	화	
活	살	활	
黃	누를	황	
會	모일/모을	회	(会)
後	뒤	후	

준 4 급

한자	뜻	음	약자
價	값	가	(价)
加	더할	가	
可	옳을	가	
角	뿔	각	
甘	달	감	

改	고칠	개		領	옷깃	령	(领)	誠	정성	성	(诚)	財	재물	재	(财)
個	낱개	개	(个)	令	하여금	령	(令)	洗	씻을	세		爭	다툴	쟁	(争)
客	손님	객		例	법식/본보기	례		歲	해	세	(岁)	低	낮을	저	
決	결단할	결	(決)	勞	수고로울	로	(劳)	送	보낼	송		貯	쌓을/저축할	저	(贮)
結	맺을	결	(结)	料	헤아릴	료		數	셈	수	(数)	的	과녁/표적	적	
輕	가벼울	경	(轻)	流	흐를	류		守	지킬	수		赤	붉을	적	
敬	공경할	경		亡	망할	망		宿	잠잘	숙		典	법	전	
季	철	계		望	바랄	망		順	순할	순	(顺)	戰	싸움	전	(战)
固	굳을/진실로	고		買	살	매	(买)	視	볼(보다)	시	(视)	傳	전할	전	(传)
考	상고할	고		妹	아랫누이	매		試	시험	시	(试)	展	펼	전	
告	알릴/고할	고		賣	팔	매	(卖)	識	알(알다)	식	(识)	店	가게	점	
曲	굽을(柚)	곡		武	굳셀/군사	무		臣	신하	신		庭	뜰	정	
公	공변될	공		味	맛	미		實	열매	실	(实)	情	뜻	정	
課	매길	과	(课)	未	아닐	미		氏	성씨	씨		定	정할	정	
過	지날	과	(过)	法	법	법		兒	아이	아	(儿)	調	고를	조	(调)
關	관계할/빗장	관	(关)	兵	군사	병		惡	악할/모질	악	(恶)	助	도울	조	
觀	볼	관	(观)	報	갚을/알릴	보	(报)	案	책상	안		鳥	새	조	(鸟)
廣	넓을	광	(广)	福	복	복		暗	어두울	암		早	이를/일찍	조	
橋	다리	교	(桥)	奉	받들	봉		約	맺을/언약	약	(约)	存	있을	존	
求	구할	구		富	부자	부		養	기를	양	(养)	卒	군사/마칠	졸	
君	임금	군		備	갖출	비	(备)	漁	고기잡을	어	(渔)	終	마칠	종	(终)
貴	귀할	귀	(贵)	比	견줄	비		億	억	억	(亿)	種	씨	종	(种)
極	다할	극	(极)	貧	가난할	빈	(贫)	如	같을	여		罪	허물	죄	
給	줄/주다	급		氷	얼음	빙		餘	남을	여	(余)	注	물댈/부을	주	
期	기약할	기		仕	벼슬할	사		然	그럴	연		止	그칠	지	
技	재주	기		思	생각	사		熱	더울	열	(热)	志	뜻	지	
基	터	기		師	스승	사	(师)	葉	잎	엽	(叶)	知	알	지	
吉	길할	길		史	역사	사		屋	집	옥		至	이를	지	
念	생각	념		使	하여금/시킬	사		溫	따뜻할	온	(温)	紙	종이	지	(纸)
能	능할	능		産	낳을	산	(产)	完	완전할	완		支	지탱할/견딜	지	
談	말씀	담	(谈)	算	셈/계산할	산		要	구할/중요	요		進	나아갈	진	(进)
待	기다릴	대		賞	상줄	상	(赏)	雨	비	우		眞	참	진	(真)
德	덕	덕		相	서로	상		雲	구름	운	(云)	質	바탕	질	(质)
都	도읍	도	(都)	商	장사	상		園	동산	원	(园)	集	모일	집	
島	섬	도	(岛)	常	항상	상		願	원할	원	(愿)	次	버금/다음	차	
到	이를	도		序	차례	서		由	말미암을	유		參	참여할	참	(参)
動	움직일	동	(动)	船	배	선		義	옳을	의	(义)	責	꾸짖을/책임	책	(责)
落	떨어질	락		仙	신선	선		醫	의원	의	(医)	鐵	쇠	철	(铁)
冷	찰	랭		善	착할	선		以	써	이		初	처음	초	
兩	두	량	(两)	雪	눈	설		因	인할	인		祝	빌	축	
良	어질	량		說	말씀	설	(说)	姊	맏누이/누이	자		充	채울	충	
量	헤아릴/수량	량		星	별	성		再	두/다시	재		忠	충성	충	
歷	지낼	력	(历)	城	재	성		材	재목	재		致	이를	치	

漢字	訓	音	약자
他	다를	타	
打	칠(치다)	타	
宅	집	택	
統	거느릴	통	(统)
特	특별할	특	
敗	패할	패	(败)
必	반드시	필	
河	물/강	하	
寒	찰	한	
害	해칠/해할	해	
香	향기	향	
許	허락할	허	(許)
現	나타날/보일	현	(現)
好	좋을	호	
湖	호수	호	
畫	그림	화	(画)
化	될	화	
患	근심	환	
回	돌/돌아올	회	
效	본받을	효	
訓	가르칠	훈	(训)
凶	흉할/흉년	흉	
黑	검을	흑	

4 급

漢字	訓	音	약자
街	거리	가	
假	거짓	가	
佳	아름다울	가	
干	방패	간	
看	볼/쳐다볼	간	
減	덜/덜어낼	감	(减)
甲	껍질	갑	
更	다시	갱	(更)
舉	들	거	(举)
巨	클	거	
建	세울	건	
乾	하늘	건	
慶	경사	경	(庆)
競	다툴	경	(竞)
耕	밭갈	경	
景	볕	경	
經	지날/글/날줄	경	(经)

漢字	訓	音	약자
庚	천간	경	
溪	시내	계	
癸	천간	계	
故	연고/까닭	고	
谷	골	곡	
骨	뼈	골	
官	벼슬	관	
救	구원할	구	
究	궁구할/연구할	구	
句	글귀	구	
舊	옛	구	(旧)
久	오랠	구	
弓	활	궁	
權	권세	권	(权)
均	고를	균	
禁	금할	금	
及	미칠/이를	급	
其	그	기	
起	일어날	기	
乃	이에	내	
怒	성낼	노	
端	바를/끝	단	
丹	붉을	단	
單	홀	단	(单)
達	통달할	달	(达)
徒	무리	도	
獨	홀로	독	(独)
斗	말	두	
得	얻을	득	
燈	등잔	등	(灯)
旅	나그네	려	
連	이을	련	(连)
練	익힐	련	(练)
烈	뜨거울	렬	
列	벌릴	렬	
論	논할/의논	론	(论)
陸	뭍/육지	륙	(陆)
倫	인륜	륜	(伦)
律	법	률	
滿	찰(차다)	만	(满)
忘	잊을	망	
妙	묘할	묘	
卯	토끼	묘	

漢字	訓	音	약자
務	힘쓸	무	(务)
尾	꼬리	미	
密	빽빽할	밀	
飯	밥	반	(饭)
防	막을	방	
房	방	방	
訪	찾을	방	(访)
拜	절	배	
伐	칠/징벌할	벌	
變	변할	변	(变)
丙	남녁	병	
保	지킬/보전	보	
復	돌아올	복	(复)
否	아닐	부	
婦	지어미/며느리	부	(妇)
佛	부처	불	
悲	슬플	비	
非	아닐	비	
鼻	코	비	
巳	뱀	사	
謝	사례할	사	(谢)
私	사사로울	사	
絲	실	사	(丝)
寺	절	사	
舍	집	사	
散	흩어질	산	
想	생각	상	
選	가릴	선	(选)
鮮	고울	선	(鲜)
舌	혀	설	
聖	성스러울/성인	성	(圣)
盛	성할	성	
聲	소리	성·	(声)
細	가늘	세	(细)
勢	권세	세	(势)
稅	세금	세	
笑	웃음	소	
續	이을	속	(续)
俗	풍속	속	
松	소나무/솔	송	
收	거둘	수	
修	닦을	수	
受	받을	수	

漢字	訓	音	약자
授	줄(주다)	수	
純	순수할	순	(纯)
戌	개	술	
拾	주울	습	
承	이을	승	
是	옳을	시	
申	납	신	
辛	매울	신	
眼	눈	안	
若	같을/만약	약	
與	더불	여	(与)
逆	거스를	역	
硏	갈	연	(研)
榮	영화	영	(荣)
藝	재주	예	(艺)
誤	그릇될	오	(误)
往	갈(가다)	왕	
浴	목욕할	욕	
容	얼굴	용	
遇	만날	우	
雄	수컷	웅	
危	위태할	위	
偉	클/거룩할	위	(伟)
爲	할	위	(为)
遺	남길	유	(遗)
酉	닭	유	
恩	은혜	은	
乙	새	을	
陰	그늘	음	(阴)
應	응할	응	(应)
依	의지할	의	
異	다를	이	(异)
移	옮길	이	
益	더할	익	
引	끌	인	
印	도장	인	
寅	범	인	
認	알	인	(认)
壬	천가/북방	임	
將	장수/장차	장	(将)
適	맞을/마침	적	(适)
敵	원수/대적할	적	(敌)
節	마디	절	(節)

接	이을/접할	접		限	한정/막을	한		具	갖출	구		忙	바쁠	망	
停	머무를	정		解	풀	해		球	공	구		麥	보리	맥	(麦)
井	우물	정		鄕	시골	향	(乡)	區	나눌	구	(区)	免	면할	면	
精	정기/정밀할	정		協	도울/협동	협	(协)	局	판	국		眠	잠잘	면	
政	정사	정		惠	은혜	혜		群	무리	군		勉	힘쓸	면	
除	덜/제할	제		呼	부를	호		窮	다할/구할	궁	(穷)	鳴	울	명	(鸣)
祭	제사	제		戶	지게문/집	호		宮	집	궁	(宫)	暮	저물	모	
製	지을	제	(制)	婚	혼인할	혼		勸	권할	권	(劝)	牧	칠/기를	목	
兆	조	조		貨	재화	화	(货)	卷	책	권		墓	무덤	묘	
造	지을	조		興	일어날/일	흥	(兴)	歸	돌아갈	귀	(归)	茂	무성할	무	
尊	높을	존		希	바랄	희		規	법	규	(规)	戊	천간/별	무	
坐	앉을	좌						勤	부지런할	근		舞	춤출	무	
走	달릴/달아날	주			**준 3 급**			級	등급	급	(级)	墨	먹	묵	
朱	붉을	주						器	그릇	기		勿	말/금지할	물	
衆	무리	중	(众)	脚	다리	각		旗	기/깃발	기		班	나눌/반열	반	
增	더할/불어날	증		渴	목마를	갈		幾	몇	기	(几)	倍	갑절/곱	배	
持	가질	지		敢	감히/구태여	감		旣	이미	기	(既)	背	등	배	
指	손가락/가리킬	지		監	볼	감	(监)	暖	따뜻할	난		杯	잔	배	
辰	별/용	진		鋼	강철	강	(钢)	難	어려울	난	(难)	配	짝	배	
着	붙을/닿을	착		降	내릴	강		納	드릴	납	(纳)	罰	벌할/벌줄	벌	(罚)
察	살필	찰		康	편안할/논할	강		努	힘쓸	노		凡	무릇/평범할	범	
唱	부를	창		皆	다	개		斷	끊을	단	(断)	犯	범할	범	
冊	책	책		居	살	거		但	다만	단		寶	보배	보	(宝)
處	곳	처	(处)	健	건강할	건		團	둥글,모일	단	(团)	伏	엎드릴	복	
聽	들을	청	(听)	件	사건/물건	건		壇	제단	단	(坛)	逢	만날/상봉할	봉	
請	청할	청	(请)	檢	검사할	검	(检)	段	층계/조각	단		扶	도울/붙들	부	
最	가장	최		儉	검소할	검	(俭)	隊	무리/떼	대	(队)	浮	뜰	부	
蟲	벌레	충	(虫)	格	격식	격		導	인도할	도	(导)	副	버금/다음	부	
取	가질	취		堅	굳을	견	(坚)	豆	콩	두		朋	벗	붕	
治	다스릴	치		潔	깨끗할	결	(洁)	羅	벌릴/벌일	라	(罗)	飛	날	비	(飞)
齒	이/치아	치	(齿)	鏡	거울	경	(镜)	卵	알	란		祕	숨길/감출	비	(秘)
則	법칙	칙	(则)	警	경계할	경		覽	볼	람	(览)	費	쓸/허비할	비	(费)
針	바늘	침	(针)	驚	놀랄	경	(惊)	浪	물결	랑		社	모일	사	
快	쾌할	쾌		境	지경	경		郎	사내	랑		寫	베낄/쓸	사	(写)
脫	벗을/탈출	탈		戒	경계할	계		略	간략할	략		射	쏠	사	
探	찾을/더듬을	탐		鷄	닭	계	(鸡)	涼	서늘할	량	(凉)	査	조사할/살필	사	(査)
退	물러날	퇴		階	섬돌	계	(阶)	露	이슬	로		殺	죽일	살	(杀)
波	물결	파		繼	이을	계	(继)	錄	기록할	록	(录)	狀	모양	상	(状)
判	판단할/쪼갤	판		庫	곳집	고	(库)	留	머무를	류		傷	상할/다칠	상	(伤)
片	조각	편	(片)	孤	외로울	고		類	무리/같을	류	(类)	霜	서리	상	
布	베/펼	포		穀	곡식	곡	(谷)	柳	버들	류		尙	오히려	상	
暴	사나울	포	(暴)	困	곤할/괴로울	곤		莫	없을	막		喪	초상	상	(丧)
筆	붓	필	(笔)	坤	땅	곤		晚	늦을	만		象	코끼리	상	

한자	훈	음	약자	한자	훈	음	약자	한자	훈	음	약자	한자	훈	음	약자
床	평상/책상	상	(床)	營	경영할	영	(营)	哉	어조사/이끼	재		採	캘	채	(采)
暑	더울	서	(暑)	迎	맞이할	영		災	재앙	재	(灾)	妻	아내	처	
惜	아낄	석		烏	까마귀	오	(乌)	著	나타날	저		尺	자	척	
昔	옛	석		悟	깨달을	오		積	쌓을	적	(积)	泉	샘	천	
設	베풀	설	(设)	吾	나	오		轉	구를	전	(转)	淺	얕을	천	(浅)
掃	쓸	소	(扫)	瓦	기와	와		錢	돈	전	(钱)	晴	갤/날갤	청	
素	흴/본디	소		臥	누울	와	(卧)	專	오로지	전	(专)	招	부를	초	
束	묶을	속		曰	가로	왈		切	끊을/간절할	절		總	거느릴/다	총	(总)
損	덜	손	(损)	謠	노래	요	(谣)	絕	끊을/자를	절	(绝)	推	밀	추	
愁	근심/시름	수		欲	하고자할	욕		點	점	점	(点)	追	쫓을/따를	추	
誰	누구	수	(谁)	憂	근심	우	(忧)	靜	고요할/고요	정	(静)	丑	소	축	
須	모름지기	수	(须)	尤	더욱	우		貞	곧을	정	(贞)	就	나아갈	취	
壽	목숨	수	(寿)	又	또	우		淨	깨끗할	정	(净)	吹	불	취	
雖	비록	수	(虽)	于	어조사	우		丁	장정	정		層	층	층	(层)
秀	빼어날/뛰어날	수		宇	집/우주	우		頂	정수리	정	(顶)	卓	높을	탁	
淑	맑을	숙		云	이를	운		制	마를/법도	제		炭	숯	탄	
叔	아재비	숙		源	근원	원		諸	모든	제	(诸)	泰	클	태	
術	재주/꾀	술	(术)	圓	둥글	원	(圆)	際	사이/즈음/때	제	(际)	討	칠/토의할	토	(讨)
崇	높일	숭		怨	원망할	원		帝	임금/황제	제		痛	아플	통	
乘	탈(타다)	승		員	인원/관원	원	(员)	操	잡을	조		投	던질	투	
施	베풀	시		院	집	원		宗	마루	종		破	깨뜨릴/깰	파	
息	숨쉴	식		威	위엄	위		鐘	쇠북	종	(钟)	板	널빤지/널	판	
深	깊을	심		猶	같을	유	(犹)	從	좇을	종	(从)	篇	책	편	
甚	심할	심		遊	놀(놀다)	유		州	고을	주		閉	닫을	폐	(闭)
我	나/우리	아		柔	부드러울	유		酒	술	주		包	쌀	포	
顔	얼굴	안	(颜)	儒	선비	유		宙	집	주		抱	안을	포	
巖	바위	암	(岩)	幼	어릴	유		準	법도/표준	준	(准)	票	표/투표	표	
央	가운데/중앙	앙		唯	오직	유		卽	곧	즉	(即)	豐	풍년	풍	(丰)
仰	우러를	앙		乳	젖	유		曾	일찍	증		皮	가죽	피	
哀	슬플	애		吟	읊을	음		證	증거/증명할	증	(证)	彼	저	피	
也	어조사	야		泣	울	읍		枝	가지	지		疲	피곤할/가쁠	피	
揚	날릴/떨칠	양	(扬)	矣	어조사	의		之	갈/어조사	지		匹	짝	필	
讓	사양할	양	(让)	議	의논할	의	(议)	只	다만	지		何	어찌	하	
於	어조사	어		而	말이을	이		智	지혜	지		賀	하례할	하	(贺)
憶	생각할	억	(忆)	易	쉬울	이		職	벼슬/직분	직	(职)	閑	한가할/문지방	한	(闲)
嚴	엄할	엄	(严)	已	이미	이		盡	다할	진	(尽)	恨	한할/슬플	한	
余	나/나머지	여		仁	어질	인		執	잡을	집	(执)	恒	항상	항	
汝	너	여		忍	참을	인		且	또	차		亥	돼지	해	
亦	또	역		任	맡길	임		借	빌릴	차		虛	빌	허	(虚)
域	지경	역		慈	사랑	자		此	이	차		驗	시험/증명할	험	(验)
煙	연기	연	(烟)	壯	씩씩할/장할	장	(壮)	創	비롯할/비로소	창	(创)	革	가죽	혁	
悅	기쁠	열		腸	창자	장	(肠)	昌	창성할	창		賢	어질	현	(贤)
炎	불꽃	염		栽	심을/재배할	재		菜	나물	채		刑	형벌	형	

漢字	뜻	음	속자
虎	범	호	
乎	어조사/온	호	
或	혹	혹	
混	섞을	혼	
紅	붉을	홍	(红)
華	빛날	화	(华)
歡	기쁠	환	(欢)
皇	임금	황	
候	기후/기다릴	후	
厚	두터울	후	
胸	가슴	흉	
吸	숨들이쉴/마실	흡	
喜	기쁠	희	

3 급

漢字	뜻	음	속자
暇	겨를/틈	가	
架	시렁	가	
覺	깨달을	각	(觉)
刻	새길	각	
姦	간사할	간	(奸)
刊	책펴낼/간행할	간	
講	익힐	강	(讲)
介	낄,끼일	개	
距	떨어질	거	
拒	막을	거	
傑	뛰어날	걸	
劍	칼	검	(剑)
激	부딪칠/격할	격	
缺	이지러질/빠질	결	
兼	겸할/아우를	겸	
硬	굳을	경	
傾	기울	경	(倾)
械	기계/틀	계	
係	맬	계	(系)
契	맺을/계약	계	
系	이어맬/계통	계	
姑	시어미	고	
稿	원고/볏집	고	
恭	공손	공	
孔	구멍	공	
貢	바칠	공	(贡)
供	이바지할/바칠	공	

漢字	뜻	음	속자
攻	칠	공	
冠	갓	관	
貫	꿸	관	(贯)
管	대롱/주관할	관	
慣	버릇/익숙할	관	(惯)
較	견줄/비교할	교	(较)
構	얽을	구	(构)
苟	진실로	구	
券	문서	권	
拳	주먹	권	
菌	버섯	균	
克	이길	극	
斤	도끼	근	
謹	삼갈	근	(谨)
畿	경기	기	
奇	기이할	기	
企	꾀할/바랄	기	
機	베틀	기	(机)
紀	벼리	기	(纪)
寄	부칠/기여할	기	
祈	빌	기	
欺	속일	기	
娘	아가씨	낭	
耐	견딜	내	(耐)
奴	종	노	
腦	뇌	뇌	(脑)
茶	차	다	
淡	맑을	담	
擔	멜	담	(担)
畓	논	답	
黨	무리	당	(党)
帶	띠	대	(带)
貸	빌릴	대	(贷)
倒	넘어질	도	
逃	달아날	도	
盜	도둑	도	(盗)
督	감독할/살필	독	
毒	독	독	
豚	돼지	돈	
突	갑자기,부딪힐	돌	
銅	구리	동	(铜)
亂	어지러울	란	(乱)
糧	양식	량	(粮)

漢字	뜻	음	속자
慮	생각	려	(虑)
戀	사모할	련	(恋)
蓮	연꽃	련	(莲)
聯	잇닿을	련	(联)
嶺	고개	령	(岭)
鹿	사슴	록	
了	마칠	료	
龍	용	룡	(龙)
輪	바퀴	륜	(轮)
栗	밤	률	
離	떠날	리	(离)
履	밟을/신	리	
梨	배	리	
吏	아전/관리	리	
臨	임할/다다를	림	(临)
麻	삼	마	
妄	망령될	망	
梅	매화	매	
孟	맏	맹	
盟	맹세	맹	
盲	소경/눈멀	맹	
銘	새길	명	(铭)
募	모을/뽑을	모	
模	법/모범/본뜰	모	
慕	사모할	모	
某	아무	모	
睦	화목할	목	
貿	무역할/살	무	(贸)
敏	재빠를	민	
博	넓을	박	
薄	얇을	박	
返	돌아올	반	
般	일반,돌	반	
髮	터럭	발	(发)
芳	꽃다울/향기	방	
邦	나라이름	방	
妨	방해할	방	
輩	무리	배	(辈)
繁	번성할/성할	번	
範	법/모범	범	(范)
壁	벽	벽	
邊	가	변	(边)
辯	말잘할/말씀	변	(辩)

漢字	뜻	음	속자
補	기울/보충	보	(补)
普	넓을/널리	보	
譜	족보/적을	보	(谱)
複	겹칠/거듭	복	(复)
腹	배	복	
卜	점	복	
峯	봉우리	봉	(峰)
府	관청	부	
付	부칠	부	
負	질/짐질	부	(负)
粉	가루	분	
奔	달릴/달아날	분	
紛	어지러울	분	(纷)
拂	떨/떨칠	불	
批	비평할/깍을	비	
肥	살찔	비	
司	맡을	사	
捨	버릴	사	(舍)
詐	속일	사	(诈)
斯	이	사	
祀	제사	사	
償	갚을	상	(偿)
祥	상서로울	상	
像	형상/모양	상	
索	찾을	색	
署	관청	서	(署)
庶	여러	서	
恕	용서할	서	
宣	베풀	선	
涉	건널	섭	
蔬	나물/채소	소	
頌	기릴/칭송할	송	(颂)
訟	송사할	송	(讼)
刷	인쇄할	쇄	
囚	가둘	수	
輸	보낼/굴릴	수	(输)
熟	익을	숙	
巡	순행할	순	
旬	열흘	순	
述	지을/베풀	술	(述)
雅	바를/맑을	아	
亞	버금/다음	아	(亚)
餓	주릴	아	(饿)

岸	언덕	안		丈	어른	장		策	꾀	책	(策)	港	항구	항	
涯	물가	애		帳	휘장/장막	장	(帐)	拓	넓힐/개척할	척		享	누릴	향	
額	이마	액	(額)	抵	거스를/막을	저		踐	밟을	천	(践)	響	소리/울릴	향	(响)
樣	모양	양	(样)	底	밑	저		賤	천할	천	(贱)	憲	법	헌	(宪)
壤	흙	양		績	길쌈	적	(绩)	哲	밝을	철		險	험할	험	(险)
役	부릴	역		賊	도둑	적	(贼)	妾	첩	첩		絃	줄	현	(弦)
驛	역마	역	(驿)	籍	문서	적		超	넘을/뛰어넘을	초		亨	형통할	형	
延	끌/뻗칠	연		占	점칠/점령할	점		礎	주춧돌	초	(础)	昏	저물/어두울	혼	
鉛	납	연	(铅)	整	가지런할	정		聰	귀밝을/총명할	총	(聪)	弘	클	홍	
沿	물따라내려갈	연		訂	바로잡을/고칠	정	(订)	築	쌓을	축	(筑)	確	굳을	확	(确)
緣	인연	연	(缘)	亭	정자	정		側	곁	측	(侧)	環	고리/두를	환	(环)
宴	잔치	연		廷	조정	정		測	헤아릴/측량할	측	(测)	丸	알/둥글	환	
演	펼/넓을	연		征	칠(치다)	정		値	값/만날	치	(值)	悔	뉘우칠	회	
映	비칠	영		齊	가지런할	제	(齐)	置	둘	치	(置)	劃	그을	획	(划)
泳	헤엄칠	영		濟	건널	제	(济)	恥	부끄러울	치	(耻)	揮	휘두를/지휘할	휘	(挥)
銳	날카로울	예	(锐)	提	끌/제안할/들	제		浸	적실/젖을	침					
辱	욕될	욕		堤	둑	제		侵	침노할	침					
慾	욕심	욕	(欲)	照	비칠/비출	조		稱	일컬을	칭	(称)		**2 급**		
羽	깃	우		條	조목/가지	조	(条)	妥	평온할/당할	타		賈	성	가	(贾)
優	넉넉할/뛰어날	우	(优)	弔	조상할	조	(吊)	濯	씻을/세탁할	탁		嘉	아름다울	가	
愚	어리석을	우		租	조세	조		歎	탄식할	탄	(叹)	伽	절	가	
郵	우편	우	(邮)	潮	조수/밀물	조		彈	탄알/탄환	탄	(弹)	閣	누각	각	(阁)
援	구원할/도울	원		組	짤/조직	조	(组)	塔	탑	탑		却	물리칠	각	
圍	둘레/에울	위	(围)	座	자리	좌		態	모양/태도	태	(态)	珏	쌍옥	각	
委	맡길	위		株	그루	주		擇	가릴	택	(择)	肝	간	간	
胃	밥통	위		柱	기둥	주		澤	못	택	(泽)	諫	간할	간	(谏)
衛	지킬/호위할	위	(卫)	周	두루	주		吐	토할	토		簡	대쪽	간	(简)
裕	넉넉할	유		舟	배	주		鬪	싸울	투	(斗)	奸	범할/간사할	간	
悠	멀	유		俊	준걸/뛰어날	준		派	물갈래	파		懇	정성	간	(恳)
維	벼리/얽을	유	(维)	症	증세	증		版	판목/조각	판		幹	줄기	간	(干)
儀	거동	의	(仪)	誌	기록할/기록	지	(志)	販	팔/판매할	판	(贩)	葛	칡	갈	
宜	마땅	의		池	못	지		評	평론할/평할	평	(评)	鑑	거울	감	(鉴)
疑	의심	의		織	짤	직	(织)	肺	허파	폐		憾	한할	감	
姻	혼인할	인		陳	늘어놓을/베풀	진	(陈)	浦	물가/나루	포		鉀	갑옷	갑	(钾)
逸	편안	일		珍	보배	진		捕	잡을	포		岬	산허리	갑	
姿	맵시/모양	자		鎮	진압할/진정할	진	(镇)	胞	태보/세포	포		剛	굳셀	강	(刚)
資	재물/자본	자	(资)	陣	진칠	진	(阵)	爆	터질/폭발할	폭		綱	벼리	강	(纲)
殘	남을/잔인할	잔	(残)	姪	조카	질	(侄)	被	입을	피		腔	빈속	강	
雜	섞일	잡	(杂)	秩	차례	질		避	피할	피		姜	성	강	
獎	권면할/장려할	장		差	어긋날	차		咸	다	함		岡	언덕	강	(冈)
裝	꾸밀/장식할	장	(装)	贊	도울	찬	(赞)	抗	겨룰/항거할	항		疆	지경	강	
障	막을/장애	장		倉	곳집/창고	창	(仓)	項	목	항	(项)	凱	개선할	개	(凯)
張	베풀	장	(张)	債	빚	채	(债)	航	배	항		箇	낱	개	(个)

한자	뜻	음	약자
概	대개	개	(概)
蓋	덮을	개	(盖)
慨	슬퍼할	개	(慨)
坑	구덩이	갱	
據	의지할/의거할	거	
鍵	열쇠	건	(键)
乞	빌	걸	
劫	위협할	겁	
揭	높이들	게	
憩	쉴	게	
隔	막힐	격	
擊	칠	격	(击)
牽	끌	견	(牵)
遣	보낼	견	
絹	비단	견	(绢)
肩	어깨	견	
訣	이별할	결	(诀)
謙	겸손할	겸	(谦)
竟	마침내	경	
卿	벼슬	경	(卿)
瓊	붉은옥	경	(琼)
炅	빛날	경	
璟	옥빛	경	
頃	잠깐/이랑	경	(顷)
徑	지름길	경	(径)
桂	계수나무	계	
繫	얽어맬	계	(系)
啓	열(열다)	계	(启)
屆	이를	계	(届)
膏	기름	고	
顧	돌아볼	고	(顾)
枯	마를	고	
鼓	북	고	
雇	품팔이	고	
哭	울	곡	
恐	두려울	공	
菓	과자	과	
瓜	오이	과	
誇	자랑할	과	(夸)
寡	적을	과	
戈	창	과	
郭	성곽	곽	
寬	너그러울	관	(宽)
款	정성	관	
館	집	관	(馆)
狂	미칠	광	
鑛	쇳돌	광	(矿)
掛	걸(걸다)	괘	(挂)
卦	점괘	괘	
怪	기이할	괴	
傀	꼭두각시	괴	
壞	무너질	괴	(坏)
愧	부끄러울	괴	
塊	흙덩이	괴	(块)
僑	객지살	교	(侨)
巧	공교할	교	
狡	교활할	교	
郊	들	교	
絞	목맬	교	(绞)
矯	바로잡을	교	(矫)
膠	아교	교	(胶)
鷗	갈매기	구	(鸥)
狗	개	구	
懼	두려울	구	(惧)
邱	땅이름	구	
灸	뜸	구	
驅	몰	구	(驱)
鳩	비둘기	구	(鸠)
購	살(사다)	구	(购)
丘	언덕	구	
玖	옥돌	구	
仇	원수	구	
拘	잡을/거리낄	구	
歐	토할	구	(欧)
俱	함께	구	
菊	국화	국	
鞠	기를	국	
窟	굴	굴	
屈	굽힐/굴복할	굴	
掘	팔	굴	
倦	게으를	권	
圈	둘레	권	
厥	그	궐	
闕	집	궐	(阙)
軌	굴대/바퀴사이	궤	(轨)
龜	거북	귀	(龟)
鬼	귀신	귀	
糾	바로잡을/꼴	규	(纠)
奎	별이름	규	
叫	부르짖을	규	
珪	서옥	규	(圭)
閨	안방	규	(闺)
揆	헤아릴	규	
圭	홀	규	
劇	심할/연극	극	(剧)
僅	겨우	근	(仅)
瑾	구슬	근	
槿	무궁화	근	
筋	힘줄	근	
琴	거문고	금	
禽	날짐승/새	금	
錦	비단	금	(锦)
兢	삼가할	긍	
矜	자랑할	긍	
肯	즐길	긍	
岐	갈림길	기	
麒	기린	기	
忌	꺼릴	기	
耆	늙을	기	
騎	말탈	기	(骑)
棋	바둑	기	
棄	버릴	기	(弃)
豈	어찌/바랄	기	
琪	옥	기	
琦	옥이름	기	
飢	주릴	기	(饥)
騏	준마	기	(骐)
汽	증기	기	
緊	굳게얽을	긴	(紧)
那	어찌	나	
諾	허락할	낙	(诺)
奈	어찌	내	
寧	편안할	녕	(宁)
濃	짙을	농	(浓)
惱	괴로워할	뇌	(恼)
尿	오줌	뇨	
尼	여승	니	
泥	진흙	니	
溺	빠질	닉	
匿	숨을	닉	
鍛	단련할	단	(锻)
檀	박달나무	단	
旦	아침	단	
撻	매질할	달	(挞)
毯	담요	담	
潭	못	담	
膽	쓸개	담	(胆)
踏	밟을	답	
唐	당나라	당	
塘	못	당	
糖	엿	당	
臺	대	대	(台)
戴	일	대	
袋	자루	대	
垈	터	대	
渡	건널	도	
途	길	도	
挑	돋울	도	
跳	뛸	도	
塗	바를	도	(涂)
稻	벼	도	
桃	복숭아	도	
燾	비출	도	(焘)
禱	빌	도	(祷)
悼	슬퍼할	도	
陶	질그릇	도	
萄	포도	도	
篤	도타울	독	(笃)
敦	도타울	돈	
頓	조아릴	돈	(顿)
棟	마룻대	동	(栋)
凍	얼	동	(冻)
桐	오동나무	동	
杜	막을	두	
鈍	무딜/둔할	둔	(钝)
屯	진칠	둔	
藤	등나무	등	
謄	베낄	등	(誊)
騰	오를	등	(腾)
裸	벌거벗을	라	
洛	강이름	락	
絡	맥락/이을	락	(络)

한자	뜻	음	약자	한자	뜻	음	약자	한자	뜻	음	약자	한자	뜻	음	약자
欄	난간	란	(栏)	僚	동료	료		冥	어두울	명		拔	뺄/뽑을	발	
蘭	난초	란	(兰)	療	병고칠	료	(疗)	謨	꾀	모	(谟)	傍	곁	방	
爛	빛날	란	(烂)	淚	눈물	루	(泪)	謀	꾀할	모	(谋)	紡	길쌈	방	(纺)
剌	어그러질	랄		樓	다락	루	(楼)	茅	띠	모		旁	두루	방	
濫	넘칠	람	(滥)	漏	샐	루		貌	모양	모		倣	본받을/모방할	방	(仿)
藍	쪽	람	(蓝)	累	여러/포갤	루		帽	모자	모		肪	비계	방	
拉	꺾을	랍		屢	자주/여럿	루	(屡)	冒	무릅쓸	모		龐	클	방	(庞)
朗	밝을	랑		謬	그릇될	류	(谬)	牡	수컷	모		謗	헐뜯을	방	(谤)
廊	행랑	랑		劉	죽일	류	(刘)	侮	업신여길	모		俳	광대	배	
萊	명아주	래	(莱)	率	비율	률		耗	줄일	모		排	물리칠/헤칠	배	
掠	노략질할	략		隆	높을	륭		矛	창	모		賠	배상할	배	(赔)
梁	들보/돌다리	량		陵	언덕	릉		牟	클	모		培	북돋을/배양할	배	
亮	밝을	량		裏	속(=裡)	리	(里)	沐	목욕할	목		裵	성	배	(裴)
諒	살필	량	(谅)	鄰	이웃	린	(邻)	沒	빠질	몰	(没)	魄	넋	백	
麗	고울	려	(丽)	粒	낟알	립		夢	꿈	몽	(梦)	伯	맏	백	
廬	오두막집	려	(庐)	磨	갈(갈다)	마		蒙	어릴/무릅쓸	몽		帛	비단	백	
呂	음률	려	(吕)	魔	마귀	마		廟	사당	묘	(庙)	柏	잣나무	백	
侶	짝	려	(侣)	摩	문지를	마		苗	싹	묘		飜	뒤칠/번역할	번	(翻)
勵	힘쓸	려	(励)	麻	저릴	마		毋	말	무		煩	번거로울	번	(烦)
曆	책력	력	(历)	寞	고요할	막		巫	무당	무		閥	문벌	벌	(阀)
鍊	단련할	련	(鍊)	漠	사막/아득할	막		霧	안개	무	(雾)	汎	뜰	범	(泛)
煉	달굴	련	(炼)	幕	장막	막		默	잠잠할	묵		碧	푸를	벽	
憐	불쌍할	련	(怜)	膜	흘떼기	막		汶	물이름	문		僻	후미질	벽	
劣	못할	렬		慢	거만할	만		紊	어지러울	문		弁	고깔	변	
裂	찢을	렬		灣	물굽이	만		眉	눈썹	미		辨	분별할/변별할	변	
廉	청렴할	렴		漫	물질펀할	만		迷	미혹할	미		卞	성	변	
獵	사냥할	렵	(猎)	瞞	속일	만	(瞒)	微	작을	미		竝	아우를	병	(并)
齡	나이	령	(龄)	蠻	오랑캐	만	(蛮)	旻	가을하늘	민		屛	병풍	병	(屏)
零	떨어질	령	(零)	娩	해산할	만		閔	근심할	민	(闵)	炳	불꽃	병	
靈	신령	령	(灵)	網	그물	망	(网)	悶	민망할	민	(闷)	幷	아우를	병	(并)
玲	옥소리	령	(玲)	茫	망망할	망		憫	불쌍히여길	민	(悯)	柄	자루	병	
隸	종	례	(隶)	罔	없을	망		玟	옥돌	민		秉	잡을	병	
蘆	갈대	로	(芦)	枚	낱	매		珉	옥돌	민		輔	도울	보	(辅)
盧	검을	로	(卢)	埋	묻을	매		旼	온화할	민		甫	클	보	
魯	노나라	로	(鲁)	昧	어두울	매		蜜	꿀	밀		覆	뒤집힐	복	
虜	사로잡을	로	(虏)	寐	잠잘	매		泊	배댈/머무를	박		縫	꿰맬	봉	(缝)
爐	화로	로	(炉)	媒	중매	매		拍	칠	박		蜂	벌	봉	
祿	녹	록	(禄)	脈	맥/줄기	맥	(脉)	舶	큰배	박		俸	봉사할/녹	봉	
籠	새장	롱	(笼)	猛	사나울	맹		迫	핍박할	박		封	봉할	봉	
弄	희롱할	롱		覓	찾을	멱	(觅)	叛	배반할	반		鳳	봉황새	봉	(凤)
賂	뇌물줄	뢰	(赂)	綿	솜	면	(绵)	盤	소반/쟁반	반	(盘)	釜	가마	부	
雷	우레	뢰		滅	멸망할/꺼질	멸	(灭)	搬	운반할	반		賦	구실/과할	부	(赋)
賴	힘입을/의뢰할	뢰	(赖)	蔑	업신여길	멸		伴	짝	반		赴	다다를/부임할	부	

簿	문서	부		傘	우산	산	(伞)	訴	하소연할	소	(诉)	媤	시집	시	
訃	부고	부	(讣)	撒	뿌릴	살		屬	무리/붙일	속	(属)	尸	주검	시	
符	부신/명부	부		森	빽빽할	삼		粟	조	속		屍	주검	시	(尸)
賻	부의	부	(赙)	蔘	삼	삼		遜	겸손할	손	(逊)	弑	죽일	시	
附	붙을	부		插	꽂을	삽		宋	나라이름	송		矢	화살	시	
膚	살갗	부	(肤)	嘗	맛볼	상	(尝)	誦	욀	송	(诵)	飾	꾸밀	식	(饰)
腐	썩을	부		桑	뽕나무	상		碎	부술	쇄		湜	맑을	식	
剖	쪼갤	부		箱	상자	상		鎖	쇠사슬/자물쇠	쇄	(锁)	殖	번식할	식	(殖)
盆	동이	분		詳	자세할/상세할	상	(详)	衰	쇠약할	쇠		迅	빠를	신	
奮	떨칠	분	(奋)	裳	치마	상		需	구할	수		愼	삼갈	신	(慎)
墳	무덤	분	(坟)	塞	변방	새		殊	다를	수		晨	새벽	신	
憤	분할/성낼	분	(愤)	逝	갈(가다)	서		垂	드리울	수		娠	아이밸	신	
噴	뿜을	분	(喷)	誓	맹세할	서		隨	따를	수	(随)	腎	콩팥	신	(肾)
弗	아니	불		瑞	상서로울	서		銖	무게이름	수	(铢)	紳	큰띠	신	(绅)
崩	무너질/붕괴할	붕		緒	실마리	서	(绪)	洙	물이름	수		伸	펼	신	
婢	계집/여자종	비		敍	차례	서		羞	부끄러울	수		審	살필	심	(审)
卑	낮을/천할	비		徐	천천히	서		隋	수나라	수		尋	찾을	심	(寻)
匪	도둑	비		舒	펼	서		戍	수자리	수		雙	쌍	쌍	(双)
毘	도울	비	(毗)	析	가를/쪼갤	석		粹	순수할	수		芽	싹	아	
碑	비석	비		錫	주석	석	(锡)	遂	이룰/드디어	수		牙	어금니	아	
匕	비수	비		奭	클	석		帥	장수	수	(帅)	阿	언덕	아	
妃	왕비	비		碩	클	석	(硕)	睡	졸(졸다)	수		握	잡을	악	
彬	빛날	빈		釋	풀	석	(释)	獸	짐승	수	(兽)	岳	큰산/멧부리	악	
賓	손님	빈	(宾)	禪	고요할	선	(禅)	搜	찾을	수		雁	기러기	안	
頻	자주	빈	(频)	繕	기울	선	(缮)	孰	누구	숙		晏	늦을	안	
聘	부를/맞을	빙		旋	돌(돌다)	선		肅	엄숙할	숙	(肃)	按	살필	안	
邪	간사할	사		膳	반찬	선·		瞬	눈깜짝할/순간	순		鞍	안장	안	
似	같을/비슷	사		薛	성씨	설		循	돌/순행할	순		斡	돌(돌다)	알	
詞	말/글	사	(词)	纖	가늘	섬	(纤)	殉	따라죽을	순		謁	뵐	알	(谒)
辭	말씀	사	(辞)	閃	번쩍할	섬	(闪)	盾	방패	순		癌	암	암	
飼	먹일	사	(饲)	攝	끌어잡을	섭	(摄)	淳	순박할	순		庵	암자	암	
沙	모래	사		爕	불꽃	섭		舜	순임금	순		壓	누를	압	(压)
蛇	뱀	사		晟	밝을	성		珣	옥그릇	순		押	누를	압	
唆	부추길	사		貰	세낼	세	(贳)	脣	입술	순	(唇)	殃	재앙	앙	
斜	비낄	사		沼	늪	소		筍	죽순	순	(笋)	碍	막을(=礙)	애	
祠	사당	사		蘇	깨어날	소	(苏)	荀	풀이름	순		隘	좁을	애	
奢	사치할	사		昭	밝을	소		襲	엄습할	습	(袭)	厄	재앙	액	
徙	옮길	사		召	부를	소		濕	젖을	습	(湿)	液	진액	액	
赦	용서할	사		燒	불사를	소	(烧)	升	되	승		耶	어조사	야	
賜	줄/하사할	사	(赐)	巢	새집	소		昇	오를	승	(升)	惹	이끌	야	
削	깎을	삭		騷	시끄러울	소	(骚)	僧	중	승		躍	뛸	약	(跃)
朔	초하루	삭		紹	이을	소	(绍)	侍	모실	시		楊	버들	양	(杨)
酸	실(시다)	산		疏	트일	소		柴	섶	시		孃	아가씨	양	(娘)

한자	뜻	음	약자
禦	막을	어	(御)
御	어거할	어	
抑	누를	억	
彦	선비	언	
焉	어조사/어찌	언	
予	나/줄	여	
輿	수레	여	(舆)
譯	번역할	역	(译)
疫	염병	역	
淵	못	연	(渊)
捐	버릴	연	
硯	벼루	연	(砚)
燃	불탈	연	
軟	연할	연	(软)
姸	예쁠	연	(妍)
燕	제비	연	
衍	퍼질	연	
閱	검열할	열	(阅)
染	물들일	염	
鹽	소금	염	(盐)
厭	싫을	염	(厌)
燁	빛날	엽	(烨)
瑩	귀막이옥	영	(莹)
影	그림자	영	
詠	읊을	영	(咏)
譽	기릴	예	(誉)
豫	미리	예	
預	미리	예	(预)
傲	거만할	오	
伍	대오	오	
汚	더러울	오	(污)
吳	성	오	(吴)
梧	오동나무	오	
娛	즐거워할	오	(娱)
嗚	탄식할/슬플	오	(呜)
沃	기름질	옥	
鈺	단단한쇠	옥	(钰)
獄	옥/감옥	옥	(狱)
翁	늙은이	옹	
擁	안을	옹	(拥)
緩	느릴	완	(缓)
汪	넓을	왕	
旺	성할	왕	
歪	비뚤	왜	
倭	왜나라	왜	
畏	두려울	외	
遙	멀	요	(遥)
曜	빛날	요	
耀	빛날	요	
姚	예쁠	요	
妖	요망할	요	
堯	요임금	요	(尧)
夭	일찍죽을	요	
腰	허리	요	
搖	흔들	요	(摇)
鎔	녹일	용	(镕)
庸	떳떳할	용	
踊	뛸	용	
溶	질펀히흐를	용	
瑢	패옥소리	용	
傭	품팔이	용	(佣)
佑	도울	우	
祐	복	우	
寓	붙어살	우	
禹	우임금	우	
偶	짝	우	
煜	불꽃	욱	
旭	해뜰	욱	
韻	운	운	(韵)
鬱	답답할	울	(郁)
苑	나라동산	원	
媛	미인	원	
袁	옷/성씨	원	
越	넘을/건널	월	
韋	가죽	위	(韦)
僞	거짓	위	(伪)
渭	물이름	위	
尉	벼슬이름	위	
蔚	성할	위	
緯	씨줄	위	(纬)
違	어긋날	위	(违)
慰	위로할	위	
謂	이를	위	(谓)
幽	그윽할	유	
喩	깨우칠	유	(喻)
誘	꾈/달랠	유	(诱)
踰	넘을	유	(踰)
榆	느릅나무	유	(榆)
愈	더욱/나을	유	(愈)
惟	생각할	유	
兪	성	유	(俞)
尹	다스릴	윤	
胤	맏아들	윤	
鈗	병기	윤	(铳)
閏	윤달	윤	(闰)
潤	윤택할	윤	(润)
允	진실로	윤	
融	녹을	융	
隱	숨을	은	(隐)
垠	언덕	은	
殷	은나라	은	
淫	음란할	음	
凝	엉길	응	
貳	두	이	(贰)
夷	오랑캐	이	
姨	이모	이	
伊	저	이	
怡	화할	이	
翼	날개	익	
翌	다음날	익	
刃	칼날	인	
鎰	스물넉냥	일	(镒)
壹	하나	일	
姙	아이밸	임	
賃	품팔이/품삯	임	(赁)
炙	고기구울	자	
諮	물을	자	(谘)
恣	방자할	자	
滋	불을	자	
雌	암컷	자	
玆	이	자	(兹)
磁	자석	자	
紫	자주빛	자	
刺	찌를	자	
疵	흠	자	
酌	따를/잔질할	작	
爵	벼슬	작	
雀	참새	작	
蠶	누에	잠	(蚕)
潛	잠길	잠	(潜)
暫	잠깐	잠	(暂)
藏	감출	장	
樟	녹나무	장	
粧	단장할	장	(妆)
墻	담	장	
璋	반쪽홀	장	
掌	손바닥	장	
臟	오장	장	(脏)
葬	장사지낼/장례	장	
莊	장엄할/씩씩할	장	(庄)
匠	장인	장	
蔣	줄	장	(蒋)
杖	지팡이	장	
載	실을	재	(载)
裁	옷마를/재단할	재	
宰	재상	재	
箸	젓가락	저	
寂	고요할	적	
摘	딸/적발할	적	
滴	물방울	적	
跡	발자취/자취	적	(迹)
蹟	사적	적	(迹)
迹	자취	적	
笛	피리	적	
殿	대궐/큰집	전	
顚	이마	전	(颠)
折	꺾을	절	
竊	훔칠	절	(窃)
漸	점차/점점	점	(渐)
蝶	나비	접	
艇	거룻배	정	
楨	광나무	정	(桢)
旌	기	정	
程	길	정	
鄭	나라이름	정	(郑)
晶	맑을	정	
汀	물가	정	
町	밭두둑	정	
呈	보일	정	
鼎	솥	정	
珽	옥홀	정	
偵	정탐할	정	(侦)

한자	뜻	음	약자
穽	함정	정	(阱)
劑	약지을	제	(剂)
趙	나라이름	조	(赵)
釣	낚을	조	(钓)
措	둘	조	
燥	마를/건조할	조	
曹	마을	조	(曺)
彫	새길	조	(雕)
爪	손톱	조	
拙	못날/졸렬할	졸	
綜	모을	종	(综)
縱	세로/놓을	종	(纵)
琮	옥홀	종	
佐	도울/보좌할	좌	
珠	구슬	주	
駐	머무를	주	(驻)
洲	물가	주	
鑄	쇠부어만들	주	(铸)
奏	아뢸	주	
註	주낼	주	(注)
週	주일	주	(周)
埈	높을	준	
峻	높을	준	
遵	좇을	준	
駿	준마	준	(骏)
仲	버금	중	
憎	미워할/미울	증	
贈	줄/증여할	증	(赠)
蒸	찔	증	
脂	기름	지	
遲	더딜/지연할	지	(迟)
旨	뜻	지	
祉	복	지	
肢	사지	지	
芝	지초	지	
址	터	지	
稙	올벼	직	(稙)
秦	나라이름	진	
津	나루	진	
振	떨칠	진	
診	볼(보다)	진	(诊)
震	진동할/벼락	진	
塵	티끌	진	(尘)
窒	막을	질	
疾	병	질	
輯	모을	집	(辑)
徵	부를/징수	징	
懲	징계할	징	(惩)
叉	깍지낄	차	
遮	막을	차	
錯	섞일	착	(错)
捉	잡을/포착할	착	
讚	기릴/칭찬할	찬	(赞)
餐	먹을	찬	
燦	빛날	찬	(灿)
璨	옥빛	찬	
刹	절	찰	
札	편지	찰	
斬	벨/부끄러울	참	(斩)
慙	부끄러워할	참	(惭)
慘	참혹할/슬플	참	(惨)
昶	밝을	창	
彰	빛날	창	
滄	큰바다	창	(沧)
蒼	푸를	창	(苍)
暢	화창할	창	(畅)
蔡	성씨	채	(蔡)
埰	채밭	채	
彩	채색	채	
采	풍채	채	
悽	슬플	처	(凄)
戚	겨레/친척	척	
斥	물리칠	척	
隻	외짝	척	(只)
遷	옮길	천	(迁)
薦	천거할/추천할	천	(荐)
撤	거둘	철	
澈	물맑을	철	
喆	밝을	철	(哲)
徹	통할/철저할	철	(彻)
添	더할/덧붙일	첨	
尖	뾰족할	첨	
諜	염탐할	첩	(谍)
廳	청사/관청	청	(厅)
滯	막힐	체	(滞)
締	맺을	체	(缔)
逮	미칠	체	
替	바꿀/대체할	체	
遞	번갈아/갈마들	체	(递)
肖	닮을	초	
哨	망볼	초	
抄	베낄/뽑을	초	
秒	초/까끄라기	초	
楚	초나라	초	
焦	탈	초	
蜀	나라이름	촉	
觸	닿을/찌를	촉	(触)
促	재촉할	촉	
燭	촛불	촉	(烛)
叢	모일	총	(丛)
寵	사랑	총	(宠)
銃	총	총	(铳)
崔	높을	최	
催	재촉할	최	
趨	달릴	추	(趋)
抽	뽑을/뺄	추	
醜	추할/더러울	추	(丑)
軸	굴대	축	(轴)
畜	기를	축	
蓄	모을/쌓을	축	
縮	줄어질	축	(缩)
逐	쫓을	축	
蹴	찰	축	
沖	깊을	충	(冲)
衷	정성	충	
衝	찌를	충	(冲)
臭	냄새	취	
炊	불땔	취	
醉	술취할/취할	취	
趣	취미/뜻	취	
惻	슬퍼할	측	(恻)
雉	꿩	치	
侈	사치할	치	
稚	어릴	치	
勅	칙서	칙	(敕)
漆	옻칠할	칠	
枕	베개	침	
沈	잠길	침	
寢	잠잘	침	(寝)
墮	떨어질/타락할	타	(堕)
托	맡길/의탁할	탁	
鐸	방울	탁	(铎)
託	부탁할	탁	(托)
琢	쫄	탁	
濁	흐릴	탁	(浊)
誕	낳을/탄생할	탄	(诞)
奪	빼앗을/탈취할	탈	(夺)
眈	노려볼	탐	
貪	탐할/탐낼	탐	(贪)
湯	끓을	탕	(汤)
怠	게으를	태	
兌	바꿀	태	
台	별	태	
胎	아이밸	태	
殆	위태할/거의	태	
颱	태풍	태	(台)
兎	토끼	토	
透	통할/꿰뚫을	투	
巴	땅이름	파	
播	뿌릴/씨뿌릴	파	
坡	언덕	파	
頗	자못	파	(颇)
把	잡을	파	
罷	파할	파	(罢)
阪	비탈	판	
霸	으뜸	패	
遍	두루	편	
編	엮을	편	(编)
鞭	채찍	편	
偏	치우칠	편	
扁	현판	편	
坪	들	평	
蔽	덮을/가릴	폐	
幣	폐백	폐	(币)
廢	폐할	폐	(废)
弊	해질/폐단	폐	
砲	대포	포	(炮)
抛	던질	포	
怖	두려울	포	
哺	먹일	포	
飽	배부를/포식할	포	(饱)
鋪	펼	포	(铺)

葡	포도	포	
幅	폭/너비	폭	
漂	뜰/빨래	표	
杓	자루	표	
豹	표범	표	
標	표할	표	(标)
楓	단풍나무	풍	(枫)
弼	도울	필	
畢	마칠	필	(毕)
泌	스며흐를	필	
乏	다할	핍	
荷	연꽃/멜	하	
瑕	티	하	
虐	사나울	학	
鶴	학/두루미	학	(鶴)
旱	가물	한	
翰	글	한	
汗	땀	한	
轄	다스릴	할	(辖)
割	벨	할	
含	머금을	함	
陷	빠질	함	
艦	싸움배	함	(舰)
函	함	함	
巷	거리	항	
亢	목	항	
該	그/해당할	해	(该)
奚	어찌	해	
核	씨	핵	
杏	은행	행	
獻	드릴/바칠	헌	(献)
軒	처마/집	헌	(轩)
赫	붉을	혁	
玄	검을/가물거릴	현	
峴	고개	현	(岘)
縣	고을	현	(县)
顯	나타날	현	(显)
懸	매달/달	현	(悬)
炫	빛날	현	
鉉	솥귀	현	(铉)
弦	활시위	현	
穴	구멍	혈	
嫌	싫어할	혐	

峽	골짜기	협	(峡)
脅	위협할/갈비	협	(胁)
狹	좁을	협	(狭)
螢	반딧불	형	(萤)
炯	빛날	형	
邢	성	형	
衡	저울	형	
型	틀	형	
兮	어조사	혜	
慧	지혜	혜	
毫	가는털/터럭	호	
浩	넓을	호	
晧	밝을	호	
護	보호할/지킬	호	(护)
祜	복	호	
互	서로	호	
胡	오랑캐	호	
昊	하늘	호	
壕	해자	호	
豪	호걸	호	
鎬	호경	호	(镐)
皓	흴	호	
酷	독할	혹	
惑	미혹할	혹	
魂	넋	혼	
忽	갑자기/홀연	홀	
洪	넓을	홍	
鴻	큰기러기	홍	(鸿)
靴	가죽신	화	
禾	벼	화	
禍	재앙	화	(祸)
穫	거둘	확	(获)
擴	넓힐	확	(扩)
桓	굳셀	환	
還	돌아올	환	(还)
換	바꿀	환	(换)
煥	빛날	환	(焕)
幻	허깨비	환	
滑	미끄러울	활	
荒	거칠	황	
晃	밝을	황	
凰	봉황새	황	
況	하물며/상황	황	(況)

賄	뇌물	회	(贿)
廻	돌아올	회	(回)
淮	물이름	회	
灰	재	회	
懷	품을	회	(怀)
獲	사로잡을	획	(获)
橫	가로/비낄	횡	
曉	새벽	효	(晓)
喉	목구멍	후	
后	왕후	후	
侯	제후/임금	후	
勳	공	훈	(勋)
熏	연기낄	훈	
薰	향풀	훈	
毁	헐/훼손할	훼	
輝	빛날	휘	(辉)
携	끌/휴대할	휴	
烋	아름다울	휴	
痕	흉터	흔	
欽	공경할	흠	(钦)
欠	하품	흠	
稀	드물	희	
禧	복	희	
熙	빛날	희	
姬	아가씨	희	
嬉	즐길	희	
噫	탄식할	희	
戲	희롱할	희	(戏)
犧	희생	희	(牺)

1 급

傢	가구	가	(家)
駕	가마	가	(驾)
袈	가사	가	
柯	가지	가	
苛	매울	가	
迦	부처이름	가	
軻	수레	가	(轲)
嫁	시집갈	가	
稼	심을	가	
殼	껍질	각	(壳)
恪	조심할	각	

揀	가릴	간	(拣)
墾	개간할	간	(垦)
艮	괘이름	간	
侃	굳셀	간	
杆	몽둥이	간	
澗	산골물	간	(涧)
磵	석간수	간	(硐)
艱	어려울	간	(艰)
玕	옥돌	간	
竿	장대	간	
竭	다할	갈	
碣	비석	갈	
鞨	오랑캐	갈	
喝	외칠/꾸짖을	갈	
柑	감귤	감	
堪	견딜	감	
瞰	내려다볼	감	
邯	사람이름	감	
勘	헤아릴	감	
匣	갑	갑	
慷	강개할	강	
彊	굳셀	강	(强)
扛	마주들	강	
薑	생강	강	(姜)
糠	쌀겨	강	
鱇	아귀	강	(鱇)
堈	언덕	강	
舡	오나라배	강	
羌	오랑캐	강	
絳	진홍색	강	(绛)
襁	포대기	강	
芥	겨자	개	
塏	높은땅	개	(垲)
溉	물댈	개	(溉)
疥	옴	개	
愷	즐거울	개	(恺)
价	클	개	
羹	국	갱	
醵	술잔치	갹	
遽	갑자기	거	
渠	도랑	거	
鉅	클	거	(鉅)
楗	문빗장	건	

한자	뜻	음	약자
虔	정성	건	
愆	허물	건	
桀	이름(夏王)	걸	
怯	겁낼	겁	
檄	격문	격	
譴	꾸짖을	견	(谴)
鵑	두견이	견	(鹃)
甄	질그릇	견	
抉	도려낼	결	
鎌	낫	겸	(镰)
儆	경계할	경	
磬	경쇠	경	
鯨	고래	경	(鲸)
勁	굳셀	경	(劲)
倞	굳셀/다툴	경	
憬	깨달을	경	
梗	대개	경	
坰	들	경	
擎	들어올릴	경	
頸	목	경	(颈)
暻	밝을	경	
耿	빛날	경	
冏	빛날	경	
逕	소로/작은길	경	(迳)
莖	줄기	경	(茎)
俓	지름길	경	(径)
涇	통할	경	(泾)
絅	홑옷	경	(綗)
痙	힘줄당길	경	(痉)
誡	경계할	계	(诫)
稽	상고할	계	
磎	시내	계	(溪)
痼	고질병	고	
股	넓적다리	고	
叩	두드릴	고	
袴	바지	고	(裤)
敲	북	고	
睾	불알	고	
羔	새끼양	고	
皐	언덕	고	(皋)
拷	칠	고	
梏	쇠고랑	곡	
袞	곤룡포	곤	(衮)
鯤	곤이	곤	(鲲)
昆	맏	곤	
棍	몽둥이	곤	
崑	산이름	곤	(昆)
琨	옥돌	곤	
控	당길	공	
拱	두손맞잡을	공	
鞏	묶을	공	(巩)
珙	큰옥	공	
串	곶	곶	
廓	둘레	곽	
藿	콩잎	곽	
棺	널	관	
罐	두레박	관	
灌	물댈	관	
瓘	옥이름	관	
琯	옥피리	관	
括	묶을	괄	
壙	광	광	(圹)
洸	물용솟음할	광	
匡	바로잡을	광	
昹	빛	광	
俇	성한모양	광	
胱	오줌통	광	
珖	옥피리	광	
曠	횅할	광	(旷)
拐	속일	괴	
魁	우두머리	괴	
槐	홰나무	괴	
虢	범발톱자국	괵	
轟	수레소리	굉	(轰)
宏	클	굉	
肱	팔뚝	굉	
鉸	가위	교	(铰)
驕	교만할	교	(骄)
喬	높을	교	(乔)
嬌	아리따울	교	(娇)
攪	어지러울	교	(搅)
矩	곱자	구	
枸	구기자	구	
鉥	끌	구	
樞	널	구	
耇	늙을	구	
寇	도둑	구	
溝	도랑	구	(沟)
垢	때	구	
毆	때릴	구	(殴)
駒	망아지	구	(驹)
軀	몸	구	(躯)
舅	시아비	구	
咎	허물	구	
躬	몸	궁	
眷	돌아볼	권	
蹶	넘어질/달릴	궐	
潰	무너질	궤	(溃)
詭	속일	궤	(诡)
机	책상	궤	
窺	엿볼	규	(窥)
逵	큰길	규	
葵	해바라기	규	
畇	밭일굴	균	
鈞	서른근	균	(钧)
橘	감귤나무	귤	
棘	멧대추나무	극	
剋	이길	극	(克)
戟	창자루	극	
隙	틈	극	
瑾	맑을	근	
覲	뵈올	근	(觐)
菫	진흙	근	
饉	흉년들	근	(馑)
肋	힘셀	근	
昑	밝을	금	
襟	옷깃	금	
衿	옷깃/두를	금	
衾	이불	금	
扱	다룰	급	
汲	물길을	급	
圾	위태할	급	
亘	뻗칠	긍	
埼	갑	기	
圻	경기/지경	기	
杞	구기자나무	기	
璣	구슬	기	(玑)
伎	기량	기	
妓	기생	기	
譏	나무랄	기	(讥)
磯	물가돌	기	(矶)
沂	물이름	기	
淇	물이름	기	
碁	바둑	기	
冀	바랄	기	
祺	복	기	
綺	비단	기	(绮)
錡	솥	기	(锜)
嗜	즐길	기	
驥	천리마	기	(骥)
箕	키	기	
玘	패옥	기	
瑅	피변꾸미개	기	
崎	험할	기	
錤	호미	기	
佶	건장할	길	
桔	도라지	길	
拮	일할	길	
喫	마실	끽	(吃)
懦	나약할	나	
拏	붙잡을	나	(拿)
娜	아리따울	나	
捺	누를	날	
捏	반죽할	날	
湳	강이름	남	
楠	녹나무	남	
囊	주머니	낭	
柰	능금나무	내	
恬	편안할	념	
佞	아첨할	녕	
膿	고름	농	(脓)
鬧	시끄러울	뇨	(闹)
撓	어지러울	뇨	(挠)
紐	맬	뉴	(纽)
鈕	인꼭지	뉴	(钮)
緞	비단	단	(缎)
湍	여울	단	
疸	황달	달	
痰	가래	담	
澹	담박할	담	
覃	미칠	담	
譚	이야기	담	(谭)

漢字	訓	音	異體
曇	흐릴	담	(昙)
遝	몰릴	답	
誻	유창할	답	
幢	기	당	
鐺	북소리	당	(铛)
螳	사마귀	당	
撞	칠	당	
棠	팥배나무	당	
玳	대모	대	
岱	대산	대	
擡	들	대	(抬)
棹	노	도	
堵	담	도	
鍍	도금할	도	(镀)
蹈	밟을	도	
荼	씀바귀	도	
屠	죽일	도	
搗	찧을	도	(捣)
濤	큰물결	도	(涛)
瀆	더럽힐	독	(渎)
犢	송아지	독	(犊)
惇	도타울	돈	
墩	돈대	돈	
焞	밝을	돈	
燉	불빛	돈	(炖)
暾	아침해	돈	
乭	이름	돌	
潼	강이름	동	
憧	그리워할	동	
瞳	눈동자	동	
董	바를	동	
疼	아플	동	
仝	한가지	동	
枓	두공/주두	두	
痘	천연두	두	
遁	달아날	둔	
鄧	나라이름	등	(邓)
懶	게으를	라	(懒)
癩	문둥병	라	(癞)
螺	소라	라	
珞	구슬목걸이	락	
酪	유즙	락	
烙	지질	락	
瀾	물결	란	(澜)
瓓	옥무늬	란	
辣	매울	랄	
襤	누더기	람	(褴)
籃	바구니	람	(篮)
臘	납향	랍	(腊)
琅	옥이름	랑	
狼	이리	랑	
崍	산이름	래	
輛	수레	량	(辆)
倆	재주	량	(俩)
驪	검은말	려	(骊)
黎	검을	려	
礪	숫돌	려	(砺)
戾	어그러질	려	
閭	이문	려	(闾)
霳	벼락	력	(雳)
轢	삐걱거릴	력	(轹)
攣	걸릴	련	(挛)
輦	손수레	련	(辇)
漣	잔물결	련	(涟)
璉	호련	련	(琏)
洌	맑을	렬	
冽	찰	렬	
斂	거둘	렴	(敛)
濂	물이름	렴	(濂)
簾	발	렴	(帘)
鈴	방울	령	(铃)
伶	영리할	령	
怜	영리할	령	
囹	옥	령	
昤	햇빛	령	
醴	단술	례	
撈	잡을	로	(捞)
鷺	해오라기	로	(鹭)
麓	산기슭	록	
聾	귀먹을	롱	(聋)
瀧	비올	롱	(泷)
瓏	옥소리	롱	(珑)
儡	꼭두각시	뢰	
遼	멀	료	(辽)
暸	밝을	료	(了)
寥	쓸쓸할	료	(寥)
褸	남루할	루	(褛)
陋	좁을	루	
壘	진	루	(垒)
琉	유리	류	
硫	유황	류	
戮	죽일	륙	
綸	낚싯줄	륜	(纶)
侖	둥글	륜	(仑)
淪	빠질	륜	(沦)
崙	산이름	륜	(崘)
慄	두려울	률	(栗)
肋	갈빗대	륵	
凜	찰	름	
凌	능가할	릉	
菱	마름	릉	
楞	모	릉	
綾	비단	릉	(绫)
罹	걸릴	리	
俐	똑똑할	리	
痢	설사	리	
俚	속될	리	
悧	영리할	리	
籬	울타리	리	(篱)
璃	유리	리	
麟	기린	린	
潾	물맑을	린	
鱗	비늘	린	(鳞)
吝	아낄	린	
璘	옥빛	린	
躙	짓밟을	린	(躏)
淋	물뿌릴	림	
琳	아름다운옥	림	
霖	장마	림	
笠	삿갓	립	
瑪	마노	마	(玛)
邈	멀	막	
曼	끌(끌다)	만	
挽	당길	만	
蔓	덩굴	만	
卍	만자	만	(卐)
沫	거품	말	
茉	말리	말	
靺	종족이름	말	
輞	바퀴테	망	(辋)
邙	산이름	망	
莽	우거질	망	
邁	갈(가다)	매	(迈)
煤	그을음	매	
魅	매혹할	매	
罵	욕할	매	(骂)
貊	북방종족	맥	
萌	싹	맹	
冕	면류관	면	
棉	목화	면	
沔	물이름	면	
麵	밀가루	면	(面)
俛	힘쓸	면	
酩	술취할	명	
溟	어두울	명	
摸	찾을	모	
穆	화목할	목	
歿	죽을	몰	
猫	고양이	묘	
描	그릴	묘	
錨	닻	묘	(锚)
昴	별이름	묘	
憮	멍할	무	(怃)
畝	밭이랑	무	(亩)
鵡	앵무새	무	(鹉)
撫	어루만질	무	(抚)
拇	엄지손가락	무	
珷	옥돌	무	
懋	힘쓸	무	
蚊	모기	문	
刎	목벨	문	
紋	무늬	문	(纹)
渼	물놀이	미	
彌	미륵	미	(弥)
嵋	산이름	미	
謎	수수께끼	미	(谜)
靡	쓰러질	미	
薇	장미	미	
愍	근심할	민	
泯	망할	민	
岷	산이름	민	
鉑	금박	박	(铂)

한자	뜻	음	약자
駁	논박할	박	(驳)
撲	때릴/칠	박	(扑)
縛	묶을	박	(缚)
剝	벗길	박	(剥)
璞	옥돌	박	
珀	호박	박	
磻	강이름	반	
頒	나눌	반	(颁)
磐	너럭바위	반	
畔	두둑	반	
潘	뜨물	반	
渤	바다이름	발	
鉢	바리때	발	(钵)
勃	발끈할	발	
跋	밟을	발	
潑	활발할	발	(泼)
彷	거닐	방	
坊	동네	방	
昉	마침	방	
滂	비퍼부울	방	
膀	오줌통	방	
徘	노닐	배	
陪	도울	배	
湃	물결칠	배	
佰	일백	백	
蕃	우거질	번	
筏	뗏목	벌	
氾	넘칠	범	(泛)
帆	돛	범	
泛	뜰	범	
笵	법	범	
范	성	범	
璧	둥근옥	벽	
霹	벼락	벽	
闢	열(열다)	벽	(辟)
軿	거마소리	병	(軿)
餠	떡	병	(饼)
昞	밝을	병	
瓶	병	병	
倂	아우를	병	(并)
棅	자루	병	(柄)
潽	물이름	보	
菩	보리수	보	
堡	작은성	보	
褓	포대기	보	
鰒	전복	복	(鳆)
僕	종	복	(仆)
馥	향기	복	
棒	몽둥이	봉	
捧	받들	봉	
烽	봉화	봉	
蓬	쑥	봉	
鋒	칼끝	봉	(锋)
琫	칼집장식	봉	
俯	구부릴	부	
斧	도끼	부	
孚	미쁠	부	
傅	스승	부	
孵	알낳을	부	
阜	언덕	부	
芙	연꽃	부	
腑	장부	부	
敷	펼	부	
溥	펼	부	
糞	똥	분	
焚	불사를	분	
忿	성낼	분	
雰	안개	분	
汾	클	분	
芬	향기	분	
鵬	큰새	붕	(鹏)
鄙	더러울	비	
庇	덮을	비	
扉	문짝	비	
緋	비단	비	(绯)
譬	비유할	비	
琵	비파	비	
枇	비파나무	비	
毖	삼갈	비	
痺	저릴	비	
脾	지라	비	
丕	클	비	
臂	팔	비	
誹	헐뜯을	비	(诽)
睥	흘겨볼	비	
濱	물가	빈	(滨)
斌	빛날	빈	
嬪	아내	빈	
牝	암컷	빈	
憑	기댈	빙	(凭)
裟	가사	사	
紗	깁	사	(纱)
嗣	대이을	사	
砂	모래	사	
泗	물이름	사	
肆	방자할	사	
獅	사자	사	(狮)
瀉	쏟을	사	(泻)
娑	춤출	사	
珊	산호	산	
薩	보살	살	(萨)
杉	삼나무	삼	
翔	날개	상	
湘	물이름	상	
觴	술잔	상	(觞)
爽	시원할	상	
牀	평상	상	(床)
庠	학교	상	
璽	도장	새	(玺)
穡	거둘	색	(穑)
嗇	아낄	색	(啬)
甥	생질	생	
笙	생황	생	
牲	희생	생	
棲	깃들	서	(栖)
壻	사위(=婿)	서	(婿)
曙	새벽	서	
嶼	작은섬	서	(屿)
惛	지혜	서	
抒	토로할	서	
潟	개펄	석	(舃)
晳	밝을	석	(晰)
淅	쌀일	석	
蓆	자리	석	(席)
汐	조수	석	
鐥	가래	선	
嬋	고울/드물	선	(嬋)
璿	구슬	선	(璇)
琯	도리옥	선	
詵	많을	선	(诜)
蟬	매미	선	(蝉)
銑	무쇠	선	(铣)
渲	바림	선	
羨	부러울	선	
扇	부채	선	
煽	부추길	선	
腺	샘	선	
琔	옥	선	
璇	옥	선	
琁	옥돌	선	
褻	더러울	설	(亵)
卨	사람이름	설	(卨)
泄	샐	설	
洩	샐	설	(泄)
楔	쐐기	설	
渫	치울	설	
殲	다죽일	섬	(歼)
蟾	두꺼비	섬	
陝	땅이름	섬	(陕)
暹	해돋을	섬	
醒	깰	성	
筬	바디	성	
宬	서고	성	
猩	성성이	성	
惺	영리할	성	
珹	옥이름	성	
逍	거닐	소	
遡	거스를	소	
搔	긁을	소	(搔)
卲	높을	소	
炤	밝을	소	
邵	성(姓)	소	
韶	풍류이름	소	
霄	하늘	소	
嘯	휘파람	소	(啸)
釗	힘쓸	소	(钊)
巽	괘이름	손	
飧	저녁밥	손	
淞	강이름	송	
悚	두려울	송	
灑	물뿌릴	쇄	(洒)
酬	갚을	수	

한자	뜻	음	속자
髓	골수	수	
隨	따를	수	
蒐	모을	수	(搜)
狩	사냥	수	
岫	산굴(=峀)	수	
竪	세울	수	(竖)
袖	소매	수	
繡	수놓을	수	(绣)
琇	옥돌	수	
讐	원수	수	(雠)
穗	이삭	수	
綬	인끈	수	(绶)
瘦	파리할	수	
綏	편안할	수	(绥)
嫂	형수	수	
塾	글방	숙	
俶	비롯할	숙	
璹	옥그릇	숙	(璹)
琡	옥이름	숙	
夙	일찍	숙	
馴	길들	순	(驯)
詢	물을	순	(询)
錞	악기이름	순	(錞)
醇	진한술	순	
洵	참으로	순	
諄	타이를	순	(谆)
嵩	높을	숭	
膝	무릎	슬	
蝨	이	슬	(虱)
瑟	큰거문고	슬	
繩	노끈	승	(绳)
丞	도울	승	
陞	오를	승	(升)
枾	감나무	시	
恃	믿을	시	
猜	시기할	시	(猜)
熄	꺼질	식	
拭	닦을	식	
軾	수레앞턱가로나무	식	(轼)
寔	이	식	
蝕	좀먹을	식	(蚀)
埴	찰흙	식	
莘	긴모양	신	
薪	섶나무	신	
訊	캐물을	신	(讯)
悉	다	실	
瀋	물이름	심	(渖)
沁	스며들	심	
什	열사람	십	
峨	높을	아	
衙	마을	아	
訝	맞을	아	(讶)
啞	벙어리	아	(哑)
娥	예쁠	아	
愕	놀랄	악	
堊	백토	악	(垩)
嶽	큰산	악	(岳)
閼	막을	알	(阏)
軋	삐걱거릴	알	(轧)
闇	닫힌문	암	(暗)
菴	풀이름	암	(庵)
鴨	오리	압	(鸭)
昂	오를	앙	(昂)
鴦	원앙새	앙	(鸯)
曖	가릴	애	(暖)
崖	벼랑	애	
艾	쑥	애	
厓	언덕	애	(崖)
埃	티끌	애	
腋	겨드랑이	액	
鶯	꾀꼬리	앵	(莺)
櫻	앵두나무	앵	(樱)
鸚	앵무새	앵	(鹦)
倻	가야	야	
冶	불릴	야	
爺	아비	야	(爷)
佯	거짓	양	
襄	도울	양	
攘	물리칠	양	
釀	술빚을	양	(酿)
瘍	종기	양	(疡)
馭	부릴	어	(驭)
圄	옥	어	
檍	감탕나무	억	
諺	속담	언	(谚)
掩	가릴	엄	
俺	나	엄	
奄	문득	엄	
嶪	높고험할	업	
斁	엿볼	역	(斁)
暘	해반짝날	역	
沇	강이름	연	
筵	대자리	연	
堧	빈터	연	
涓	시내	연	
娟	예쁠	연	
讌	잔치	연	
艶	고울	염	(艳)
閻	마을	염	(阎)
琰	옥갈	염	
曄	빛날	엽	(晔)
盈	가득찰	영	
纓	갓끈	영	(缨)
嬰	갓난아이	영	(婴)
瀯	강이름	영	
瓔	구슬목걸이	영	(璎)
楹	기둥	영	
塋	무덤	영	(茔)
濚	물흐를	영	
鎣	방울소리	영	(鎣)
煐	빛날	영	
瑛	옥빛	영	
穎	이삭	영	(颖)
曳	끌	예	
叡	밝을	예	(睿)
刈	벨	예	
芮	성(姓)	예	
濊	종족이름/깊을	예	
乂	풀벨	예	
裔	후손	예	
獒	개	오	
寤	깰	오	
墺	물가	오	
旿	밝을	오	
晤	밝을	오	
奧	속	오	(奥)
瑥	사람이름	온	
蘊	쌓을	온	(蕴)
穩	편안할	온	(稳)
媼	할미	온	(媪)
雍	누구러질	옹	
甕	독	옹	(瓮)
壅	막힐	옹	
邕	화할	옹	
譌	그릇될	와	(讹)
渦	소용돌이	와	(涡)
翫	가지고놀	완	
椀	도마	완	
浣	빨	완	
阮	성(姓)	완	
婉	순할	완	
頑	완고할	완	(顽)
莞	왕골	완	
椀	주발/도마	완	(碗)
腕	팔	완	
琬	홀	완	
玩	희롱할	완	
枉	굽을	왕	
猥	함부로	외	
窯	가마	요	(窑)
窈	그윽할	요	
饒	넉넉할	요	(饶)
僥	바랄	요	(侥)
瑤	아름다운옥	요	(瑶)
擾	어지러울	요	(扰)
凹	오목할	요	
埇	길돋울	용	
墉	담	용	
茸	무성할	용	
榕	뱅골보리수	용	
湧	샘솟을	용	(涌)
鏞	쇠북	용	(镛)
蓉	연꽃	용	
迂	멀	우	
隅	모퉁이	우	
釪	바리때	우	
虞	염려할	우	(虞)
玗	옥돌	우	
芋	토란	우	
瑀	패옥	우	
彧	문채	욱	
頊	삼갈	욱	(顼)

한자	훈	음	약자
郁	성할	욱	
昱	햇빛밝을	욱	
耘	김맬	운	
暈	무리	운	(晕)
殞	죽을	운	(殒)
澐	큰물결	운	(沄)
芸	향풀	운	
熊	곰	웅	
沅	강이름	원	
洹	강이름	원	
瑗	구슬	원	
轅	끌채	원	(辕)
垣	담	원	
嫄	사람이름	원	
愿	삼갈	원	
猿	원숭이	원	
鴛	원앙새	원	(鸳)
冤	원통할	원	
粵	어조사	월	(粤)
魏	나라이름	위	
瑋	옥이름	위	(玮)
暐	햇빛	위	(暐)
褘	향낭	위	(袆)
洧	강이름	유	
庾	곳집	유	
侑	권할	유	
諭	깨우칠	유	(谕)
猷	꾀할	유	
攸	바	유	
癒	병나을	유	(愈)
瑜	아름다운옥	유	
宥	용서할	유	
柚	유자	유	
臾	잠깐	유	
帷	장막	유	
孺	젖먹이	유	
濡	젖을	유	
愉	즐거울	유	
蹂	짓밟을	유	
游	헤엄칠	유	
堉	기름진땅	육	
玧	귀막이옥	윤	
奫	물깊고넓을	윤	

한자	훈	음	약자
戎	되	융	
誾	향기	은	(訚)
膺	가슴	응	
鷹	매	응	(鹰)
毅	굳셀	의	
懿	아름다울	의	
椅	의나무	의	
誼	의좋을	의	(谊)
倚	의지할	의	
擬	흉내낼	의	(拟)
邇	가까울	이	(迩)
珥	귀고리	이	
貽	끼칠	이	(贻)
爾	너	이	(尔)
弛	늦출	이	
彝	떳떳할	이	
苡	흰비름	이	
翊	도울	익	
瀷	물이름	익	
謚	웃을	익	(谥)
咽	목구멍	인	
溢	넘칠	일	
馹	역말	일	(驲)
佾	춤출	일	
稔	곡식익을	임	
剩	남을	잉	
扔	당길	잉	
孕	아이밸	잉	
仍	인할	잉	
藉	깔개	자	
咨	물을	자	
瓷	사기그릇	자	
煮	삶을	자	
仔	자세할	자	
鵲	까치	작	(鹊)
灼	사를	작	
炸	사를	작	
芍	함박꽃	작	
盞	잔	잔	(盏)
箴	바늘	잠	
漳	강이름	장	
暲	밝을	장	
薔	장미	장	

한자	훈	음	약자
庄	전장/단정	장	
奘	클	장	
梓	가래나무	재	
縡	일	재	
齋	재계할	재	(斋)
錚	쇳소리	쟁	(铮)
楮	닥나무	저	
沮	막을	저	
躇	머뭇거릴	저	
咀	씹을	저	
邸	큰집	저	
迪	나아갈	적	
嫡	정실	적	
廛	가게	전	
剪	가위	전	
甸	경기	전	
悛	고칠	전	
琠	귀막이옥	전	
箋	글	전	(笺)
栓	나무못	전	
塡	메울	전	(填)
奠	바칠	전	
詮	설명할	전	(诠)
佺	신선이름	전	
銓	저울질할	전	(铨)
哲	밝을	절	
粘	끈끈할	점	
湞	강이름	정	(浈)
幀	그림	정	(帧)
姃	단정할	정	
碇	닻	정	
錠	덩이	정	(锭)
綎	띳술	정	
釘	못	정	(钉)
柾	바른나무	정	
炡	빛날	정	
挺	뺄	정	
禎	상서로울	정	(祯)
鋌	쇳덩이	정	(铤)
酊	술취할	정	
淀	얕은물	정	
玎	옥소리	정	
諪	조정할	정	(谆)

한자	훈	음	약자
鉦	징	정	(钲)
霆	천둥소리	정	
靖	편안할	정	
晸	해뜨는모양	정	
悌	공손할	제	
蹄	굽	제	
梯	사다리	제	
瑅	옥이름	제	
詔	고할	조	(诏)
槽	구유	조	
棗	대추나무	조	(枣)
俎	도마	조	
遭	만날	조	
眺	바라볼	조	
祚	복(福)	조	
嘲	비웃을	조	
凋	시들	조	
肇	시작할/칠	조	
窕	정숙할	조	
糟	지게미	조	
淙	물소리	종	
腫	부스럼	종	(肿)
倧	상고신인	종	
鍾	술잔	종	(锺)
踪	자취	종	
棕	종려나무	종	
悰	즐길	종	
澍	단비	주	
躊	머뭇거릴	주	(踌)
湊	모일	주	
輳	모일	주	(辏)
誅	벨	주	(诛)
廚	부엌	주	(厨)
嗾	부추길	주	
呪	빌	주	(咒)
炷	심지	주	
姝	예쁠	주	
疇	이랑	주	(畴)
紂	임금이름	주	(纣)
做	지을	주	
酎	진한술	주	
冑	투구	주	
浚	깊게할	준	

濬	깊을	준 (浚)	瓚	옥잔	찬 (瓒)	樞	지도리	추 (枢)	妬	투기할	투
蠢	꿈틀거릴	준	纘	이을	찬 (缵)	鄒	추나라	추 (邹)	琶	비파	파
畯	농부	준	粲	정미	찬	竺	대나무	축	杷	비파나무	파
竣	마칠	준	擦	비빌	찰	瑃	옥이름	춘	芭	파초	파
儁	영특할	준 (雋)	塹	구덩이	참 (堑)	椿	참죽나무	춘	婆	할미	파
晙	밝을	준	懺	뉘우칠	참 (忏)	黜	물리칠	출	沛	늪	패
准	비준	준	讒	참소할	참 (谗)	珫	귀고리	충	浿	물이름	패
樽	술통	준	敞	높을	창	萃	모을	췌	佩	찰	패
儁	준걸	준 (俊)	瘡	부스럼	창 (疮)	聚	모을	취	牌	패	패
焌	태울	준	愴	슬퍼할	창 (怆)	翠	물총새	취	澎	물결부딪칠	팽
茁	싹틀	줄	菖	창포	창	脆	연할	취	烹	삶을	팽
櫛	빗	즐 (栉)	廠	헛간	창 (厂)	娶	장가들	취	彭	성(姓)	팽
楫	노	즙	寀	녹봉	채	仄	기울	측	枰	바둑판	평
汁	즙/국물	즙	綵	비단	채 (彩)	馳	달릴	치 (驰)	陛	섬돌	폐
蜘	거미	지	凄	쓸쓸할	처	熾	성할	치 (炽)	泡	거품	포
祇	공경할/존경할	지	脊	등성마루	척	癡	어리석을	치 (痴)	褒	기릴	포
咫	길이	지	剔	뼈바를	척	峙	언덕	치	鮑	절인어물	포 (鲍)
沚	물가	지	滌	씻을	척 (涤)	琛	보배	침	佈	펼	포 (布)
趾	발가락	지	陟	오를	척	蟄	숨을	칩 (蛰)	輻	바퀴살	폭 (辐)
摯	지극할	지	瘠	파리할	척	秤	저울	칭	瀑	폭포	폭
稷	피	직	阡	두렁	천	惰	게으를	타	驃	날랠	표 (骠)
賑	구휼할	진 (赈)	仟	일천	천	楕	길쭉할	타 (椭)	飄	회오리바람	표 (飘)
搢	꽂을	진	釧	팔찌	천 (钏)	咤	꾸짖을	타	稟	여쭐	품
晉	나아갈	진 (晋)	綴	묶을	철 (缀)	唾	침	타	馮	성(姓)	풍 (冯)
唇	놀랄	진	轍	바퀴자국	철 (辙)	晫	밝을	탁	諷	욀	풍 (讽)
縉	삼실	진 (缙)	凸	볼록할	철	擢	뽑을	탁	披	헤칠	피
軫	수레뒤턱나무	진 (轸)	僉	다	첨 (佥)	琸	사람이름	탁	疋	짝/필	필
瑨	옥돌	진	瞻	볼(보다)	첨	倬	클	탁	珌	칼장식옥	필
璡	옥돌	진 (琎)	諂	아첨할	첨 (谄)	憚	꺼릴	탄 (惮)	苾	향기날	필
叱	꾸짖을	질	籤	제비	첨 (签)	吞	삼킬	탄	馝	향기로울	필
跌	넘어질	질	捷	이길	첩	灘	여울	탄 (滩)	逼	닥칠	핍
嫉	미워할	질	牒	편지	첩	嘆	탄식할	탄 (叹)	霞	노을	하
瓆	사람이름	질	帖	표제/두루마리	첩	坦	평평할	탄	遐	멀	하
斟	술따를	짐	諦	살필/조사할	체 (谛)	耽	즐길	탐	蝦	새우	하 (虾)
潗	샘솟을	집	樵	나무할	초	蕩	쓸어버릴	탕 (荡)	廈	큰집	하 (厦)
澄	맑을	징	醮	초례	초	邰	나라이름	태	壑	골	학
磋	갈(갈다)	차	蕉	파초	초	跆	밟을	태	謔	희롱거릴	학 (谑)
蹉	넘어질	차	囑	부탁할	촉 (嘱)	汰	씻을	태	瀚	넓고큰모양	한
嵯	산우뚝할	차	塚	무덤	총 (冢)	苔	이끼	태	閒	한가할/틈	한 (闲)
撰	글지을	찬	楸	가래나무	추	撑	버틸	탱	緘	봉할	함 (缄)
鑽	뚫을	찬 (钻)	墜	떨어질	추 (坠)	桶	통	통	涵	젖을	함
澯	맑을	찬	錐	송곳	추 (锥)	堆	쌓을	퇴	鹹	짤	함 (咸)
纂	모을	찬	錘	저울	추 (锤)	套	덮개	투	陜	땅이름	합 (陜)

한자	뜻	음	약자	한자	뜻	음	약자	한자	뜻	음	약자
沆	넓을	항		琥	호박	호		鑂	금빛바랠	훈	
姮	항아	항		濠	호주	호		熏	연기에그을릴	훈	
懈	게으를	해		弧	활	호		壎	질나팔	훈	(埙)
楷	나무이름	해		渾	흐릴	혼	(浑)	暄	따뜻할	훤	
駭	놀랄	해	(骇)	惚	황홀할	홀		喧	시끄러울	훤	
邂	만날	해		訌	내분	홍	(讧)	萱	원추리	훤	
骸	뼈	해		虹	무지개	홍		彙	무리	휘	(汇)
偕	함께	해		泓	물깊을	홍		暉	빛	휘	(晖)
諧	화할	해	(谐)	烘	횃불	홍		徽	아름다울	휘	
倖	요행	행	(幸)	樺	자작나무	화	(桦)	虧	이지러질	휴	(亏)
饗	잔치	향	(飨)	嫿	탐스러울	화		譎	속일	휼	(谲)
珦	향옥	향		驩	기뻐할	환		匈	오랑캐	흉	
墟	빈터	허	(墟)	喚	부를	환		欣	기뻐할	흔	
爀	불빛	혁		奐	빛날	환	(奂)	昕	아침	흔	
奕	클	혁		鰥	홀아비	환	(鳏)	炘	화끈거릴	흔	
睍	불거질눈	현		睆	환할	환		屹	산우뚝솟을	흘	
泫	빛날	현		渙	흩어질	환	(涣)	恰	마치	흡	
玹	옥빛	현		紈	흰비단	환	(纨)	洽	윤택할	흡	
晛	햇살	현	(晛)	猾	교활할	활		翕	합할	흡	
挾	낄	협	(挟)	闊	넓을	활	(阔)	憙	기뻐할	희	
浹	두루미칠	협	(浃)	徨	노닐	황		僖	기쁠	희	
俠	호협할	협	(侠)	惶	두려워할	황		晞	마를	희	
荊	가시나무	형		煌	빛날	황		羲	복희(伏羲)	희	
珩	노리개	형		簧	생황	황		凞	빛날	희	
熒	등불	형	(荧)	璜	서옥	황		熹	빛날	희	
泂	멀	형	(迥)	榥	책상	황		曦	햇빛	희	
瀅	물맑을	형	(滢)	滉	해자	황		恛	쉴	히	
馨	향기	형		隍	해자	황		詰	꾸짖을	힐	(诘)
蕙	난초	혜		遑	허둥거릴	황					
暳	별반짝일	혜		恍	황홀할	황					
彗	비	혜		誨	가르칠	회	(诲)				
譿	살필	혜		繪	그림	회	(绘)				
蹊	지름길	혜		晦	그믐	회					
護	구할	호		恢	넓을	회					
灝	넓을	호	(灏)	徊	노닐	회					
扈	따를	호		檜	노송나무	회	(桧)				
滈	맑을	호		澮	붓도랑	회	(浍)				
瑚	산호	호		鐄	종	횡	(簧)				
狐	여우	호		斅	가르칠	효	(敎)				
顥	클	호	(颢)	淆	강이름	효					
濩	퍼질	호		驍	날랠	효	(骁)				
糊	풀	호		嚆	울릴	효					
壺	항아리	호	(壶)	逅	만날	후					

국가공인

한자실력급수 자격시험
사범

연 습 문 제
(1회~12회)

한자실력급수 자격시험 사범 연습문제 〈1〉

※ 다음 [   ]안의 한자와 음이 같은 한자는?

1. [喙] ① 獪 ② 嗅 ③ 狽 ④ 卉
2. [駝] ① 朶 ② 梭 ③ 媽 ④ 侘
3. [倡] ① 壊 ② 庠 ③ 氊 ④ 瘴
4. [抃] ① 攬 ② 籑 ③ 搏 ④ 遍
5. [剽] ① 飇 ② 戟 ③ 袂 ④ 刹

※ 다음 [   ]안의 한자와 음이 <u>다른</u> 한자는?

6. [澔] ① 縞 ② 葫 ③ 詁 ④ 瓠
7. [哮] ① 斅 ② 翹 ③ 肴 ④ 驍
8. [尨] ① 牓 ② 髣 ③ 幇 ④ 扛
9. [勖] ① 宥 ② 栯 ③ 項 ④ 昱

※ 다음 [   ]안의 한자와 뜻이 비슷하거나 같은 한자는?

10. [溢] ① 泡 ② 泊 ③ 漲 ④ 滄
11. [嬭] ① 孀 ② 姐 ③ 娜 ④ 媟
12. [儻] ① 侏 ② 僥 ③ 仰 ④ 個
13. [跌] ① 跪 ② 跏 ③ 踩 ④ 蹕

※ 나머지 셋과 부수가 <u>다른</u> 한자는?

14. ① 綦 ② 膊 ③ 脩 ④ 脅
15. ① 辜 ② 辯 ③ 辭 ④ 梓

※ 다음 중 한자어의 독음이 바르지 <u>않은</u> 것은?

16. ① 漸漬: 점지   ② 偈頌: 게송
    ③ 宸念: 진념   ④ 喀痰: 객담
17. ① 嫩晴: 연청   ② 矧笑: 신소
    ③ 拿鞠: 나국   ④ 剃髮: 체발
18. ① 慵惰: 용타   ② 殮襲: 염습
    ③ 痔漏: 치루   ④ 旗幡: 기반
19. ① 黜陟: 출척   ② 蚌蛤: 방합
    ③ 諏吉: 취길   ④ 鳳雛: 봉추
20. ① 酵母: 효모   ② 徭役: 유역
    ③ 嗚咽: 오열   ④ 乳鉢: 유발

※ [   ] 안의 한자어를 바르게 표기한 것은?

21. 그 요새는 박 장군의 [휘하] 부대에 의해 굳건히 사수되었다.
    ① 輝下 ② 揮下 ③ 麾下 ④ 徽下
22. 사방탁자와 문갑이 한쪽에 놓였고 액자와 [족자]도 서넛 걸려 있었다.
    ① 簇者 ② 簇子 ③ 鏃子 ④ 鏃者
23. 그녀는 [전족]으로 자라지 못한 발로 넘어질 듯 쓰러질 듯 걸어가고 있었다.
    ① 佃足 ② 塡足 ③ 纏足 ④ 氈足
24. 그 효자의 이야기는 오늘날까지 많은 사람 사이에 널리 [회자]되고 있다.
    ① 膾炙 ② 懷炙 ③ 檜煮 ④ 繪紫
25. 물리학에서는 양극과 음극의 [대척] 현상을 여러 가지로 이용하고 있다.
    ① 代脊 ② 對拓 ③ 代剔 ④ 對蹠
26. 광화문은 무지개형으로 된 세 개의 [홍예문]으로 구성되어 있다.
    ① 虹蕊門 ② 虹唲門 ③ 虹翳門 ④ 虹霓門
27. 그는 사람이 가볍고 하는 행동마다 [조잡]스러워 상대하기가 불편하다.
    ① 粗雜 ② 蚤雜 ③ 胙雜 ④ 躁雜

※ [   ] 안에 들어갈 한자어로 알맞은 것은?

28. 왕조의 [   ]은/는 대개 왕실의 기강이 문란해지면서 시작된다.
    ① 衒能 ② 含漱 ③ 頹廢 ④ 賑恤
29. 그는 나이가 어린 국왕이 등극하자 [   ]한 역심을 품었다.
    ① 憨悔 ② 輯要 ③ 疲斃 ④ 僭濫
30. 그는 용감한 시민으로 [   ]을/를 받게 되었다.
    ① 鷄肋 ② 褒彰 ③ 謳歌 ④ 糾彈
31. 일반적으로 액체를 가열할 때의 [   ] 정도는 고체보다 크고 기체보다 작다.
    ① 洞察 ② 膨脹 ③ 統括 ④ 破甑
32. 교교하게 달빛이 비추는 밤에 아득히 [   ]이 들려온다.
    ① 鐵柵 ② 砧聲 ③ 橄欖 ④ 稜線
33. 그는 출세욕이 강하고 마음이 [   ]하여 사람들로부터 따돌림을 당하였다.
    ① 執着 ② 白朮 ③ 奸慝 ④ 嘶號

34. 시장은 새로운 시민 공원 건립을 시민들과 [   ]을
    거듭한 후에 결정하겠다고 발표했다.
    ① 爛商   ② 胥吏   ③ 些少   ④ 齟齒

※ 주어진 뜻에 알맞은 한자어는?

35. 탄소족 원소의 하나. 산화물이나 규산염의 형태로 암
    석 중에 다량으로 존재한다.
    ① 眞勺   ② 鑛滓   ③ 赤泥   ④ 硅素
36. 자질구레하게 부스러짐. 또는 그 부스러기.
    ① 覲參   ② 豁達   ③ 股肱   ④ 瑣屑
37. 객지에 가서 머물러 있음.
    ① 逗留   ② 嗤笑   ③ 膠漆   ④ 鷺瓦
38. 시끄럽게 지껄이며 떠듦.
    ① 方椽   ② 拓本   ③ 喧譁   ④ 粧潢
39. 왕이나 왕족, 귀족 등의 죽음을 높여 이르는 말.
    ① 箚子   ② 薨逝   ③ 顚沛   ④ 猖獗
40. 아무 거리낌 없이 제멋대로 함.
    ① 沸騰   ② 竇用   ③ 擅橫   ④ 醒楷
41. 괴이한 버릇.
    ① 疝症   ② 怪癖   ③ 瘁愈   ④ 湧水

※ [   ] 안의 한자성어의 속뜻으로 알맞은 것은?

42. [乾坤一擲]
    ① 일이 되돌릴 수 없는 지경에 이르렀으니 단행하는
       수밖에 없음을 이르는 말.
    ② 어떤 일에 별로 숙달되지 않은 사람도 실수 없이
       능히 할 수 있는 일인 경우를 비유적으로 이르는
       말.
    ③ 일이 바쁘거나 너무 멀어서 좀처럼 가기 힘든 곳을
       가거나 오다.
    ④ 주사위를 던져 승패를 건다는 뜻으로, 운명을 걸고
       단판걸이로 승부를 겨룸을 이르는 말.

43. [泣斬馬謖]
    ① 큰 목적을 위하여 자기가 아끼는 사람을 버림.
    ② 여럿 가운데에서 가장 뛰어난 사람이나 훌륭한 물
       건을 비유적으로 이르는 말.
    ③ 공적인 일을 먼저 하고 사사로운 일은 뒤로 미룸.
    ④ 아무리 없애려고 해도 없어지지 않고 자꾸 다시 생
       겨 나오는 것을 비유적으로 이르는 말.

44. [爰居爰處]
    ① 자기의 잇속을 차리기 위하여 지조 없이 여기저기
       빌붙어 사는 행태.
    ② 사방으로 이리저리 몹시 바쁘게 돌아다님을 이르는
       말.
    ③ 여기저기 옮겨 삶.
    ④ 이리저리 흩어지고 찢기어 갈피를 잡을 수 없음.
45. [咆虎陷浦]
    ① 다급해지면 무엇이든지 가릴 여지가 없어짐을 비유
       적으로 이르는 말.
    ② 강자끼리 서로 싸움을 이르는 말.
    ③ 속으로 해칠 생각만 하면서 겉으로는 슬슬 달래서
       환심을 사려고 함.
    ④ 큰소리만 치고 일은 이루지 못함을 이르는 말.

※ 다음을 읽고 물음에 답하시오.

> 茶山의 姓은 丁氏요 名은 若鏞이니 正宗朝에
> 登科하여 官至(㉠)하니라 嘗以抄啓文臣으로
> 入內閣하여 大被器賞하니 由是로 忌疾者衆이
> 라 ㉡坐兄若鍾獄하여 ㉢流康津하여 十九年에
> 始還이라 公이 謫居無事에 硏究古今하고 留心
> 民生國計하여 討論著述이 窮源極委하니 ㉣要
> 爲有用之學하여 而皆可爲後世法이라 若(㉤)·
> 欽欽新書·經世遺表·田制考等諸書가 是也라
>
> 《梅泉野錄》

46. ㉠에 들어갈 漢字로 알맞은 것은?
    ① 勝志   ② 勝旨   ③ 承旨   ④ 承志
47. 다음 밑줄 친 부분이 ㉡의 뜻으로 쓰인 것은?
    ① 連坐   ② 平坐   ③ 起坐   ④ 侍坐
48. 다음 밑줄 친 부분이 ㉢의 뜻으로 쓰인 것은?
    ① 流言   ② 氣流   ③ 流行   ④ 流刑
49. 다음 밑줄 친 부분이 ㉣의 뜻으로 쓰인 것은?
    ① 需要   ② 重要   ③ 所要   ④ 要請
50. ㉤에 들어가기에 알맞은 것은?
    ① 睦民愼書   ② 牧民審書
    ③ 牧民心書   ④ 睦民心書

■ [주관식 Ⅰ]의 답은 [OCR답안지] 주관식 답안란에 검정색 펜으로 작성하시오.

※ 한자의 훈(뜻)과 음(소리)을 한글로 쓰시오.

주1. 潧　（　　　　　　　）
주2. 紇　（　　　　　　　）
주3. 藕　（　　　　　　　）
주4. 魃　（　　　　　　　）
주5. 嗟　（　　　　　　　）
주6. 襄　（　　　　　　　）
주7. 詛　（　　　　　　　）
주8. 倨　（　　　　　　　）
주9. 窠　（　　　　　　　）
주10. 諴　（　　　　　　　）
주11. 嚚　（　　　　　　　）
주12. 雹　（　　　　　　　）
주13. 赧　（　　　　　　　）
주14. 狠　（　　　　　　　）
주15. 鞠　（　　　　　　　）
주16. 蕪　（　　　　　　　）
주17. 撫　（　　　　　　　）
주18. 葳　（　　　　　　　）
주19. 儚　（　　　　　　　）
주20. 粦　（　　　　　　　）
주21. 迺　（　　　　　　　）
주22. 殂　（　　　　　　　）

※ 한자의 부수를 漢字(正字)로 쓰시오.

주23. 斛　（　　　　）
주24. 繭　（　　　　）
주25. 贖　（　　　　）
주26. 鸝　（　　　　）

※ 훈과 음에 맞는 漢字(正字)를 쓰시오.

주27. 구멍　　　　　두　（　　　　　）
주28. 쌀사들일　　적　（　　　　　）
주29. 참소할　　　참　（　　　　　）
주30. 끌어모을　　루　（　　　　　）
주31. 탐낼　　　　도　（　　　　　）

주32. 등지느러미　기　（　　　　　）
주33. 씹을　　　　작　（　　　　　）
주34. 말더듬을　　홀　（　　　　　）
주35. 이슬기운　　해　（　　　　　）
주36. 연줄기　　　가　（　　　　　）

※ ○ 안에 공통으로 들어갈 漢字를 〈보기〉에서 찾아 쓰시오.

〈보기〉	裨　稗　勅　稠　瘰　狌　炬　荔

주37. ○鷗亭　　親○　　○昵　（　　　）
주38. ○益　　補○　　○將　（　　　）
주39. ○林　　粘○　　○密　（　　　）
주40. 松○　　○燭　　植○　（　　　）

※ 다음 한자어의 독음을 쓰시오.

주41. 緊絜　（　　　　　）
주42. 彎銜　（　　　　　）
주43. 韭葅　（　　　　　）
주44. 黼黻　（　　　　　）
주45. 砦堡　（　　　　　）
주46. 燐酸　（　　　　　）
주47. 矗鹵　（　　　　　）
주48. 銳嘴　（　　　　　）
주49. 逡巡　（　　　　　）
주50. 這間　（　　　　　）
주51. 蠹簡　（　　　　　）
주52. 頓然　（　　　　　）
주53. 薄曇　（　　　　　）
주54. 颯辣　（　　　　　）
주55. 粉黛　（　　　　　）
주56. 蝦醢　（　　　　　）

※ [　　] 안 단어를 문맥에 맞게 漢字(正字)로 쓰시오.

주57. 그 산은 층암절벽이 [기구]하여 오르기가 어렵다.
　　　　　　　　　　　　　　（　　　　　　　）
주58. 정당은 민주 정치에서 빠질 수 없는 중요한 [기구]이다.
　　　　　　　　　　　　　　（　　　　　　　）
주59. 새끼 거북이의 [파행]하는 모습은 몹시 귀엽다.
　　　　　　　　　　　　　　（　　　　　　　）
주60. 여야의 국회 [파행]은 새 정치를 열망하는 국민들을 크게 실망시켰다.
　　　　　　　　　　　　　　（　　　　　　　）

※ 문장에서 잘못 쓴 漢字를 바르게 고쳐 쓰시오.
[단, 음이 같은 漢字(正字)로 고칠 것.]

주61. 좋은 남자와 結婚을 해 團蘭한 家庭을 꾸미고
平坦한 生活을 누릴 수도 있었을 것이다.
(　　　→　　　)

주62. 자동차 경주를 할 때 운전자는 엔진열과 複寫熱
까지 견디기 위해 방열복을 착용해야 한다.
(　　　→　　　)

주63. 掃灑한 그 모습은 貴公子의 風貌가 歷歷했고
冷淡해 보이는 印象에는 變함이 없었다.
(　　　→　　　)

주64. 闡息은 氣管支에 痙攣이 일어나는 질병이다.
(　　　→　　　)

주65. 膾는 椒醬보다 간장에 찍어 먹어야 더 맛이 난다.
(　　　→　　　)

※ 풀이에 맞게 [　　　] 안의 단어를 漢字(正字)로 쓰
시오.

주66. [신우] : 척추동물의 콩팥 안에 있는 빈 곳.
(　　　　　)

주67. [구나] : 고려·조선 시대에, 세밑에 궁중에서 역귀
를 쫓던 일. 또는 그런 의식. (　　　　　)

주68. [요화] : 홰에 켠 불. 횃불. (　　　　　)

주69. [무격] : 무당과 박수를 아울러 이르는 말.
(　　　　　)

주70. [배아] : 수정란이 배낭 속에서 분열 증식하여 홀
씨체의 바탕이 되는 것. (　　　　　)

주71. [저포] : 백제 때에 있었던 놀이의 하나. 주사위 같
은 것을 나무로 만들어 던져서 그 끗수로 승부를 겨루
는 것으로, 윷놀이와 비슷함. (　　　　　)

주72. [거벽] : 학식이나 어떤 전문적인 분야에서 뛰어난
사람. (　　　　　)

주73. [영악] : 매우 모질고 사나움. (　　　　　)

주74. [증류] : 액체를 가열하여 생긴 기체를 냉각하여
다시 액체로 만드는 일. (　　　　　)

주75. [맥진] : 좌우를 돌아볼 겨를이 없이 힘차게 나아
감. (　　　　　)

※ 문장 속 [　　] 안의 단어를 漢字(正字)로 쓰시오.

주76. 저 항공 모함은 헬리콥터 20대를 [탑재]하고 있
다. (　　　　　)

주77. 그는 성품이 온화해서 마치 [미륵]같다.
(　　　　　)

주78. 동생은 [첩모]가 눈을 찔러서 쌍꺼풀 수술을 했
다. (　　　　　)

주79. 그 제품은 겉으로 멀쩡하지만 실상 [하자]가 많
다. (　　　　　)

주80. 그 노인은 오랜 노력 끝에 [상감] 청자 기법을 영
득했다고 한다. (　　　　　)

주81. 어제는 진달래가 만발한 가운데 봄눈이 흩날리는
[희한]한 날씨였다. (　　　　　)

주82. 기저귀 [습진] 때문에 아이가 자주 울어서 연고를
발라 주었다. (　　　　　)

주83. 베토벤은 악조건 속에서도 [불후]의 대작을 남겼
다. (　　　　　)

주84. 대통령은 특별 사면령을 통해 많은 양심수들의 전
과를 [말소]해 주었다. (　　　　　)

주85. 그는 [척후병]으로서 필요한 뛰어난 판단력과 예
민한 감각을 지녔다. (　　　　　)

주86. 이 배의 [조타수]는 항해 경력이 많아 암초가 숨
어 있는 곳을 훤히 알고 있다. (　　　　　)

주87. 나는 갑자기 심한 [현기증]을 느껴 비틀거렸다.
(　　　　　)

주88. 그에 대한 [흉흉]한 소문이 널리 퍼지고 있다.
(　　　　　)

주89. 등산객들은 여유분의 [양말]을 덧신어 발의 충격
을 완화시킬 필요가 있다. (　　　　　)

주90. 너, 그렇게 [급살] 맞을 짓만 하고 다니지 마라.
(　　　　　)

※ [　　　] 안의 한자성어의 뜻을 읽고 ○ 안에 들어갈
알맞은 漢字(正字)를 쓰시오.

주91. [○角之爭] 달팽이의 더듬이 위에서 싸운다는 뜻
으로, 하찮은 일로 벌이는 싸움을 비유적으로 이르는
말. (　　　　　)

주92. [殘杯冷○] 마시다 남은 술과 다 식은 구운 고
기라는 뜻으로, 보잘것없는 음식을 비유적으로 이
르는 말. (　　　　　)

주93. [一覽○記] 한 번 보면 다 기억한다는 뜻으로,
총명하고 기억을 잘함을 이르는 말. (　　　　　)

주94. [僧伽藍○] 승려가 살면서 불도를 닦는 곳.
(　　　　　)

주95. [亡 羊 補 ○] 이미 어떤 일을 실패한 뒤에 뉘우쳐
　　　도 아무 소용이 없음을 이르는 말.　　　　（　　）

주96. [○ 華 微 笑] 말로 통하지 아니하고 마음에서 마
　　　음으로 전하는 일.　　　　　　　　　　（　　）

주97. [自 作 之 ○] 자기가 저지른 일 때문에 생긴 재앙.
　　　　　　　　　　　　　　　　　　　　（　　）

주98. [○ 丁 解 牛] 기술이 매우 뛰어남을 비유하는 말.
　　　　　　　　　　　　　　　　　　　　（　　）

주99. [左 右 顧 ○] 이쪽저쪽을 돌아본다는 뜻으로, 앞뒤
　　　를 재고 망설임을 이르는 말.　　　　　（　　）

주100. [縫 ○ 之 衣] 예전에 선비가 입던, 옆이 넓게 터
　　　　진 도포.　　　　　　　　　　　　　（　　）

주관식 II （주101~주150번）

■ [주관식 II]의 답은 별도의 [주관식 II 답안지]에 검정색 펜
　으로 작성하시오.

※ [　　]안의 한자성어 활용이 적절하면 'O', 적절하
　　지 않으면 'X'로 표기하시오.

주101. 그는 합격 소식을 전해 듣고 [鳧趨雀躍]하였다.
　　　　　　　　　　　　　　　　　　　　（　　）

주102. 총명하신 선배님들도 불가능하신 일을 저와 같은
　　　　[淺學菲才]이/가 어떻게 감당하겠습니까?
　　　　　　　　　　　　　　　　　　　　（　　）

주103. 잘 사는 사람만 골라서 사귀는 그의 간사한 모습
　　　　은 [杵臼之交]라는 말이 딱 적합하다.
　　　　　　　　　　　　　　　　　　　　（　　）

주104. 대적할 수밖에 없는 처지로 해후한 처지지만 그들
　　　　은 [玉石混淆]의 진한 우정을 과시하고 있었다.
　　　　　　　　　　　　　　　　　　　　（　　）

※ [　　]안의 문장의 뜻에 부합하는 사자성어를 漢
　　字(正字)로 쓰시오.

주105. 그는 힘을 기른 후에 우리를 향해 [흙먼지를 말
　　　　아 일으키며 다시 쳐들어왔다.]
　　　　　　　　　　　　　　　　　　　　（　　）

주106. 이번 사건을 계기로 [세상을 어지럽히고 사람들
　　　　을 속이려는] 일당들이 모두 검거되었다.
　　　　　　　　　　　　　　　　　　　　（　　）

주107. 7번 연속 올림픽 금메달을 획득한 한국 여자양궁
　　　　선수들에게 내외신 기자들이 [수레 바퀴통에 바
　　　　퀏살이 모이듯 몰려들어] 열띤 취재를 하였다.
　　　　　　　　　　　　　　　　　　　　（　　）

주108. 더 많은 경험을 쌓고 견문을 넓히는 노력을 하지
　　　　않고 현실에 안주한다면 [우물의 바닥에 있는 개
　　　　구리]와 같이 될지도 모른다.
　　　　　　　　　　　　　　　　　　　　（　　）

※ 성어의 속뜻을 쓰시오.

주109. 閫外之臣
　　　（　　　　　　　　　　　　　　　　　　）

주110. 汗牛充棟
　　　（　　　　　　　　　　　　　　　　　　）

주111. 滿身瘡痍
　　　（　　　　　　　　　　　　　　　　　　）

주112. 噬臍莫及
　　　（　　　　　　　　　　　　　　　　　　）

※ 다음 문장에 해당하는 우리말 속담을 쓰시오.

주113. 獨木橋冤家遭
　　　（　　　　　　　　　　　　　　　　　　）

주114. 三尺髥 食令監
　　　（　　　　　　　　　　　　　　　　　　）

주115. 雖有忙心 線不繫鍼
　　　（　　　　　　　　　　　　　　　　　　）

주116. 牛耳讀經 何能諦聽
　　　（　　　　　　　　　　　　　　　　　　）

※ 문장의 ○에 들어갈 漢字를 〈보기〉에서 찾아 차례대
　　로 쓰시오.

〈보기〉	其 嘗 雖 逐 乎 焉 直 苟 以 於 未 將 被

주117. ○非吾之所有 ○一毫而莫取　　　〈赤壁賦〉
　　　　　　　　　　　　　　　（　　　，　　　）

주118. 鳥之○死 ○鳴也哀　　　　　　　《論語》
　　　　　　　　　　　　　　　（　　　，　　　）

주119. 少○ 月出○東山之上　　　　　　〈赤壁賦〉
　　　　　　　　　　　　　　　（　　　，　　　）

주120. 吾○三仕 三見○於君　　　　　　《史記》
　　　　　　　　　　　　　　　（　　　，　　　）

※ 문장의 ○에 들어갈 漢字를 〈보기〉에서 찾아 차례대로 쓰시오.

〈보기〉	師 驗 新 賢 德 學 智 置 義 禮 道 死 仁

주121. 道之以政 齊之以刑 民免而無恥 道之以○ 齊之以○ 有恥且格　　　《論語》
(　　　，　　　)

주122. 陷之○地而後 生 ○之亡地而後 存　《史記》
(　　　，　　　)

주123. 溫故而知○ 可以爲○矣　　　《論語》
(　　　，　　　)

주124. 君子 食無求飽 居無求安 敏於事而愼於言 就有○而正焉 可謂好○也已　　　《論語》
(　　　，　　　)

※ 주어진 국역을 참고하여 [　　]안의 漢字들을 알맞게 배열하여 문장을 완성하시오.

주125. 道不得行于世 刪詩書 定禮樂 贊周易 修春秋 [開學往來聖繼]　　　《童蒙先習》

국역: 도를 세상에 행하지 못하게 되자, 시서를 정리하고, 예악을 정하고, 주역을 해설하고, 춘추를 지어서 지난날의 성현을 계승하고 후학을 열었다.
(　　　　　　　　　　　　　　)

주126. [擧能使枉枉者諸錯直直]　　　《論語》

국역: 정직한 사람을 들어 쓰고 모든 부정한 사람을 버려두면 부정한 자로 하여금 곧게 할 수 있다.
(　　　　　　　　　　　　　　)

주127. [己不獸畏而也走知虎] 以爲畏狐也　　　《戰國策》

국역: 호랑이는 짐승들이 자기를 두려워하여 달아나는 줄 모르고 여우를 두려워한 것이라고 여겼다.
(　　　　　　　　　　　　　　)

주128. [厚地載子以勢物德君坤]　　　《周易》

국역: 땅의 성향은 유순 포용하는 것이니, 군자는 이를 본받아 두터운 덕으로 만물을 길러낸다.
(　　　　　　　　　　　　　　)

※ [　　　] 부분을 국역하시오.

주129. [德之流行 速於置郵而傳令]　　　《孟子》
(　　　　　　　　　　　　　　)

주130. [篤初誠美 愼終宜令]　　　《千字文》
(　　　　　　　　　　　　　　)

주131. [木受繩則直 金就礪則利]　　　《荀子》
(　　　　　　　　　　　　　　)

※ 다음을 읽고 물음에 답하시오.

(가) 江村 － 杜甫
清江一曲抱村流　　　長夏江村事事幽
自去自來堂上燕　　　相親相近水中鷗
老妻畫紙爲碁局　　　㉠稚子敲針作釣鉤
多病所須唯藥物　　　㉡(미구)此外更何求

(나) 大同江 － 鄭知常
㉢雨歇長堤草色多　　　送君南浦動悲歌
大同江水何時盡　　　㉣별루年年添綠波

(다) 花石亭 － 李珥
林亭秋已晩　　　㉤소객意無窮
遠水連天碧　　　霜楓向日紅
山吐孤輪月　　　江含萬里風
塞鴻何處去　　　聲斷暮雲中

주132. ㉠을 국역하시오.
(　　　　　　　　　　　　　)

주133. 문맥에 맞게 ㉡을 漢字[正字]로 쓰시오.
(　　　　　　　　　　　　　)

주134. 시 (가)의 형식을 漢字[正字]로 쓰시오.
(　　　　　　　　　　　　　)

주135. ㉢을 국역하시오.
(　　　　　　　　　　　　　)

주136. ㉣을 漢字[正字]로 쓰시오.
(　　　　　　　　　　　　　)

주137. ㉤을 漢字[正字]로 쓰시오.
(　　　　　　　　　　　　　)

주138. (다)에서 색채의 대비가 표현된 聯의 명칭을 2음절 漢字(正字)로 쓰시오.
(　　　　　　　　　　　　　)

※ 다음을 읽고 물음에 답하시오.

昔에 有桓因庶子桓雄이 數意天下하여 貪求
人世어늘 父知子意하고 下視三危太伯하니 可以
弘益人間이라 乃授㉠천부인三個하여 ㉡遣往理
之하다 雄이 率徒三千하여 降於太伯山頂神檀
樹下하니 謂之神市오 是謂桓雄天王也라 ㉢將
風伯雨師雲師하여 而主穀主命主病主刑主善
惡 凡主人間三百六十餘事하여 在世理化라 時
有一熊一虎하여 同穴而居하니 常祈于神雄하여
願化爲人이라 時神遺靈艾一炷 蒜二十枚曰
爾輩食之하고 不見日光百日하면 便得人形하리
라하니 熊虎得而食之忌三七日에 熊得女身이러
니 虎不能忌하여 而不得人身이라 熊女者無與
爲婚이라 故每於壇樹下하여 呪願有孕러니 (ⓐ)
乃假化而婚之하여 孕生하니 號曰㉣단군왕검이라

《㉤삼국유사》

주139. ㉠을 漢字(正字)로 쓰시오.

(   )

주140. ㉡을 국역하시오.

(   )

주141. ㉢과 같은 뜻으로 쓰인 漢字를 윗글에서 찾아
　　　 그 漢字의 '훈과 음'을 쓰시오.

(   )

주142. ⓐ에 들어갈 漢字를 윗글에서 찾아 漢字(正
　　　 字)로 쓰시오.

(   )

주143. ㉣을 漢字(正字)로 쓰시오.

(   )

주144. ㉤을 漢字(正字)로 쓰시오.

(   )

※ 다음을 읽고 물음에 답하시오.

古之學者는 必有師니 師者는 所以傳道授業
解惑也라 人非生而知之者니 孰能無惑이리요 惑
而不從師면 其爲惑也는 終不解矣라 生乎吾前
하여 其聞道也가 固先乎吾면 吾從而師之요 生
乎吾後라도 其聞道也가 亦先乎吾면 吾從而師
之라 吾ⓐ師道也니 ㉠夫庸知其年之先後生於
吾乎리요 是故로 無貴無賤하고 無長無少요 道之
所存이 師之所存也라 嗟乎라 師道之不傳也가
久矣니 欲人之無惑也가 難矣라 古之聖人은 其
出人也가 遠矣로대 猶且從師而問焉이어늘 今
之衆人은 其下聖人也가 亦遠矣로대 而(㉡)學
於師하니 是故로 聖益聖하고 愚益愚라 聖人之
所以爲聖과 愚人之所以爲愚는 皆出於此乎인저
愛其子하여는 擇ⓑ師而敎之로되 ㉢於其身也엔
則恥師焉하니 惑矣로다 彼童子之師는 授之書而
習其㉣句讀者也니 非吾所謂傳其道解其惑者也
라 句讀之不知와 惑之不解에 或師焉하고 或不焉
하여 小學而大遺하니 吾未見其明也로라

《古文眞寶》

주145. 문맥상 ⓐ와 ⓑ의 품사를 차례대로 쓰시오.

(ⓐ:　　　　　　　　 , ⓑ　　　　　　　)

주146. ㉠을 국역하시오.

(   )

주147. 문맥상 ㉡에 들어갈 1음절 漢字(正字)를 본문
　　　 에서 찾아 쓰시오.

(   )

주148. ㉢을 국역하시오.

(   )

주149. ㉣의 독음을 쓰시오.

(   )

주150. 지은이가 주장하는 '스승의 역할' 세 가지를 우리
　　　 말로 풀어서 쓰시오.

(   )

한자실력급수 자격시험 사범 연습문제 〈2〉

객관식 (1~50번)

※ 다음 [　]안의 한자와 음이 같은 한자는?

1. [鞋] ① 秪 ② 濚 ③ 醯 ④ 孩
2. [听] ① 肌 ② 祇 ③ 嚚 ④ 懃
3. [枸] ① 儔 ② 蕈 ③ 皺 ④ 賭
4. [闇] ① 諂 ② 雯 ③ 賚 ④ 袂
5. [答] ① 枲 ② 貽 ③ 冶 ④ 迨

※ 다음 [　]안의 한자와 음이 <u>다른</u> 한자는?

6. [棟] ① 嗦 ② 賽 ③ 穡 ④ 嗇
7. [猷] ① 呦 ② 釉 ③ 壝 ④ 袖
8. [娃] ① 刲 ② 倭 ③ 歪 ④ 矮
9. [宸] ① 蓋 ② 矧 ③ 桭 ④ 莘

※ 다음 [　]안의 한자와 뜻이 비슷하거나 같은 한자는?

10. [沒] ① 狄 ② 潞 ③ 汩 ④ 濘
11. [滓] ① 淹 ② 湏 ③ 滋 ④ 渣
12. [汀] ① 溜 ② 渚 ③ 浬 ④ 漓
13. [礪] ① 砥 ② 碗 ③ 碑 ④ 磴

※ 나머지 셋과 부수가 <u>다른</u> 한자는?

14. ① 虔 ② 虜 ③ 虞 ④ 琥
15. ① 衍 ② 術 ③ 衛 ④ 衡

※ 다음 중 한자어의 독음이 바르지 <u>않은</u> 것은?

16. ① 喘促: 단촉 ② 緊紮: 긴찰
　　③ 杜鵑: 두견 ④ 冪數: 멱수
17. ① 困憊: 곤비 ② 裨益: 비익
　　③ 狹窄: 협착 ④ 稗官: 비관
18. ① 緻密: 치밀 ② 嗤侮: 치모
　　③ 標幟: 표지 ④ 輜重: 치중
19. ① 昂騰: 앙등 ② 剿討: 소토
　　③ 糯黍: 나서 ④ 涅槃: 열반
20. ① 明紬: 명추 ② 瀟灑: 소쇄
　　③ 嗟歎: 차탄 ④ 霍亂: 곽란

※ [　] 안의 한자어를 바르게 표기한 것은?

21. [군색]한 핑계 좀 그만 대고 떳떳한 모습을 보여라.
　　① 郡穡 ② 窘塞 ③ 郡塞 ④ 窘穡
22. 그녀는 자신의 거짓말이 [탄로] 날까 속이 달아서 몹시 괴로워했다.
　　① 殫露 ② 綻鹵 ③ 綻露 ④ 殫鹵
23. 멀리 보이는 고향 언덕의 [능선]은 연보랏빛 진달래 꽃으로 뒤덮여 있었다.
　　① 稜線 ② 綾線 ③ 凌線 ④ 陵線
24. 어진 이를 [참소]하는 간신의 무리가 득세하니 나라의 앞날이 걱정이다.
　　① 讖訴 ② 懺訴 ③ 僭訴 ④ 讒訴
25. 그는 편지를 봉투에 넣어 [주랍]으로 봉하고 건네주었다.
　　① 朱臘 ② 鑄蠟 ③ 朱蠟 ④ 鑄臘
26. 그녀는 [전족]으로 자라지 못한 발을 뒤뚱거리며 총총히 걸어가고 있었다.
　　① 纏足 ② 擅足 ③ 塡足 ④ 剪足
27. 어민들은 광어잡이에 한창 나설 때이지만 [녹조류]로 인해 조업이 사실상 불가능해져 생계를 위협받고 있다.
　　① 菉藻類 ② 綠潮類 ③ 綠藻類 ④ 菉潮類

※ [　] 안에 들어갈 한자어로 알맞은 것은?

28. 물가가 얼마나 올랐는지 [　]할 지경이다.
　　① 恍惚 ② 悚懼 ③ 懇切 ④ 慟絕
29. 그 산은 층암절벽이 [　]하여 오르기가 어렵다.
　　① 滲透 ② 崎嶇 ③ 球琳 ④ 陂塘
30. 그 목공은 새로 지은 집의 출입문에 [　]를 틀었다.
　　① 旱魃 ② 怨懟 ③ 疲斃 ④ 虹霓
31. 경찰은 1시간여의 추적 끝에 살인 용의자 [　]에 성공하였다.
　　① 盜癖 ② 拿捕 ③ 逋亡 ④ 緦麻
32. 외제 상표의 남용은 상표 사용에 따라 늘어난 로열티 지급액이 제품값에 [　]되는 결과를 가져왔다.
　　① 搗精 ② 櫝丸 ③ 轉嫁 ④ 末梢
33. 눈사태와 혹한을 견뎌 낼 [　]한 체력이 없이는 히말라야 등정에 성공할 수 없다
　　① 強靭 ② 蔥蔥 ③ 幇助 ④ 無辜
34. 관람석에서는 심판의 결정에 항의하는 [　]가 쏟아졌다.
　　① 不朽 ② 鐥器 ③ 櫛比 ④ 揶揄

※ 주어진 뜻에 알맞은 한자어는?

35. 임금이 나랏일에 골몰하여 날이 저문 뒤에야 식사함.
　① 饗飧　② 旰食　③ 餉穀　④ 晩郎
36. 중국에서, 변방을 평정하기 위하여 군대를 주둔시키던 곳.
　① 藩鎭　② 彎紐　③ 跌宕　④ 扮裝
37. 부끄럽거나 창피하여 얼굴색이 붉어짐.
　① 蚤暮　② 團欒　③ 赧顔　④ 唐椒
38. 낡은 헝겊을 모아 기워 만든 승려의 옷.
　① 緇素　② 衲衣　③ 羽緞　④ 袴衣
39. 물결이 매우 세차게 일어남. 또는 물이 힘차게 솟아남.
　① 湑沕　② 湲滾　③ 洶湧　④ 湟砧
40. 남의 마음을 끌어 자기편으로 만듦.
　① 典攬　② 攬要　③ 總攬　④ 延攬
41. 진리나 사실, 입장 따위를 드러내어 밝힘.
　① 暈輪　② 脯脩　③ 布襪　④ 闡明

※ [　] 안의 한자성어의 속뜻으로 알맞은 것은?

42. [毫釐之差]
　① 아주 근소한 차이.
　② 백성이 전쟁터에 나가 있어 그 어버이를 봉양하지 못하는 슬픈 마음.
　③ 후회하여도 미치지 못함.
　④ 서로 간의 차이가 매우 심함.

43. [單牌轎軍]
　① 바둑에서, 한 번에 끝낼 수 있는 패.
　② 매우 밀접하여 늘 함께 어울리는 사이.
　③ 교대할 사람이 없이 단 두 사람이 짝이 되어 가마를 메고 가던 가마꾼.
　④ 여러 말을 늘어놓지 아니하고 바로 요점이나 본문제를 중심적으로 말함.

44. [泉石膏肓]
　① 병이 고치기 어렵게 몸속 깊이 듦.
　② 그 원인이 명확하지 아니하거나 단일하지 아니한 병적인 증상들.
　③ 어떤 질병에 곁들여 일어나는 다른 질병.
　④ 자연의 아름다운 경치를 몹시 사랑하고 즐기는 버릇.

45. [道不拾遺]
　① 임금의 잘못을 바로잡아 고치게 함.
　② 나라가 잘 다스려지고 풍속이 아름다워 아무도 길에 떨어진 물건을 주워 가지 않음.
　③ 잘못을 보충하여 바로잡음.
　④ 조상의 체질이나 성질 등이 한 대나 여러 대 뒤의 자손에게서 다시 나타나는 현상.

※ 다음을 읽고 물음에 답하시오.

無恒産而有恒心者는 ㉠惟士爲能이어니와 若民則無恒産이면 因無恒心이라 苟無恒心이면 放辟邪侈를 無不爲㉡已니 及陷於罪然後에 從而刑之면 是는 ⓐ罔民也라 ㉢焉有仁人在位하여 罔民을 而可爲也리오 是故로 明君이 制民ⓑ之産하되 必使仰足以事父母하며 俯足以㉣畜妻子하여 樂歲에 終身飽하고 (㉤)에 免於死亡하나니 然後驅而ⓒ之善이라 故로 民ⓓ之從ⓔ之也輕하니이다

《孟子》

46. ㉠~㉣의 풀이로 알맞지 않은 것은?
　① ㉠ : 생각하다　② ㉡ : 그만두다
　③ ㉢ : 어찌　④ ㉣ : 양육하다

47. ⓐ의 뜻으로 알맞은 것은?
　① 容忍　② 救援　③ 暴棄　④ 羅網

48. ⓑ~ⓔ 중 動詞로 쓰인 것은?
　① ⓑ　② ⓒ　③ ⓓ　④ ⓔ

49. ㉤에 들어갈 단어로 알맞은 것은?
　① 災殃　② 事故　③ 凶年　④ 苦生

50. 윗글의 내용이 아닌 것은?
　① 백성들의 경제적 안정이 우선시되어야 한다.
　② 물질적 빈곤이 정신적 빈곤을 초래할 수 있다.
　③ 선비는 물욕에 마음이 흔들리지 않을 수 있다.
　④ 엄격한 형벌만이 사회문제를 해결 할 수 있다.

■ [주관식 I]의 답은 [OCR답안지] 주관식 답안란에 검정
색 펜으로 작성하시오.

※ 한자의 훈(뜻)과 음(소리)을 한글로 쓰시오.

주1. 鑰　（　　　　　　）
주2. 鼇　（　　　　　　）
주3. 碌　（　　　　　　）
주4. 蔔　（　　　　　　）
주5. 寘　（　　　　　　）
주6. 佚　（　　　　　　）
주7. 齬　（　　　　　　）
주8. 闥　（　　　　　　）
주9. 駙　（　　　　　　）
주10. 柶　（　　　　　　）
주11. 跨　（　　　　　　）
주12. 勒　（　　　　　　）
주13. 堰　（　　　　　　）
주14. 艘　（　　　　　　）
주15. 宓　（　　　　　　）
주16. 蹉　（　　　　　　）
주17. 齟　（　　　　　　）
주18. 翟　（　　　　　　）
주19. 燔　（　　　　　　）
주20. 纙　（　　　　　　）
주21. 磊　（　　　　　　）
주22. 氅　（　　　　　　）

※ 한자의 부수를 漢字(正字)로 쓰시오.

주23. 瞿　（　　　　　）
주24. 盥　（　　　　　）
주25. 匀　（　　　　　）
주26. 乖　（　　　　　）

※ 훈과 음에 맞는 漢字(正字)를 쓰시오.

주27. 지모　　　　　　잠　（　　　　　）
주28. 상투/부엌귀신　계　（　　　　　）
주29. 채마밭　　　　　포　（　　　　　）
주30. 무늬/수놓은옷　보　（　　　　　）
주31. 볶을　　　　　　오　（　　　　　）

주32. 배이름　　　　　여　（　　　　　）
주33. 물총새　　　　　비　（　　　　　）
주34. 볼기　　　　　　둔　（　　　　　）
주35. 박달　　　　　　간　（　　　　　）
주36. 책갑　　　　　　질　（　　　　　）

※ ○ 안에 공통으로 들어갈 漢字를 〈보기〉에서 찾아 쓰
시오.

〈보기〉	辟	濂	瑁	慌	酵	啍	黔	煏

주37. ○突　　○黎　　○首　（　　　　　）
주38. ○命　　○世　　○除　（　　　　　）
주39. ○靑　　餘○　　披○　（　　　　　）
주40. ○母　　釄○　　○素　（　　　　　）

※ 다음 한자어의 독음을 쓰시오.

주41. 甘汞　（　　　　　）
주42. 俾倪　（　　　　　）
주43. 錽鏦　（　　　　　）
주44. 翳日　（　　　　　）
주45. 麥稈　（　　　　　）
주46. 屎尿　（　　　　　）
주47. 勁悍　（　　　　　）
주48. 沙礫　（　　　　　）
주49. 鰭鬣　（　　　　　）
주50. 褅嘗　（　　　　　）
주51. 顝頊　（　　　　　）
주52. 筍子　（　　　　　）
주53. 分蘖　（　　　　　）
주54. 腥臭　（　　　　　）
주55. 蠡測　（　　　　　）
주56. 快擲　（　　　　　）

※ [　] 안 단어를 문맥에 맞게 漢字(正字)로 쓰시오.

주57. 상대편은 우리 팀의 약점인 왼쪽 사이드를 [집요]
하게 파고들었다.　　　　　　（　　　　　）

주58. [성학집요]는 율곡 이이가 제왕의 학문을 위하여
지은 책이다.　　　　　　　　（　　　　　）

주59. 그녀는 의식이 회복된 지 이틀 만에야 겨우 음식을
[저작]할 수 있었다.　　　　（　　　　　）

주60. 그는 교육 사상에 대해 20여 권의 [저작]을 남겼
다.　　　　　　　　　　　　　（　　　　　）

※ 문장에서 잘못 쓴 漢字를 바르게 고쳐 쓰시오.
[단, 음이 같은 漢字(正字)로 고칠 것.]

주61. 同生은 螺塼 漆器 工藝 技術을 研磨하고 있
다. （　　　→　　　）

주62. 모질고 오랜 拷問 끝에 先生은 거의 殯死 狀
態에 이르렀다. （　　　→　　　）

주63. 그 選手는 프로 野球에 進出한 첫해에 多勝王
에 오르는 氣苒을 吐했다. （　　　→　　　）

주64. 指揮官은 揮下 軍人들에게 有備無患의 姿勢
를 當付했다. （　　　→　　　）

주65. 그녀는 高麗靑瓷에 대해 남다른 造霓가 있다.
（　　　→　　　）

※ 풀이에 맞게 [　　] 안의 단어를 漢字(正字)로 쓰
시오.

주66. [서얼] : 본부인이 아닌 여자나 첩에게서 난 아들
과 그 자손. （　　　　）

주67. [습진] : 여러 가지 자극물로 인하여 피부에 일어
나는 염증. （　　　　）

주68. [조효] : 변변하지 아니한 안주. 자기가 차린 안주
를 겸손하게 이르는 말. （　　　　）

주69. [질곡] : 몹시 속박하여 자유를 가질 수 없는 고통
의 상태를 비유적으로 이르는 말. （　　　）

주70. [척독] : 예전에, 짧은 편지를 이르던 말.
（　　　　）

주71. [견사] : 누에고치에서 켠 실. （　　　　）

주72. [제곡] : 중국 고대의 전설상의 제왕. 고신씨라고도
함. （　　　　）

주73. [봉수대] : 봉화를 올리던 둑. （　　　　）

주74. [화훼원예] : 관상용 화초를 심어 기르는 원예.
（　　　　）

주75. [포효] : 사나운 짐승이 울부짖음. 또는 그 울부짖
는 소리. （　　　　）

※ 문장 속 [　　] 안의 단어를 漢字(正字)로 쓰시오.

주76. 불 위에 얹어 놓은 [주전자]에서 보리차가 우글부
글한다. （　　　　）

주77. 음식물 쓰레기는 일단 [압착]을 한 후에 버려 주
세요. （　　　　）

주78. 그는 오랜 시간 [도박]에 탐닉하다가 결국은 패가
망신을 하게 되었다. （　　　　）

주79. 자세를 교정하려면 [척추]를 반듯이 펴고 앉아야
한다. （　　　　）

주80. 에이디에이치디 아동들이 가장 많이 경험하는 기
분 장애에는 불쾌 기분 장애, 우울증, [조울증]
등이 있다. （　　　　）

주81. [기상나팔]이 울리자 병사들이 막사에서 우르르
몰려나왔다. （　　　　）

주82. 역대의 왕조들은 제왕의 덕을 기리며 태평성대를
[구가]하는 궁중 음악을 발달시켰다.
（　　　　）

주83. 아내가 끓인 [청국장]은 어머니께서 끓여 주시던
것과는 맛이 달랐다. （　　　　）

주84 상대방에 대한 비방과 [폄훼]를 일삼기보다는 정
책연구에 힘쓰는 의원이 참된 의원이다.
（　　　　）

주85. 팔뚝에 휘감긴 [붕대] 때문에 제대로 팔을 쓸 수
가 없었다. （　　　　）

주86. 한 문장 안에 동사가 여러 개이거나 수식어가 필
요 이상으로 많으면 [난삽]한 글이 된다.
（　　　　）

주87. 긴장 때문에 몸이 사르르 떨리고 [맥박]이 빨라졌
다. （　　　　）

주88. 그들은 몸을 납작대고 [포복] 자세로 적진을 향해
기어갔다. （　　　　）

주89. [췌사]가 너무 길다. （　　　　）

주90. 그녀는 끝없이 펼쳐진 푸른 바다에서 [고혹]을 느
꼈다. （　　　　）

※ [　　] 안의 한자성어의 뜻을 읽고 ○ 안에 들어갈
알맞은 漢字(正字)를 쓰시오.

주91. [○破門閥] 인재를 등용할 때 문벌을 가리지
아니함. （　　　　）

주92. [螳○拒轍] 제 역량을 생각하지 않고, 강한
상대나 되지 않을 일에 덤벼드는 무모한
행동거지를 비유적으로 이르는 말. （　　　）

주93. [○龍附鳳] 훌륭한 임금을 좇아서 공명을 세움.
（　　　　）

주94. [○豆之戀] 말이 얼마 되지 아니하는 콩을 탐내
어 마구간을 떠나지 못한다는 뜻으로, 하잘것없는 작
은 이익을 단념하지 못함을 비유적으로 이르는 말.
（　　　　）

주95. [**應 口 ○ 對**] 묻는 대로 거침없이 대답함.
( )

주96. [**賣 官 ○ 爵**] 돈이나 재물을 받고 벼슬을 시킴.
( )

주97. [**得 魚 忘 ○**] 물고기를 잡으면 통발을 잊는다는
뜻으로, 바라던 바를 이루고 나면 이를 이루기 위하여
했던 일들을 잊어버림을 이르는 말.　( )

주98. [**暴 ○ 天 物**] 물건을 아까운 줄 모르고 마구 써
버리거나 아껴 쓰지 아니하고 함부로 버림.
( )

주99. [**一 ○ 千 金**] 단번에 천금을 움켜쥔다는 뜻으로,
힘들이지 아니하고 단번에 많은 재물을 얻음.
( )

주100. [**阿 ○ 苟 容**] 남에게 아첨하여 구차스럽게 굶.
( )

주관식 II (주101~주150번)

■ [주관식 II]의 답은 별도의 [주관식 II 답안지]에 검정색 펜
으로 작성하시오.

※ [　]안의 한자성어 활용이 적절하면 'O', 적절하
지 않으면 'X'로 표기하시오.

주101. 그들은 [**東塗西抹**]하며 자신들의 잘못을 감추
기에 바빴다.　( )

주102. 그 임금이 사납고 포악한 정치를 베풀어 백성들은
[**桃夭時節**]의 괴로움에서 허덕이고 있었다.
( )

주103. 땀 흘리며 열심히 훈련한 선수가 결승전에 오른
것을 [**盲龜浮木**]에 비유할 수 있다.
( )

주104. 어머니는 아들이 선물한 머리핀을 [**僧梳**]처럼
애지중지 아끼셨다.　( )

※ [　]안의 문장의 뜻에 부합하는 사자성어를 漢
字(正字)로 쓰시오.

주105. [여러 사람이 합해 말하면 굳은 쇠도 녹이듯],
거짓 뉴스도 지속적으로 유통되면 사람들 사이에
서 진실처럼 받아들여지기도 한다.
( )

주106. 어릴 때는 '귀신'이라는 말만 들어도 무서워 [머
리를 싸쥐고 쥐처럼 얼른 숨고] 싶어 했었다.
( )

주107. [흰 망아지가 빨리 달리는 것을 문틈으로 보는
듯이] 인생은 덧없이 짧으니 일촌광음도 아껴야
한다.　( )

주108. 글을 많이 쓰더라도 [전혀 쓸모없는 소의 오줌이
나 말똥] 같은 글을 쓰면 안 쓰는 것만 못하다.
( )

※ 성어의 속뜻을 쓰시오.
주109. 蚌鷸之爭
( )

주110. 康衢煙月
( )

주111. 左右顧眄
( )

주112. 盤根錯節
( )

※ 다음 문장에 해당하는 우리말 속담을 쓰시오.
주113. 十斫木 無不斫
( )

주114. 竊針不休 終必竊牛
( )

주115. 晝言雀聽 夜言鼠聆
( )

주116. 他人事 如食冷粥
( )

※ 문장의 ○에 들어갈 漢字를 〈보기〉에서 찾아 차례대
로 쓰시오.

〈보기〉	之 何 使 獨 於 耳 如 豈 以 只 與 亦 而

주117. 陸行千里 不○舟行萬里○爲便利也
　　　　　　　　　　　　　　　　《通商惠工》
(，)

주118. 行天下之大道 得志 ○民由之 不得志 ○行
其道　　　　　　　　　　　　《孟子》
(，)

주119. 直不百步○ 是○走也　　　《孟子》
(，)

주120. 賢者 ○其昭昭 ○人昭昭　　《孟子》
(，)

※ 문장의 ○에 들어갈 漢字를 〈보기〉에서 찾아 차례대
로 쓰시오.

〈보기〉	文 息 可 及 聞 怠 厭 餘 而 志 人 察 弟

주121. 君子之道 造端乎夫婦 ○其至也 ○乎天地
《中庸》
(　　,　　)

주122. 弟子入則孝 出則弟 謹而信 汎愛衆 而親仁
行有○力 則以學○　　　《論語》
(　　,　　)

주123. 宜兄宜弟○后 ○以敎國人　　　《大學》
(　　,　　)

주124. 默而識之 學而不○ 誨○不倦　　　《論語》
(　　,　　)

※ 주어진 국역을 참고하여 [　　]안의 漢字들을 알
맞게 배열하여 문장을 완성하시오.

주125. 人之性惡 [待 法 師 然 正 將 必 後] 得禮義
然後治　　　《荀子》
국역：사람의 본성은 악하니 반드시 장차 스승의 가르침을 받
은 뒤에 바르게 되고, 예의가 갖추어진 뒤에 (악한 본성이)
다스려진다.
(　　　　　)

주126. [之 賊 謂 吾 不 君 能]　　　《孟子》
국역：우리 임금이 선왕의 선한 도를 해내지 못할 것이라고
여기는 것을 일러 도적이라고 한다.
(　　　　　)

주127. [之 獸 有 池 與 欲 亡 鳥 臺 雖 偕 民] 豈能獨
樂哉　　　《孟子》
국역：백성들이 함께 망하기를 바란다면 비록 누대와 연못,
새와 짐승이 있다고 한들 어찌 혼자서 즐기겠는가.
(　　　　　)

주128. [寧 也 與 易 戚 喪 其]　　　《論語》
국역：상례는 형식적으로 잘 다스려지기보다는 차라리 슬퍼하
여야 한다.
(　　　　　)

※ [　　] 부분을 국역하시오.

주129. 察此四者 愼終如始 詩曰 [靡不有初 鮮克有
終]　　　《小學》
(　　　　　)

주130. 倚南窓以寄傲 [審容膝之易安] 《古文眞寶》
(　　　　　)

주131. 老吾老 以及人之老 [幼吾幼 以及人之幼]
《孟子》
(　　　　　)

※ 다음을 읽고 물음에 답하시오.

(가) 〈 ㉠ 〉
㉡憶君無日不霑衣
政似春山蜀子規
爲是爲非人莫問
只應㉢잔월효성知

(나) ㉣訪金居士野居 － 鄭道傳
㉤추음막막四山空
落葉無聲滿地紅
立馬溪橋問歸路
不知身在畫圖中

(다) 絕句 － 杜甫
江碧鳥逾白
㉥山靑花欲然
今春看又過
何日是歸年

주132. (가)는 李齊賢이 漢譯한 高麗歌謠이다. ㉠에 들
어갈 이 시의 제목을 漢字로 쓰시오.
(　　　　　)

주133. ㉡을 국역하시오.
(　　　　　)

주134. ㉢을 漢字로 쓰시오.
(　　　　　)

주135. (나)의 제목 ㉣을 국역하시오.
(　　　　　)

주136. ㉤을 漢字로 쓰시오.
(　　　　　)

주137. (나)에서 物我一體의 경지를 나타낸 詩句를 찾아 국
역하시오.
(　　　　　)

주138. ㉥을 국역하시오.
(　　　　　)

※ 다음을 읽고 물음에 답하시오.

夫天地者는 萬物之逆旅요 光陰者는 百代之過客이라 而㉠浮生이 若夢하니 爲歡이 幾何오 古人秉燭夜遊가 良有以也로다 況陽春은 召我以㉡연경하고 大塊는 假我以文章이라 會㉢도리之芳園하야 ㉣序天倫之樂事하니 群季俊秀는 皆爲惠連이어늘 吾人詠歌는 獨慙㉤康樂이라 幽賞이 未已에 高談이 轉淸하야 ㉥開瓊筵以坐花하고 飛羽觴而醉月하니 不有佳作이면 何伸雅懷리오 如詩不成이면 罰依金谷酒數하리라

《古文眞寶》

주139. ㉠을 국역하시오.

(   )

주140. ㉡을 漢字(正字)로 쓰시오.

(   )

주141. ㉢을 漢字(正字)로 쓰시오.

(   )

주142. ㉣을 국역하시오.

(   )

주143. ㉤에 해당하는 인물의 성명을 漢字(正字)로 쓰시오.

(   )

주144. ㉥을 국역하시오.

(   )

※ 다음을 읽고 물음에 답하시오.

居士有鏡一枚러니 塵埃侵蝕하여 ㉠掩掩如月之翳雲이라 然朝夕覽觀에 似若飾容貌者러라 客見而問曰 鏡所以鑑形이니 不則君子對之에 以取其淸이어늘 今吾子之鏡은 濛如霧如하여 旣不可鑑其(㉡)이요 又無所取其(㉢)이라 然吾子尙炤不已하니 豈有理乎아 居士曰 鏡之明也는 (㉣)者喜之하고 醜者忌之라 然이나 (㉤)者少하고 醜者多라 若一見이면 必破碎後已니 ㉥不若爲塵所昏이라 塵之昏은 寧蝕其外언정 未喪其淸이라 萬一遇妍者而後에 ㉧磨拭之라도 亦未晩也라 噫라 古之對鏡은 所以取其淸이요 吾之對鏡은 所以取其(◎)이니 子何怪哉아 客이 無以對러라

《東國李相國集》

주145. ㉠의 독음을 쓰시오.

(   )

주146. ㉡과 ㉢에 각각 들어갈 알맞은 1음절을 본문에서 찾아 漢字(正字)로 쓰시오.

(㉡:   , ㉢:   )

주147. ㉣과 ㉤에 공통으로 들어갈 1음절을 윗글에서 찾아 漢字(正字)로 쓰시오.

(   )

주148. ㉥을 국역하시오.

(   )

주149. ㉧을 국역하시오.

(   )

주150. ◎에 들어갈 1음절을 본문에서 찾아 漢字[正字]로 쓰시오.

(   )

한자실력급수 자격시험 사범 연습문제 〈3〉

객관식 (1~50번)

※ 다음 [　]안의 한자와 음이 같은 한자는?

1. [葳]　① 輻　② 倜　③ 喘　④ 馳
2. [讖]　① 岑　② 站　③ 簪　④ 漸
3. [瘱]　① 猊　② 賽　③ 徠　④ 賷
4. [耗]　① 偲　② 翅　③ 蹉　④ 姒
5. [驟]　① 脆　② 膆　③ 摧　④ 諏

※ 다음 [　]안의 한자와 음이 <u>다른</u> 한자는?

6. [徇]　① 錞　② 蕈　③ 馴　④ 皴
7. [瀨]　① 犁　② 賷　③ 誄　④ 牢
8. [贏]　① 泣　② 醨　③ 獒　④ 罾
9. [戡]　① 龕　② 砍　③ 殞　④ 疳

※ 다음 [　]안의 한자와 뜻이 비슷하거나 같은 한자는?

10. [跛]　① 躁　② 蹇　③ 蹲　④ 踵
11. [廓]　① 廐　② 恢　③ 廨　④ 庠
12. [淚]　① 涕　② 泗　③ 濘　④ 淹
13. [曩]　① 愨　② 涑　③ 鑴　④ 疇

※ 나머지 셋과 부수가 <u>다른</u> 한자는?

14. ① 汞　② 鴻　③ 泓　④ 渠
15. ① 摹　② 薉　③ 蒜　④ 菜

※ 다음 중 한자어의 독음이 바르지 <u>않은</u> 것은?

16. ① 狹窄: 협착　② 瞥見: 별견
　　③ 沆瀣: 항해　④ 燕窩: 연과
17. ① 跌宕: 질탕　② 蠱毒: 고독
　　③ 坾串: 갈환　④ 塼塔: 전탑
18. ① 目睹: 목도　② 遯逸: 돈일
　　③ 汨沒: 골몰　④ 質樸: 질박
19. ① 樓櫓: 누로　② 弩箭: 노전
　　③ 翠嵐: 취풍　④ 朴訥: 박눌
20. ① 餉穀: 양곡　② 慟絕: 통절
　　③ 扮裝: 분장　④ 兆朕: 조짐

※ [　　] 안의 한자어를 바르게 표기한 것은?

21. 초라한 행색의 한 노인이 [성황당] 앞에서 간절하게
　　치성을 올리고 있다.
　　① 城煌堂　② 聖煌堂　③ 城隍堂　④ 聖隍堂
22. 논의가 막바지에 이르면서 토론은 더 [활발]해졌다.
　　① 活潑　② 活撥　③ 活醱　④ 活跋
23. 그 요새는 김 장군의 [휘하]부대에 의해 굳건히 사
　　수되었다.
　　① 麾下　② 揮下　③ 扈下　④ 麾下
24. 삼단 논법은 [연역법]의 대표적인 형식이다.
　　① 延繹法　② 延譯法　③ 演繹法　④ 演譯法
25. 우리나라의 현악기로는 거문고, 가야금, [아쟁] 등이
　　있다.
　　① 雅錚　② 牙箏　③ 亞箏　④ 阿錚
26. 그녀의 [압설]한 태도로 여러 사람이 불쾌했다.
　　① 壓泄　② 鴨洩　③ 狎褻　④ 押渫
27. [신기루] 현상은 공기의 밀도가 끊임없이 변화하는
　　것이다.
　　① 宸氣樓　② 呻氣樓　③ 腎氣樓　④ 蜃氣樓

※ [　　] 안에 들어갈 한자어로 알맞은 것은?

28. 부왕은 태자에게 [　　]한 신하를 멀리하라고 훈시
　　했다.
　　① 彷彿　② 邪慝　③ 榜目　④ 鑠金
29. 신분이 미천하다고 해서 그 사람의 공로까지 [　　]
　　해서는 안 된다.
　　① 反芻　② 撮影　③ 行悖　④ 貶下
30. 곤륜산의 선녀 서왕모가 한 무제에게 드린 신선한 복
　　숭아를 [　　]라고 한다.
　　① 蟠桃　② 牡蠣　③ 黔黎　④ 坎方
31. 비행기에 [　　]하실 때에는 가스와 같은 위험품을
　　소지하실 수 없습니다.
　　① 康衢　② 左袒　③ 搭乘　④ 懲役
32. 문화는 인류 공동의 재산이므로 모든 나라의 국민은
　　어느 문화든 [　　]할 권리가 있다.
　　① 均霑　② 蛇蝎　③ 短簫　④ 輻射
33. 회의 석상에서 그는 [　　]을/를 찌르는 말로 원로
　　정치인의 면모를 과시하였다.
　　① 諡號　② 篆刻　③ 內訌　④ 正鵠
34. 사진 속 사찰은 한국 전쟁 때 이미 [　　]되었다.
　　① 瀟灑　② 灰燼　③ 發軔　④ 瘀血

※ 주어진 뜻에 알맞은 한자어는?

35. 살을 도려내고 뼈를 발라냄.
　① 騙欺　　② 剔抉　　③ 捌格　　④ 掌拒

36. 남이 잘한 것을 과장되게 칭찬하여 천거함.
　① 顢頇　　② 濈物　　③ 吹噓　　④ 苧布

37. 미리 빈틈없이 꼼꼼하게 준비함.
　① 稠密　　② 綢繆　　③ 搆兵　　④ 逗留

38. 필요한 것이 없거나 모자라서 딱하고 옹색함.
　① 壅拙　　② 梗塞　　③ 窘塞　　④ 臆測

39. 달무리, 햇무리 따위의 둥근 테두리.
　① 柳絮　　② 緼袍　　③ 楯形　　④ 暈輪

40. 제본할 때 페이지 순서대로 인쇄된 종이를 접음.
　① 摺紙　　② 分糵　　③ 欐籠　　④ 煩冗

41. 씩씩하고 헌걸참.
　① 赳赳　　② 欣欣　　③ 沓沓　　④ 恂恂

※ [　　] 안의 한자성어의 속뜻으로 알맞은 것은?

42. [樗櫟之材]
　① 나라를 지키는 믿음직한 인재.
　② 낌새를 알아채는 재주나 기회를 엿보는 재주.
　③ 아무 데도 쓸모없는 사람을 비유적으로 이르는 말.
　④ 말에 의지하여 기다리는 동안에 긴 문장을 지어 내는 글재주라는 뜻으로, 글을 빨리 잘 짓는 재주를 이르는 말.

43. [邯鄲之夢]
　① 나와 외물은 본디 하나이던 것이 현실에서 갈라진 것에 불과하다는 이치를 비유적으로 설명하는 말.
　② 낮잠 또는 좋은 꿈.
　③ 함부로 자기 본분을 버리고 남의 행위를 따라 하면 두 가지 모두 잃는다는 것을 이르는 말.
　④ 인생과 영화의 덧없음을 이르는 말.

44. [蝸牛角上]
　① 달팽이 껍데기처럼 생긴 모양.
　② 세상이 좁음을 비유적으로 이르는 말.
　③ 하찮은 일로 벌이는 싸움을 비유적으로 이르는 말.
　④ 포유류의 속귀에 있는 달팽이 모양의 관.

45. [肉袒負荊]
　① 놀고 즐기기를 좋아해서 가정에서 살림을 하고 자녀를 기르는 데 맞지 아니하는 속성을 가진 여자.
　② 자식의 잘못이 부모까지 욕되게 함.
　③ 신하가 되겠다는 뜻을 나타냄을 이르는 말.
　④ 형장으로 맞아 사죄하겠다는 뜻을 나타냄을 이르는 말.

※ 다음을 읽고 물음에 답하시오.

　　水陸草木之花가　可愛者甚蕃이라　晉陶淵明獨愛菊하고　自李唐來로　世人甚愛牡丹이라　予獨愛蓮之出於淤泥而不染하고　濯淸漣而不夭라　中通外直　不蔓不枝하고　香遠益淸하여　(㉠)淨植하여　可遠觀而不可㉡褻翫焉하니　予謂菊은　花之(ⓐ)者也요　牡丹은　花之富貴者也요　蓮은　花之(ⓑ)者也라　噫라　菊之愛는　陶後㉢鮮有聞이오　蓮之愛는　同予者何人고　牡丹之愛는　宜乎(㉣)矣로다
《古文眞寶》

46. ㉠에 들어갈 漢字로 알맞은 것은?
　① 正正　　② 井井　　③ 丁丁　　④ 亭亭

47. 밑줄 친 ㉡의 풀이로 알맞은 것은?
　① 자극적이고 난잡하다.
　② 옷 속에 간직하여 아낀다.
　③ 함부로 가지고 논다.
　④ 더러워도 탐난다.

48. ⓐ와 ⓑ에 들어가기에 알맞은 漢字로 짝지어진 것은?
　① ⓐ:君子 ⓑ:小人
　② ⓐ:隱逸 ⓑ:君子
　③ ⓐ:小人 ⓑ:君子
　④ ⓐ:君子 ⓑ:隱逸

49. 밑줄 친 ㉢의 뜻으로 쓰인 것은?
　① 鮮血　　② 新鮮　　③ 珍鮮　　④ 鮮明

50. ㉣에 들어가기에 알맞은 것은?
　① 衆　　② 幸　　③ 當　　④ 少

■ [주관식Ⅰ]의 답은 [OCR답안지] 주관식 답안란에 검정색 펜으로 작성하시오.

※ 한자의 훈(뜻)과 음(소리)을 한글로 쓰시오.

주1. 兀 　(　　　　　　)
주2. 漬 　(　　　　　　)
주3. 焙 　(　　　　　　)
주4. 鼯 　(　　　　　　)
주5. 幇 　(　　　　　　)
주6. 挫 　(　　　　　　)
주7. 蟲 　(　　　　　　)
주8. 媟 　(　　　　　　)
주9. 躝 　(　　　　　　)
주10. 儺 　(　　　　　　)
주11. 匏 　(　　　　　　)
주12. 欓 　(　　　　　　)
주13. 珂 　(　　　　　　)
주14. 蜈 　(　　　　　　)
주15. 壝 　(　　　　　　)
주16. 逈 　(　　　　　　)
주17. 嗦 　(　　　　　　)
주18. 恬 　(　　　　　　)
주19. 颯 　(　　　　　　)
주20. 睨 　(　　　　　　)
주21. 繭 　(　　　　　　)
주22. 剿 　(　　　　　　)

※ 한자의 부수를 漢字(正字)로 쓰시오.

주23. 辣 　(　　　　)
주24. 縢 　(　　　　)
주25. 徽 　(　　　　)
주26. 蠹 　(　　　　)

※ 훈과 음에 맞는 漢字(正字)를 쓰시오.

주27. 비틀 　　념 　(　　　　　　)
주28. 믿음 　　단 　(　　　　　　)
주29. 돌무더기 　뢰 　(　　　　　　)
주30. 바랠 　　퇴 　(　　　　　　)
주31. 소금/염전 　로 　(　　　　　　)

주32. 아첨할 　　미 　(　　　　　　)
주33. 대머리 　　독 　(　　　　　　)
주34. 나귀 　　　려 　(　　　　　　)
주35. 감탄할 　　희 　(　　　　　　)
주36. 친할 　　　닐 　(　　　　　　)

※ ○ 안에 공통으로 들어갈 漢字를 〈보기〉에서 찾아 쓰시오.

〈보기〉	籌 檎 莫 恤 隴 倡 筮 穿

주37. 撫○　　救○　　賑○ 　(　　　)
주38. ○算　　○板　　○劃 　(　　　)
주39. ○書　　卜○　　○竹 　(　　　)
주40. ○道　　率○　　○義 　(　　　)

※ 다음 한자어의 독음을 쓰시오.

주41. 伺察 　(　　　　　　)
주42. 釉藥 　(　　　　　　)
주43. 執贄 　(　　　　　　)
주44. 春煦 　(　　　　　　)
주45. 殫竭 　(　　　　　　)
주46. 矮軀 　(　　　　　　)
주47. 錙銖 　(　　　　　　)
주48. 匙楪 　(　　　　　　)
주49. 嚬蹙 　(　　　　　　)
주50. 懊惱 　(　　　　　　)
주51. 喧譁 　(　　　　　　)
주52. 鉤勒 　(　　　　　　)
주53. 鞭笞 　(　　　　　　)
주54. 鏑銜 　(　　　　　　)
주55. 肄武 　(　　　　　　)
주56. 琉璃 　(　　　　　　)

※ [　　] 안 단어를 문맥에 맞게 漢字(正字)로 쓰시오.

주57. 홍길동전은 국문 소설의 [효시]이다.
　　　　　　　　　　　　(　　　　　　)

주58. 예전에는 죄인을 처형한 후에 나무에 달아 [효시]를 하기도 했다. 　(　　　　　　)

주59. 이 회사는 노동에 대한 [보수]를 당일에 지불한다.
　　　　　　　　　　　　(　　　　　　)

주60. 사찰을 [보수]하면서 퇴색해 가는 단청도 새로 단장하였다. 　(　　　　　　)

※ 문장에서 잘못 쓴 漢字를 바르게 고쳐 쓰시오.
[단, 음이 같은 漢字(正字)로 고칠 것.]

주61. 고르게 팬 長爵이 중문간에 가득 쌓여 있었다.
（　　　　→　　　　）

주62. 동생은 自轉車를 타다 넘어져서 勒骨이 부러졌다.
（　　　　→　　　　）

주63. 山寺가 주는 靜蜜과 고요 속에서 나는 오랜만에 平安을 맛보았다.
（　　　　→　　　　）

주64. 式順에 따라 다음은 愛國歌 諸唱이 있겠습니다.
（　　　　→　　　　）

주65. 監督은 選手들의 士氣가 沈締되지 않도록 선수들을 激勵하였다.
（　　　　→　　　　）

※ 풀이에 맞게 [　　　] 안의 단어를 漢字(正字)로 쓰시오.

주66. [양말] : 맨발에 신도록 실이나 섬유로 짠 것.
（　　　　）

주67. [괘선] : 가로세로로 그은 선.　（　　　　）

주68. [용출] : 물이 솟아 나옴.　（　　　　）

주69. [진섬] : 모두 망함. 또는 무찔러서 모두 없애 버림.
（　　　　）

주70. [벽제] : 지위가 높은 사람이 행차할 때, 벼슬아치의 집에서 사사로이 부리는 하인이 일반 사람들의 통행을 금하는 일을 이르던 말.　（　　　　）

주71. [석촉] : 돌로 만든 화살촉.　（　　　　）

주72. [철퇴] : 쇠로 만든 몽둥이.　（　　　　）

주73. [빈궁] : 상여가 나갈 때까지 왕세자나 왕세자빈의 관을 두던 곳.　（　　　　）

주74. [저작] : 음식을 입에 넣고 씹음.（　　　　）

주75. [오열] : 목메어 욺. 또는 그런 울음.
（　　　　）

※ 문장 속 [　　　] 안의 단어를 漢字(正字)로 쓰시오.

주76. 파도의 [포말]이 바람에 날려 와 차갑게 얼굴을 때렸다.
（　　　　）

주77. 그는 성미가 [강팍]해서 다른 사람들과 자주 다툰다.
（　　　　）

주78. 노란 비옷을 입은 어린아이들이 [유치원]으로 들어가고 있다.
（　　　　）

주79. 그들은 소극적이고 [퇴영적]인 성격의 사람들이

주80. 녹음으로 채록된 민요, [범패], 무가 따위를 음반으로 만들었다.
（　　　　）

주81. 단옷날 아낙네들은 창포물에 머리를 감고 [추천]을 했다.
（　　　　）

주82. 그녀는 자기의 생각을 조심스럽게 [피력]했다.
（　　　　）

주83. 평소 구두쇠로 소문난 그가 남몰래 고아원에 거금을 [쾌척]했다.　（　　　　）

주84. 그는 그곳에서 [억울]하게 죽은 혼백을 달래기 위해 향을 피웠다.　（　　　　）

주85. 운동장에 모인 아이들의 [함성]으로 학교가 들썩들썩하였다.
（　　　　）

주86. 학자가 남의 논문을 [표절]해서는 절대로 안 된다.　（　　　　）

주87. 그분은 젊어서부터 한학에 [조예]가 깊었다.
（　　　　）

주88. 그가 갑자기 지조를 꺾고 [궤변]을 늘어놓는 이유를 모르겠다.　（　　　　）

주89. 겉모습만 보고 사람을 그렇게 [괄시]해서는 안 된다.　（　　　　）

주90. 우리나라에서는 매년 10월 2일 노인의 날에 100세가 되는 장수 노인에게 [청려장]을 수여한다.
（　　　　）

※ [　　　] 안의 한자성어의 뜻을 읽고 〇 안에 들어갈 알맞은 漢字(正字)를 쓰시오.

주91. [風飛〇散] 사방으로 날아 흩어짐. （　　　　）

주92. [犬〇枯骨] 음식이 아무 맛도 없음을 이르는 말.　（　　　　）

주93. [管〇之交] 관중과 포숙의 사귐이란 뜻으로, 우정이 아주 돈독한 친구 관계를 이르는 말.
（　　　　）

주94. [橫說〇說] 조리가 없이 말을 이러쿵저러쿵 지껄임.　（　　　　）

주95. [苟安〇生] 일시적인 안락을 탐하여 헛되이 살아감.　（　　　　）

주96. [〇苗助長] 곡식의 싹을 뽑아 올려 성장을 돕는다는 뜻으로, 성공을 서두르다 도리어 해를 봄을 비유적으로 이르는 말.　（　　　　）

주97. [毫〇之差] 아주 근소한 차이.　（　　　　）

주98. [酒果脯○] 술·과일·육포·식혜라는 뜻으로, 간략한 祭物을 이르는 말. (   )

주99. [○化爲枳] 환경에 따라 사람이나 사물의 성질이 변함을 이르는 말. (   )

주100. [寬弘○落] 마음이 넓고 너그러워 사소한 일에 거리끼지 아니함. (   )

주관식 Ⅱ (주101~주150번)

■ [주관식Ⅱ]의 답은 별도의 [주관식Ⅱ 답안지]에 검정색 펜으로 작성하시오.

※ [   ] 안의 한자성어 활용이 적절하면 'O', 적절하지 않으면 'X'로 표기하시오.

주101. 욕심을 부리다가 모두 놓친 꼴이 [走獐落兎]와 같다. (   )

주102. 아무리 어려운 질문에도 [應口輒對]하는 소년을 보고 모두가 신동이라며 신기하게 생각했다. (   )

주103. 자식은 항상 [菽水之供]의 효도를 다해야 한다. (   )

주104. 형님은 입사 이후 그 업무를 10년째 담당하고 있으니 [衒學]이라 할 만하다. (   )

※ [   ] 안의 문장의 뜻에 부합하는 사자성어를 漢字(正字)로 쓰시오.

주105. [으르렁대는 호랑이가 개펄에 빠지듯이] 그는 큰 소리만 쳤지 결국 일을 이루지 못했다. (   )

주106. 사건의 전후 맥락을 모르는 내게 [머리와 꼬리를 잘라 버리고] 중간만 이야기하니 통 이해할 수가 없었다. (   )

주107. [물고기를 잡고 나면 통발을 잊어버리는 것]처럼, 어떤 목적을 이루었다고 그 수단으로 삼았던 것을 아무렇게나 버려서는 안 된다. (   )

주108. 석가모니가 [연꽃을 따서 집어 들고 웃음을 띠자,] 마하가섭만이 그 뜻을 알아차렸다. (   )

※ 성어의 속뜻을 쓰시오.

주109. 蕭牆之變 (   )

주110. 蜂蟻君臣 (   )

주111. 弄瓦之慶 (   )

주112. 蟹網俱失 (   )

※ 다음 문장에 해당하는 우리말 속담을 쓰시오.

주113. 輕彼薄楮 尙對擧 (   )

주114. 窮人之事 飜亦破鼻 (   )

주115. 遠族 不如近鄰 (   )

주116. 千里之行 始於足下 (   )

※ 문장의 ○에 들어갈 漢字를 〈보기〉에서 찾아 차례대로 쓰시오.

〈보기〉	也 未 及 與 且 而 焉 無 於 夫 已 以 猶

주117. 高句麗常○春三月三日 祭天○山川神　　《三國史記》 (,   )

주118. ○有仁人在位 罔民而可爲○　　《孟子》 (,   )

주119. 學不可以○ 靑取之於藍○靑於藍 氷水爲之 而寒於水　　《荀子》 (,   )

주120. 道之以政 齊之以刑 民免而○恥 道之以德 齊之以禮 有恥○格　　《論語》 (,   )

※ 문장의 ○에 들어갈 漢字를 〈보기〉에서 찾아 차례대로 쓰시오.

〈보기〉	梨 飛 志 及 李 聾 達 啞 知 行 納 渴 利

주121. 燕雀安○鴻鵠之○哉　　　　《十八史略》
(　　　，　　　)

주122. 欲速則不○ 見小○則大事不成　　《論語》
(　　　，　　　)

주123. 瓜田不○履 ○下不整冠　　　　《文選》
(　　　，　　　)

주124. 見善如○ 聞惡如○　　　　　《明心寶鑑》
(　　　，　　　)

※ 주어진 국역을 참고하여 [　　]안의 漢字들을 알맞게 배열하여 문장을 완성하시오.

주125. [行 置 之 傳 而 郵 於 速 令 流 德]　　《孟子》
국역: 덕의 퍼짐은 역참에 파발마를 두어 명령을 전하는 것보다 빠르다.
(　　　　　　　　　　　　)

주126. [南 膝 寄 容 倚 以 易 窓 安 傲 審 之]
　　　　　　　　　　　　　　　　《古文眞寶》
국역: 남쪽 창가에 기대어 자유스러움을 부치니 무릎을 용납할 만한 곳이 편안하기 쉬움을 알았노라.
(　　　　　　　　　　　　)

주127. 誦詩三百 授之以政 不達 使於四方 不能專對 雖多 [奚 爲 以 多 亦 雖]　　《論語》
국역: 시경 삼백 편을 암송하더라도 그에게 정사를 맡겼을 때에 제대로 하지 못하며, 사방 이웃 나라에 사신을 가서 일 처리를 혼자서 하지 못한다면, 비록 많이 암송하더라도 또한 무엇에 쓰겠느냐?
(　　　　　　　　　　　　)

주128. [好 之 而 人 有 焉 生 性 利 今] 順是故 爭奪生 而辭讓亡　　《荀子》
국역: 지금 사람의 본성은 태어나면서 이익을 좋아함이 있는데, 이것을 따르기 때문에 다투어 빼앗음이 생기고 사양함이 없어진다.
(　　　　　　　　　　　　)

※ [　　　] 부분을 국역하시오.

주129. 里仁 爲美 [**擇不處仁 焉得知**]　　《論語》
(　　　　　　　　　　　　)

주130. [**責難於君 謂之恭**] 陳善閉邪 謂之敬 吾君不能 謂之賊　　《孟子》
(　　　　　　　　　　　　)

주131. [**溫溫恭人 維德之基**]　　　　《詩經》
(　　　　　　　　　　　　)

※ 다음을 읽고 물음에 답하시오.

> (가) 山中問答 － 李白
> 　　問余何事棲碧山　　笑而不答心自閑
> 　　桃花流水㉠<u>묘연</u>去 ㉡<u>別有天地非人間</u>
>
> (나) 浿江歌 － 林悌
> 　　浿江兒女踏春陽　　江上垂楊正斷腸
> 　　無限煙絲若可織　㉢<u>爲君裁作舞衣裳</u>
>
> (다) 述志 － 吉再
> 　　臨溪㉣<u>모옥</u>獨閑居　　月白風淸興有餘
> ㉤<u>外客不來山鳥語</u>　　移床竹塢臥看書

주132. ㉠을 漢字(正字)를 쓰시오.
(　　　　　　　　　　　　)

주133. ㉡을 국역하시오.
(　　　　　　　　　　　　)

주134. (가)의 주제를 쓰시오.
(　　　　　　　　　　　　)

주135. ㉢을 국역하시오.
(　　　　　　　　　　　　)

주136. (나) 詩의 운자를 모두 쓰시오.
(　　　　　　　　　　　　)

주137. ㉣을 漢字(正字)를 쓰시오.
(　　　　　　　　　　　　)

주138. ㉤을 국역하시오.
(　　　　　　　　　　　　)

他植者則不然하니 ㉠根拳而土易하고 其培之
也 若不過焉이면 則不及焉이오 苟有能反是者
인댄 則又愛之太恩하고 憂之太勤하여 旦視而
暮撫하며 ㉡已去而復顧라 甚者는 爪其膚하여
以驗其生枯하며 搖其本하여 以觀其疎密하니
而木之性이 日以離矣라 雖曰愛之나 其實害
之요 雖曰憂之나 其實讐之라 故로 不我若也라
㉢吾又何能爲矣哉리오
　問者曰以子之道로 移之官理可乎아 駝曰
我知種樹而已요 理非吾業也라 然吾居鄕하여
㉣見長人者好煩其令하여　若甚憐焉이로되　而
卒以禍라 旦暮吏來而呼曰官命促爾耕하고 勖
爾植하며 督爾穫하며 蚤繰而緖하며 蚤織而縷하
며 ㉤字而幼孩하며　遂而鷄豚이라하여 鳴鼓而聚
之하고 擊木而召之라 吾小人은 具饗飧以勞吏
者라도 且不得暇어늘 又何以蕃吾生而安吾性
邪아

《古文眞寶》

주139. ㉠을 국역하시오.

（　　　　　　　　　　　　　）

주140. ㉡을 국역하시오.

（　　　　　　　　　　　　　）

주141. ㉢의 문장형식을 漢字(正字)로 쓰시오.

（　　　　　　　　　　　　　）

주142. ㉣에서 가장 마지막으로 해석되는 漢字를 쓰시
오.

（　　　　　　　　　　　　　）

주143. ㉤을 국역하시오.

（　　　　　　　　　　　　　）

주144. 윗글의 작가의 성명을 漢字(正字)로 쓰시오.

（　　　　　　　　　　　　　）

歸去來兮여 請息交以絶游라
世與我而相違하니 ㉠復駕言兮焉求리오
悅親戚之情話하고 樂琴書以消憂로다
農人告余以春及하니 將有事于西疇로다
或命巾車하고 或棹孤舟하여
旣窈窕以㉡심학하고 亦㉢기구而經丘하니
木欣欣以向榮하고 泉涓涓而始流라
羨萬物之得時하고 感吾生之行休로다
已矣乎라 寓形宇內復幾時오
曷不委心任去留하고 胡爲乎㉣황황欲何之오
富貴는 非吾願이요 帝鄕은 不可期라
懷良辰以孤往하고 ㉤或植杖而耘耔라
登東皐以舒嘯하고 ㉥臨淸流而賦詩라
聊乘化以歸盡하니 樂夫天命復奚疑아

《古文眞寶》

주145. ㉠을 국역하시오.

（　　　　　　　　　　　　　）

주146. ㉡을 漢字(正字)로 쓰시오.

（　　　　　　　　　　　　　）

주147. ㉢을 漢字(正字)로 쓰시오.

（　　　　　　　　　　　　　）

주148. ㉣을 漢字(正字)로 쓰시오.

（　　　　　　　　　　　　　）

주149. ㉤을 국역하시오.

（　　　　　　　　　　　　　）

주150. ㉥을 국역하시오.

（　　　　　　　　　　　　　）

한자실력급수 자격시험 **사범** 연습문제 〈4〉

객관식 (1~50번)

※ 다음 [   ]안의 한자와 음이 같은 한자는?

1. [蛔]　① 瘦　② 誨　③ 忻　④ 邀
2. [塑]　① 艘　② 剿　③ 輎　④ 迢
3. [絮]　① 梧　② 茹　③ 艅　④ 鋤
4. [蠱]　① 翱　② 圣　③ 璆　④ 裹
5. [悄]　① 乍　② 鎚　③ 炒　④ 銷

※ 다음 [   ]안의 한자와 음이 <u>다른</u> 한자는?

6. [畾]　① 缸　② 腔　③ 肛　④ 羌
7. [悍]　① 捍　② 狠　③ 俒　④ 罕
8. [楣]　① 徽　② 黴　③ 糜　④ 薇
9. [砧]　① 琛　② 詹　③ 枕　④ 忱

※ 다음 [   ]안의 한자와 뜻이 비슷하거나 같은 한자는?

10. [爬]　① 掬　② 捻　③ 擅　④ 搔
11. [湉]　① 慫　② 羔　③ 熬　④ 恬
12. [昵]　① 罳　② 咄　③ 砒　④ 狎
13. [哮]　① 啖　② 吻　③ 咆　④ 听

※ 나머지 셋과 부수가 <u>다른</u> 한자는?

14.　① 賴　② 贓　③ 贅　④ 唄
15.　① 廬　② 麾　③ 廩　④ 庇

※ 다음 중 한자어의 독음이 바르지 <u>않은</u> 것은?

16.　① 箝制: 겸제　　② 耒耜: 뇌사
　　③ 穢土: 애토　　④ 算筒: 산통
17.　① 媟近: 설근　　② 聲嘶: 성사
　　③ 准尉: 준위　　④ 薨去: 훙거
18.　① 痰喘: 담천　　② 泮蛙: 반와
　　③ 籠絆: 용반　　④ 惆悵: 추창
19.　① 簪笏: 잠물　　② 推鞫: 추국
　　③ 稍勝: 초승　　④ 象嵌: 상감
20.　① 逾越: 유월　　② 覈實: 핵실
　　③ 猖獗: 창궐　　④ 霑濕: 윤습

※ [   ] 안의 한자어를 바르게 표기한 것은?

21. 전시장 폐관 시간에 쫓겨 작품을 [**별견**]할 수밖에 없었다.
　① 瞥見　② 黼見　③ 別見　④ 鼈見
22. 아버지는 제사상 위에 [**삽시**]하시고 일어나서 절을 하셨다.
　① 澁匙　② 鈒匙　③ 颯匙　④ 插匙
23. 그간의 빚은 [**호리**]라도 남김없이 다 갚았다.
　① 昊釐　② 弧裏　③ 毫釐　④ 毫籬
24. [**연하**]에 장애가 생기면 음식물과 타액이 氣道를 막아 숨이 막힐 수 있다.
　① 繡下　② 嚥下　③ 椽下　④ 吮下
25. 그는 [**저돌**]적인 추진력으로 사업을 전개했다.
　① 疽突　② 儲突　③ 猪突　④ 杵突
26. 모방과 [**표절**]은 다르다.
　① 剽截　② 豹竊　③ 豹截　④ 剽竊
27. 굿과 작두 타기는 [**무격**]이 연출하는 모습이다.
　① 誣檄　② 巫覡　③ 巫激　④ 舞格

※ [   ] 안에 들어갈 한자어로 알맞은 것은?

28. 이 책은 앞부분의 주장과 뒷부분의 주장이 너무 달라 [   ]스럽다.
　① 朽落　② 鴻鵠　③ 革砥　④ 混沌
29. 그녀는 달리 갈 곳도, 가족도 없는 [   ]단신의 몸이었다.
　① 孑孑　② 銜能　③ 行裝　④ 瑕疵
30. 경기가 되살아나니까 음식 장사가 가장 [   ]하다.
　① 虹霓　② 邯鄲　③ 殷賑　④ 閘門
31. 워드 프로세서에서는 [   ], 글꼴, 색상 등을 문서에 표현할 수 있다.
　① 罫線　② 掛鏡　③ 騙取　④ 梔子
32. 두 조직은 권력 [   ]을 둘러싼 암투극을 벌이고 있다.
　① 凶歉　② 廓然　③ 嵇康　④ 簒奪
33. 그는 출세욕이 강하고 마음이 [   ]하여 사람들로부터 따돌림을 당하였다.
　① 總攬　② 奸慝　③ 掌拒　④ 粧潢
34. 그 사나이는 어디론가 [   ]을 감추었다.
　① 驀進　② 蹤迹　③ 召喚　④ 瘀血

※ 주어진 뜻에 알맞은 한자어는?

35. 어른어른하여 희미하다.
　① 劬勞　　② 閉鎖　　③ 朦朧　　④ 慇懃
36. 개인의 이익을 위하여 외국 자본과 결탁하여 제 나라
　　의 이익을 해치는 일.
　① 頓挫　　② 買辦　　③ 韭菹　　④ 鉤勒
37. 옛날, 나라에서 징병 적령에 이른 남자에게 구실 대
　　신 시키던 노동.
　① 檢牒　　② 詔令　　③ 徭戍　　④ 臀部
38. 소금에 절인 채소. 소금과 채소.
　① 蕨菜　　② 菹醢　　③ 剛愎　　④ 鹽菜
39. 가랑이가 무릎까지 내려오도록 짧게 만든 홑바지.
　① 褌衣　　② 衲衣　　③ 翟衣　　④ 袞衣
40. 오래도록 계속해서 비가 내리지 않아 땅이 바짝 마르
　　는 상태.
　① 賈塸　　② 麝香　　③ 旱魃　　④ 祔祭
41. 정성을 다하여 바치는 마음.
　① 慟絶　　② 金鏃　　③ 芹誠　　④ 粉飾

※ [　] 안의 한자성어의 속뜻으로 알맞은 것은?

42. [蜂蟻君臣]
　① 나라를 어지럽히는 불충한 무리.
　② 태평의 길한 조짐을 이르는 말.
　③ 한약 처방을 할 때에 구성 약재의 작용에 따라 네
　　가지로 갈라놓은 것을 통틀어 이르는 말.
　④ 신분 관계의 질서가 중요함을 이르는 말.

43. [鶻入鴉群]
　① 임시로 모여들어서 규율이 없고 무질서한 병졸 또
　　는 군중,
　② 쉽게 평정함.
　③ 적은 수효로 많은 수효를 대적하지 못함.
　④ 아무 관계도 없이 한 일이 공교롭게도 때가 같아
　　억울하게 의심을 받거나 난처한 위치에 서게 됨.

44. [破甑]
　① 여러 사람이 같은 행사 때에 쓰려고 찾는 물건.
　② 일정한 격식을 깨뜨림.
　③ 도시의 상인이 일제히 가게를 닫고 매매를 중지하
　　는 일.
　④ 이러쿵저러쿵 말하여 보았자 아무 소용이 없음.

45. [僧梳]
　① 필요 없는 물건을 비유적으로 이르는 말.
　② 몸이 몹시 약한 사람을 비유적으로 이르는 말.
　③ 임금이 부르는 명을 받아 그 명령을 받듦.
　④ 승려들로 조직된 군대.

※ 다음을 읽고 물음에 답하시오.

我國은 國小而民貧하니 今耕田ⓐ疾作하고
㉠用其賢才하고 通商惠工하고 盡國中之利라
도 猶患不足이요 又必通遠方之物而後라야 貨
財㉡殖焉이요 百用生焉이라 夫百車之載가 不
及一船이요 陸行千里가 不如舟行萬里之爲
㉢便利也라 故通商者는 又必以(ⓑ)路爲貴
라 我國은 三面이 ㉣環海하니 西距登萊가 直
線六百餘里며 南海之南은 則吳頭楚尾之相
望也라

46. 문맥상 ⓐ의 뜻으로 가장 알맞은 것은?
　① 원망하다　　　　　② 나쁘게
　③ 부지런히　　　　　④ 근심하다
47. ㉠~㉣의 뜻으로 알맞은 것은?
　① ㉠: 용품　　　　　② ㉡: 세우다
　③ ㉢: 곧　　　　　　④ ㉣: 둘러싸다
48. ⓑ에 들어갈 말로 가장 알맞은 것은?
　① 車　　　② 陸　　　③ 水　　　④ 道
49. 이 글의 저자는?
　① 朴齊家　② 李瀷　　③ 朴趾源　④ 李奎報
50. 이 글이 실린 책은?
　① 熱河日記　　　　　② 欽欽新書
　③ 士小節　　　　　　④ 北學議

■ [주관식 Ⅰ]의 답은 [OCR답안지] 주관식 답안란에 검정 색 펜으로 작성하시오.

※ 한자의 훈(뜻)과 음(소리)을 한글로 쓰시오.

주1. 顫　(　　　　　)
주2. 眄　(　　　　　)
주3. 呻　(　　　　　)
주4. 犁　(　　　　　)
주5. 苤　(　　　　　)
주6. 蠻　(　　　　　)
주7. 檠　(　　　　　)
주8. 稷　(　　　　　)
주9. 伺　(　　　　　)
주10. 竈　(　　　　　)
주11. 蛸　(　　　　　)
주12. 駱　(　　　　　)
주13. 贍　(　　　　　)
주14. 攄　(　　　　　)
주15. 畸　(　　　　　)
주16. 袂　(　　　　　)
주17. 癬　(　　　　　)
주18. 輜　(　　　　　)
주19. 餃　(　　　　　)
주20. 櫛　(　　　　　)
주21. 閫　(　　　　　)
주22. 鞆　(　　　　　)

※ 한자의 부수를 漢字(正字)로 쓰시오.

주23. 牢　(　　　　)
주24. 贏　(　　　　)
주25. 麼　(　　　　)
주26. 冕　(　　　　)

※ 훈과 음에 맞는 漢字(正字)를 쓰시오.

주27. 찌끼　　　　사　(　　　　)
주28. 쉴　　　　헐　(　　　　)
주29. 맑은술　　제　(　　　　)
주30. 꾸밀　　　분　(　　　　)
주31. 이불　　　금　(　　　　)

주32. 성가퀴　　첩　(　　　　　)
주33. 터질　　　탁　(　　　　　)
주34. 교활할　　회　(　　　　　)
주35. 완두　　　완　(　　　　　)
주36. 물넘칠　　도　(　　　　　)

※ ○ 안에 공통으로 들어갈 漢字를 〈보기〉에서 찾아 쓰시오.

〈보기〉	咬　箭　猊　搆　緇　甓　褐　悴

주37. 傷○　　盡○　　憔○　　(　　　　)
주38. ○下　　猲○　　○座　　(　　　　)
주39. 暗○　　○形　　柳葉○　(　　　　)
주40. ○變　　裘○　　茶○色　(　　　　)

※ 다음 한자어의 독음을 쓰시오.

주41. 唾液　(　　　　)
주42. 肉髻　(　　　　)
주43. 鸞輅　(　　　　)
주44. 赭衣　(　　　　)
주45. 詆辱　(　　　　)
주46. 蟬鬢　(　　　　)
주47. 湛樂　(　　　　)
주48. 連翹　(　　　　)
주49. 翠黛　(　　　　)
주50. 鰓骨　(　　　　)
주51. 萬朶　(　　　　)
주52. 蠲滌　(　　　　)
주53. 咳嗽　(　　　　)
주54. 恝視　(　　　　)
주55. 嫩芽　(　　　　)
주56. 巍然　(　　　　)

※ [　　] 안 단어를 문맥에 맞게 漢字(正字)로 쓰시오.

주57. 겨울철 원기 회복엔 가자미 [식해]가 제일이다.
　　　　　　　　　　　　　　(　　　　　)

주58. [식혜]에 밥풀과 잣을 띄워 손님에게 대접했다.
　　　　　　　　　　　　　　(　　　　　)

주59. 궁지에 몰린 그는 마침내 [비장]의 무기를 꺼냈다.
　　　　　　　　　　　　　　(　　　　　)

주60. 그는 세계 제일이 아니면 죽는다는 [비장]한 각오로 업무를 시작했다.
　　　　　　　　　　　　　　(　　　　　)

※ 문장에서 잘못 쓴 漢字를 바르게 고쳐 쓰시오.
[단, 음이 같은 漢字(正字)로 고칠 것.]

주61. 液體에서 氣體로 物質의 狀態가 變化되는 溫度를 霏騰點이라 한다.　　（　　→　　）

주62. 우리는 아주 砂少한 것에서 問題의 解答을 찾는 境遇가 많다.　　（　　→　　）

주63. 放送 通信 委員會는 猥洩性이 짙은 場面을 濾過 없이 내보낸 放送 프로그램에 대해 謝過 放送을 하도록 했다.　　（　　→　　）

주64. 그는 引上에서 世界 新記錄을 作成하고 湧上에서도 世界 新記錄을 세웠다.
　　（　　→　　）

주65. 그는 寶石商에 들어서자 四方에서 반짝이는 寶石들의 懸爛함에 넋을 잃었다.（　　→　　）

※ 풀이에 맞게 [　　] 안의 단어를 漢字(正字)로 쓰시오.

주66. [포폄] : 옳고 그름이나 선하고 악함을 판단하여 결정함.　　（　　）

주67. [전제] : 고기를 잡는 통발과 토끼를 잡는 올가미라는 뜻으로, 목적을 달성하기 위한 방편을 이르는 말.　　（　　）

주68. [훈륜] : 달무리, 햇무리 따위의 둥근 테두리.
　　（　　）

주69. [감홍] : '염화 수은'을 일상적으로 이르는 말.
　　（　　）

주70. [감란] : 난리를 평온하게 진정시킴.
　　（　　）

주71. [조예] : 학문이나 예술, 기술 따위의 분야에 대한 지식이나 경험이 깊은 경지에 이른 정도.
　　（　　）

주72. [촬영] : 사람, 사물, 풍경 따위를 사진이나 영화로 찍음.　　（　　）

주73. [조타] : 배의 키를 조종함.　　（　　）

주74. [장롱] : 옷 따위를 넣어 두는 장과 농을 아울러 이르는 말.　　（　　）

주75. [조정] : 정해진 거리에서 보트를 저어 스피드를 겨루는 경기.　　（　　）

※ 문장 속 [　　] 안의 단어를 漢字(正字)로 쓰시오.

주76. 우리 고향에서는 봄이면 [두견화전]을 만들어 먹었다.　　（　　）

주77. 구성원 간의 불화와 [알력]이 해소되어야 단체는 발전할 수 있다.　　（　　）

주78. [이뇨제]는 오줌의 양을 늘리는 작용을 한다.
　　（　　）

주79. 누이동생은 [청상과수]로 늙어 온 자기의 설움을 생각하고 눈물을 글썽거렸다.　　（　　）

주80. 그에게 문충공이라는 [시호]가 내려졌다.
　　（　　）

주81. 피의자를 [집요]하게 신문하는 검사의 눈빛은 날카로웠다.　　（　　）

주82. 남강 [고수부지]에서는 정월 대보름 달맞이 행사가 열렸다.　　（　　）

주83. 가을 하늘 [공활]한데 높고 구름 없이 밝은 달은 우리 가슴 일편단심일세　　（　　）

주84 구매자는 과장된 광고에 [현혹]되기 쉽다.
　　（　　）

주85. 그는 돈이 되는 일이라면 무엇이든지 [악착]스럽게 달려들었다.　　（　　）

주86. 우리 군은 적군을 [협착]한 골짜기로 유인하여 섬멸시켰다.　　（　　）

주87. 과거에 고생했던 일들을 [반추]하니 눈물이 앞을 가린다.　　（　　）

주88. 정보화의 가속 현상에 빠르게 적용하지 못하는 기업들은 점차 [도태]되고 있다.　　（　　）

주89. 결혼식 [피로연]은 아래층의 연회실에서 있을 예정이다.　　（　　）

주90. 그는 [나사]를 드라이버로 박았다.
　　（　　）

※ [　　] 안의 한자성어의 뜻을 읽고 ○ 안에 들어갈 알맞은 漢字(正字)를 쓰시오.

주91. [走○落兎] 뜻밖의 이익이 생김을 이르는 말.
　　（　　）

주92. [川渠○溢] 비가 많이 와서 개천의 물이 넘쳐 흐름.　　（　　）

주93. [竹頭木○] 쓸모가 적은 물건을 이르는 말.
　　（　　）

주94. [○轍鮒魚] 매우 위급한 처지에 있거나 몹시 고단하고 옹색한 사람을 이르는 말.　　（　　）

주95. [彫 心 ○ 骨] 흔히 시문 따위를 애를 써서 다듬음을 비유적으로 이르는 말. (　　　)

주96. [惹 起 ○ 端] 서로 시비의 실마리를 끌어 일으킴. (　　　)

주97. [死 不 ○ 目] 근심이나 한이 남아 있어 죽어서도 눈을 편히 감지 못함. (　　　)

주98. [○ 斂 誅 求] 여러 명목의 세금을 가혹하게 억지로 거두어들여 백성의 재물을 무리하게 빼앗는 일. (　　　)

주99. [抱 頭 鼠 ○] 무서워서 머리를 싸쥐고 얼른 숨음. (　　　)

주100. [寄 與 補 ○] 이바지하고 도와줌. (　　　)

주관식 II (주101~주150번)

■ [주관식 II]의 답은 별도의 [주관식 II 답안지]에 검정색 펜으로 작성하시오.

※ [　]안의 한자성어 활용이 적절하면 'O', 적절하지 않으면 'X'로 표기하시오.

주101. 조국의 독립을 위해 분주히 [苟安偸生]했던 그의 노력과 희생정신을 잊으면 안 된다. (　　　)

주102. 드디어 왕이 친히 군마를 이끌고 나타나자 [鼓角喊聲]이 천지를 진동하였다. (　　　)

주103. 공적으로 한 약속을 손바닥 뒤집듯 말을 바꾸는 것보다는 융통성이 없더라도 약속을 끝까지 지키려는 [尾生之信]의 자세가 나을 경우도 있다. (　　　)

주104. [十寒一曝]의 정신으로 끝까지 하면 성공할 수 있다. (　　　)

※ [　]안의 문장의 뜻에 부합하는 사자성어를 漢字(正字)로 쓰시오.

주105. '[술로 만든 연못과 고기로 만든 숲]'이란 옛날 걸왕과 주왕이 여자에 빠져 밤낮없이 향락만 일삼고 정사를 돌보지 않는데서 유래한 말이다. (　　　)

주106. 그는 상사에게 [종기의 고름을 빨고 치질 앓는 밑을 핥는 듯이] 아첨을 한 보람도 없이 승진 추천을 받지 못했다. (　　　)

주107. 어려서부터 [물건을 아까운 줄 모르고 마구 써 버리거나 아껴 쓰지 아니하고 함부로 버리면] 커서 가난을 면치 못할 것이다. (　　　)

주108. 그는 성질이 매우 사납고 거칠어서 제 마음대로만 하려고 하니, 마치 [산에 사는 꿩과 들오리]와 다를 바가 없다. (　　　)

※ 성어의 속뜻을 쓰시오.

주109. 犬齧枯骨

(　　　　　　　)

주110. 覆車之戒

(　　　　　　　)

주111. 輻輳幷臻

(　　　　　　　)

주112. 矯角殺牛

(　　　　　　　)

※ 다음 문장에 해당하는 우리말 속담을 쓰시오.

주113. 盜之就拿 厥足自麻

(　　　　　　　)

주114. 蔬之將善 兩葉可辨

(　　　　　　　)

주115. 兒在負三年搜

(　　　　　　　)

주116. 積功之塔 豈毀乎

(　　　　　　　)

※ 문장의 ○에 들어갈 漢字를 〈보기〉에서 찾아 차례대로 쓰시오.

〈보기〉	是 爲 則 雖 斯 矣 之 其 何 豈 而 唯 焉

주117. 若口讀而心不體身不行 ○書自書 我自我 ○益之有　　　《擊蒙要訣》
(　　　,　　　)

주118. 學不可以已 靑取○於藍而靑於藍 氷水○之而寒於水　　　《荀子》
(　　　,　　　)

주119. 日月逝○ 歲不我延 嗚呼老矣 ○誰之愆　　　《古文眞寶》
(　　　,　　　)

주120. 後生 可畏 焉知來者之不如今也 四十五十而無聞○ ○亦不足畏也已　　　《論語》
(　　　,　　　)

※ 문장의 ○에 들어갈 漢字를 〈보기〉에서 찾아 차례대로 쓰시오.

〈보기〉	少 進 幼 好 達 色 道 箭 成 怨 肯 就 多

주121. 譬如爲山 未○一簣 止 吾止也 譬如平地
雖覆一簣 ○ 吾往也　　　　《論語》
（　　　，　　　）

주122. 以○佐人主者 不以兵强天下 其事 ○還
《老子》
（　　　，　　　）

주123. 人有三不祥 ○而不肯事長 賤而不肯事貴
不○而不肯事賢 是人之三不祥也 《小學》
（　　　，　　　）

주124. 避○如避讐 避風如避○ 《明心寶鑑》
（　　　，　　　）

※ 주어진 국역을 참고하여 [　]안의 漢字들을 알맞게 배열하여 문장을 완성하시오.

주125. [無福所門召人唯禍] 《左傳》
　국역：화와 복은 문이 없으니 오직 사람이 불러들이는 것이다.
（　　　　　　　　）

주126. 上善若水 [爭而善水不物萬利] 處衆人
之所惡 故幾於道　　　　《老子》
　국역：최상의 선은 물과 같으니 물은 만물을 잘 이롭게 하나 다투지 않으며 뭇사람들이 싫어하는 곳에 처한다. 그러므로 도에 거의 가깝다.
（　　　　　　　　）

주127. [物民有有生則蒸天] 《詩經》
　국역：하늘이 많은 백성을 나게 하셨으니 일이 있으면 법칙이 있도다.
（　　　　　　　　）

주128. [如如惡善聾聞渴見] 《明心寶鑑》
　국역：착한 것을 보거든 목이 말라 물을 구하듯이 하고, 나쁜 것을 들으면 귀머거리처럼 하라.
（　　　　　　　　）

※ [　　] 부분을 국역하시오.

주129. 孔子以天縱之聖 轍環天下 道不得行于世
刪詩書 定禮樂 贊周易 修春秋 [繼往聖 開
來學]　　　　《童蒙先習》
（　　　　　　　　）

주130. [古者 言之不出 恥躬之不逮也] 《論語》
（　　　　　　　　）

주131. [禮與其奢也 寧儉] 喪與其易也 寧戚
《論語》
（　　　　　　　　）

※ 다음을 읽고 물음에 답하시오.

(가) 〈 絶句 〉
　㉠江碧鳥逾白　　山靑花欲然
　今春看又過　　何日是歸年

(나) 〈 ㉡ 〉
　國破山河在　　城春草木深
　感時花濺淚　　恨別鳥驚心
　㉢봉화連三月　　家書抵萬金
　白頭搔更短　　渾欲不勝簪

(다) 〈 ㉣ 〉 - 朴趾源
　老翁守雀坐南陂　　㉤粟拖狗尾黃雀垂
　長男中男皆出田　　田家盡日晝掩扉
　鳶蹴鷄兒攫不得　　群鷄亂啼匏花籬
　少婦戴棬疑渡溪　　赤子黃犬相追隨

주132. ㉠을 국역하시오.
（　　　　　　　　）

주133. ㉡에 들어갈 (나)詩의 제목을 漢字[正字]로 쓰시오.
（　　　　　　　　）

주134. ㉢을 漢字[正字]로 쓰시오.
（　　　　　　　　）

주135. (가)와 (나)의 저자의 성명을 漢字[正字]로 쓰시오.
（　　　　　　　　）

주136. (다) 詩의 형식을 漢字[正字]로 쓰시오.
（　　　　　　　　）

주137. (다) 詩의 제목 ㉣을 詩에서 찾아 漢字[正字]로 쓰시오.
（　　　　　　　　）

주138. ㉤을 국역하시오.
（　　　　　　　　）

※ 다음을 읽고 물음에 답하시오.

壬戌之秋七月旣望에 蘇子與客으로 泛舟하여 遊於(㉠)之下하니 淸風은 徐來하고 水波는 不興이라 ㉡<u>거주촉객</u>하여 誦明月之詩하고 歌㉢<u>요조</u>之章이러니 少焉에 月出於東山之上하여 ㉣<u>배회</u>於㉤<u>斗牛之間</u>이라 白露는 橫江하고 水光은 接天이라 ㉥<u>縱一葦之所如</u>하여 凌萬頃之茫然하니 浩浩乎如憑虛御風而不知其所止하고 飄飄乎如遺世獨立하여 羽化而登仙이라 於是에 飮酒樂甚하여 扣舷而歌之하니 歌曰 桂棹兮蘭槳으로 擊空明兮泝流光이로다 渺渺兮余懷여 望美人兮天一方이로다

《古文眞寶》

주139. ㉠에 들어갈 2음절을 漢字(正字)로 쓰시오.

(   )

주140. ㉡을 漢字(正字)로 쓰시오.

(   )

주141. ㉢을 漢字(正字)로 쓰시오.

(   )

주142. ㉣을 漢字(正字)로 쓰시오.

(   )

주143. ㉤을 국역하시오.

(   )

주144. ㉥을 국역하시오.

(   )

※ 다음을 읽고 물음에 답하시오.

屈原이 旣放에 游於江潭하야 行吟澤畔할새 顔色㉠<u>초췌</u>하고 ㉡<u>형용고고</u>러니 漁父見而問之曰 子非三閭大夫與아 何故至於斯오 屈原曰 擧世皆濁이어늘 我獨淸하고 衆人皆醉어늘 我獨醒이라 是以見放이로라 漁父曰 聖人은 不凝滯於物하야 而能㉢<u>여세추이</u>하나니 世人皆濁이어든 何不淈其泥而揚其波하며 衆人皆醉어든 ㉣<u>何不餔其糟而歠其醨</u>하고 何故深思高擧하야 自令放爲오 屈原曰 吾聞之하니 新沐者는 必彈冠이요 新浴者는 必振衣라하니 安能以身之察察로 受物之汶汶者乎아 寧赴湘流하여 葬於江魚之腹中이언정 ㉤<u>安能以皓皓之白으로 而蒙世俗之塵埃乎</u>아 漁父莞爾而笑하고 鼓枻而去하야 乃歌曰 滄浪之水(ⓐ)兮어든 可以濯吾纓이요 滄浪之水(ⓑ)兮어든 可以濯吾足이로다 遂去하야 不復與言하니라

《古文眞寶》

주145. ㉠을 漢字(正字)로 쓰시오.

(   )

주146. ㉡을 漢字(正字)로 쓰시오.

(   )

주147. ㉢을 漢字(正字)로 쓰시오.

(   )

주148. ㉣을 국역하시오.

(   )

주149. ㉤을 국역하시오.

(   )

주150. 문맥상 ⓐ과 ⓑ에 각각 들어갈 漢字를 본문에서 찾아 漢字(正字)로 쓰시오.

(ⓐ:   , ⓑ:   )

한자실력급수 자격시험 사범 연습문제 〈5〉

객관식 (1~50번)

※ 다음 [　]안의 한자와 음이 같은 한자는?

1. [鷲] ① 緻　② 諏　③ 嘴　④ 惆
2. [枭] ① 答　② 柴　③ 渫　④ 煤
3. [芼] ① 蔞　② 蕪　③ 摹　④ 耨
4. [劻] ① 漌　② 礫　③ 圣　④ 珏
5. [沾] ① 暹　② 瞻　③ 站　④ 添

※ 다음 [　]안의 한자와 음이 <u>다른</u> 한자는?

6. [坎] ① 龕　② 箝　③ 戡　④ 紺
7. [慭] ① 很　② 嚚　③ 狺　④ 誾
8. [牘] ① 督　② 禿　③ 篤　④ 讟
9. [屑] ① 梢　② 媟　③ 挈　④ 藝

※ 다음 [　]안의 한자와 뜻이 비슷하거나 같은 한자는?

10. [諂] ① 恔　② 嬌　③ 媚　④ 毖
11. [騁] ① 馳　② 騙　③ 驪　④ 駄
12. [逆] ① 怛　② 忤　③ 忤　④ 愰
13. [繆] ① 綢　② 縟　③ 緇　④ 綻

※ 나머지 셋과 부수가 <u>다른</u> 한자는?

14. ① 事　② 矛　③ 予　④ 了
15. ① 衰　② 襄　③ 衷　④ 哀

※ 다음 중 한자어의 독음이 바르지 <u>않은</u> 것은?

16. ① 棘脩: 극수　② 蹄攀: 제반
　　③ 蓮藕: 연우　④ 鬱邑: 울창
17. ① 些略: 사략　② 褌衣: 곤의
　　③ 肩胛: 견갑　④ 鋤犁: 서리
18. ① 胥吏: 서리　② 饌盒: 찬합
　　③ 沸騰: 불등　④ 茯苓: 복령
19. ① 混淆: 혼효　② 歇后: 헐후
　　③ 沆瀣: 항해　④ 廄肥: 기비
20. ① 蛇蝎: 사갈　② 桎梏: 질고
　　③ 蟋蟀: 실솔　④ 軺軒: 초헌

※ [　　] 안의 한자어를 바르게 표기한 것은?

21. 그는 폭력으로 정권을 [**찬탈**]한 뒤 국민을 무시하고 인권을 침해하면서 독재 정치를 폈다.
　　① 撰脫　② 鑽奪　③ 簒奪　④ 纂奪
22. 수영이나 달리기 같은 유산소 운동은 지방 [**연소**]에 효과적이다.
　　① 撚消　② 燃燒　③ 燃消　④ 撚炤
23. 아이는 나무로 장난감 배를 만들고 [**역청**]을 칠했다.
　　① 轢靑　② 瀝淸　③ 瀝靑　④ 轢淸
24. 그 사람이 오늘로 [**기년복**]의 복을 벗었다.
　　① 朞年服　② 紀年服　③ 夔年服　④ 祈年服
25. 한밤중이라 간혹 [**순라군**]의 딱따기 소리만 먼 데서 들렸다.
　　① 巡喇軍　② 循邏軍　③ 循喇軍　④ 巡邏軍
26. 두 사람은 [**철조망**]을 기어올라 경계선 밖으로 탈출하는 데 성공하였다.
　　① 鐵條網　② 鐵組網　③ 綴組網　④ 綴條網
27. 동물체나 식물체의 [**단백질**]은 아미노산으로 분해되어 흡수된다.
　　① 象白質　② 蛋百質　③ 象百質　④ 蛋白質

※ [　　] 안에 들어갈 한자어로 알맞은 것은?

28. 이 절은 깊은 산속에 있어 [　　]에 잠기거나 참선하기에 좋다.
　　① 難澁　② 朦朧　③ 瞑想　④ 齟齬
29. 봄부터 가뭄이 시작되더니 초복이 지나도록 [　　]한 비는 오지 않았다
　　① 粃糠　② 洽足　③ 剽竊　④ 滑稽
30. 남을 비방하고 [　　]할 시간에 자신을 돌아보자.
　　① 尻驛　② 炭疽　③ 貶毀　④ 小蒜
31. 법원은 도주나 증거 [　　]의 가능성이 농후할 경우 피고인의 보석을 취소할 수 있다.
　　① 攄得　② 瀕海　③ 俘虜　④ 湮滅
32. 벼가 여러 번 [　　]을 거치자 하얀 쌀이 되었다.
　　① 錠劑　② 搗精　③ 嚬蹙　④ 蒸溜
33. 그의 [　　]한 추궁에 나는 사실을 털어놓을 수밖에 없었다.
　　① 蛾眉　② 隕石　③ 拋棄　④ 執拗
34. 정부는 이번 일로 장관 [　　]을 단행하기로 했다.
　　① 更迭　② 辛辣　③ 丘壟　④ 霰彈

35. 죄인을 붙잡음. 사람이나 배, 비행기 등을 사로잡음.
 ① 穿鑿 　② 狹窄 　③ 拿捕 　④ 摺紙

36. 아버지가 자식에게 사람의 도리를 가르치는 것.
 ① 鯉庭 　② 樵汲 　③ 仰韶 　④ 深邃

37. 무덤을 옮겨서 다시 장사를 지냄.
 ① 錯雜 　② 讖緯 　③ 侏儒 　④ 緬禮

38. 인간으로서 마땅히 하여야 할 도리에 어그러짐.
 ① 沛倫 　② 悖倫 　③ 稗倫 　④ 斃倫

39. 일의 빈 구석이나 잘못된 것을 임시변통으로 이리저리 주선하여 꾸며 댐.
 ① 邇縫 　② 彌縫 　③ 彌封 　④ 邇封

40. 학문이나 서화·음악 따위에서, 옛사람이 다 밝혀서 지금은 새로운 의의가 없는 것.
 ① 俵災 　② 治圃 　③ 糟粕 　④ 土俑

41. 몸이 여위도록 마음과 힘을 다하여 애씀.
 ① 坐礁 　② 盡悴 　③ 撮影 　④ 憑藉

※ [　] 안의 한자성어의 속뜻으로 알맞은 것은?

42. [白飯蔥湯]
 ① 머리를 맑게 하고 기억력에 도움을 주려는 목적으로 만든 탕약.
 ② 생일에 흔히 먹는 음식.
 ③ 반찬이 없는 검소한 음식을 비유적으로 이르는 말.
 ④ 푸짐하게 잘 차린 맛있는 음식.

43. [龜背刮毛]
 ① 있을 수 없는 일을 이르는 말.
 ② 어려운 형편에 우연히 행운을 얻게 됨을 이르는 말.
 ③ 거울로 삼아 본받을 만한 모범.
 ④ 불가능한 일을 무리하게 하려고 함을 이르는 말.

44. [磬竭]
 ① 머리를 기울여 지혜를 짜냄.
 ② 점을 치는 일을 직업으로 삼는 맹인이 경을 읽을 때 흔드는 놋 종지 모양의 작은 방울.
 ③ 재산상의 불법적인 이익을 얻기 위하여 다른 사람을 협박하는 일.
 ④ 돈이나 물건 따위가 바닥이 나 다 없어짐.

45. [着枷嚴囚]
 ① 어떠한 사실이나 현상이 부인할 수 없을 만큼 뚜렷함.
 ② 이유나 근거가 없이 꾸며 냄. 또는 사실이 아니고 거짓이나 상상으로 꾸며 냄.
 ③ 죄인에게 칼을 씌워 가두던 일.
 ④ 공중에 설치한 강철선에 운반차를 매달아 사람이나 물건 따위를 나르는 장치.

※ 다음을 읽고 물음에 답하시오.

　　三百篇者는 皆忠臣孝子烈婦良友의 惻怛忠厚之發이니 不愛君憂國이면 非詩也요 不㉠傷時憤俗이면 非詩也요 非有美㉡刺勸懲之義면 非詩也니 故로 志不立하고 學不醇하며 不聞大道하여 不能有致(ⓐ)澤民之心者는 不能(ⓑ) 詩니 汝其勉之하라 -중략- 全不用事하고 吟風詠月하며 譚棋說酒하여 苟能押韻者는 此三家村裏村夫子之詩也니라 此後所(ⓑ)에 須以用事爲主나 我邦之人은 動用中國之(ⓒ)하니 亦是陋品이니라

〈與猶堂全書〉

46. 다음 **밑줄 친** 부분이 ㉠의 뜻으로 쓰인 것은?
 ① 凍傷 　② 傷處 　③ 哀傷 　④ 火傷

47. 다음 **밑줄 친** 부분이 ㉡의 뜻으로 쓰인 것은?
 ① 自刺 　② 刺殺 　③ 刺繡 　④ 諷刺

48. 문맥상 ⓐ에 들어갈 漢字로 알맞은 것은?
 ① 美 　② 君 　③ 忠 　④ 國

49. 문맥상 ⓑ에 공통으로 들어갈 漢字로 알맞은 것은?
 ① 感 　② 學 　③ 評 　④ 作

50. 문맥상 ⓒ에 들어갈 漢字로 알맞은 것은?
 ① 事 　② 譚 　③ 韻 　④ 詩

- [주관식 I]의 답은 [OCR답안지] 주관식 답안란에 검정 색 펜으로 작성하시오.

※ 한자의 훈(뜻)과 음(소리)을 한글로 쓰시오.

주1. 輅　　（　　　　　　　）
주2. 孑　　（　　　　　　　）
주3. 詡　　（　　　　　　　）
주4. 譁　　（　　　　　　　）
주5. 蝴　　（　　　　　　　）
주6. 缸　　（　　　　　　　）
주7. 荏　　（　　　　　　　）
주8. 糯　　（　　　　　　　）
주9. 宸　　（　　　　　　　）
주10. 删　　（　　　　　　　）
주11. 鼇　　（　　　　　　　）
주12. 萎　　（　　　　　　　）
주13. 聃　　（　　　　　　　）
주14. 桄　　（　　　　　　　）
주15. 迢　　（　　　　　　　）
주16. 蠅　　（　　　　　　　）
주17. 棚　　（　　　　　　　）
주18. 淘　　（　　　　　　　）
주19. 敖　　（　　　　　　　）
주20. 跣　　（　　　　　　　）
주21. 畦　　（　　　　　　　）
주22. 蟯　　（　　　　　　　）

※ 한자의 부수를 漢字(正字)로 쓰시오.

주23. 嘗　　（　　　　）
주24. 乍　　（　　　　）
주25. 龐　　（　　　　）
주26. 樊　　（　　　　）

※ 훈과 음에 맞는 漢字(正字)를 쓰시오.

주27. 빠를　　　　괄　（　　　　　）
주28. 버선　　　　말　（　　　　　）
주29. 비탈질　　　타　（　　　　　）
주30. 어릴/예쁠　눈　（　　　　　）
주31. 농막　　　　서　（　　　　　）

주32. 적금　　　　곤　（　　　　　　　）
주33. 줄/하사품　뢰　（　　　　　　　）
주34. 끌　　　　　타　（　　　　　　　）
주35. 성실할　　　각　（　　　　　　　）
주36. 가무　　　　창　（　　　　　　　）

※ ○ 안에 공통으로 들어갈 漢字를 〈보기〉에서 찾아 쓰시오.

〈보기〉	絮　硅　頹　圍　斑　渺　偈　滲

주37. ○酸　　○素　　○藻　　　（　　　）
주38. 梵○　　○頌　　寶○　　　（　　　）
주39. ○白　　○衣　　○點　　　（　　　）
주40. ○落　　敗○　　○廢的　　（　　　）

※ 다음 한자어의 독음을 쓰시오.

주41. 瓦葺　　（　　　　　）
주42. 醴漿　　（　　　　　）
주43. 靜謐　　（　　　　　）
주44. 抽籤　　（　　　　　）
주45. 鷗梟　　（　　　　　）
주46. 嗽咳　　（　　　　　）
주47. 衒耀　　（　　　　　）
주48. 嵇康　　（　　　　　）
주49. 弩箭　　（　　　　　）
주50. 旗幟　　（　　　　　）
주51. 毓精　　（　　　　　）
주52. 薨逝　　（　　　　　）
주53. 偰然　　（　　　　　）
주54. 白礬　　（　　　　　）
주55. 擅權　　（　　　　　）
주56. 韜晦　　（　　　　　）

※ [　　] 안 단어를 문맥에 맞게 漢字(正字)로 쓰시오.

주57. 희빈이 취선당 서쪽에 신당을 설치하여 인현왕후를 저주하고, 자신이 중궁으로 복위하기를 기도한 사실이 발각됨으로써 [무고]의 옥이 일어났다.
　　　　　　　　　　　　　　　　（　　　　　　　）

주58. 부모 형제가 다 [무고]한 것이 첫째가는 복이다.
　　　　　　　　　　　　　　　　（　　　　　　　）

주59. 그 회사는 노동자들의 요구를 조건 없이 [수용]했다.
　　　　　　　　　　　　　　　　（　　　　　　　）

주60. 3만 명 [수용] 규모의 종합 운동장을 지을 계획이다.
　　　　　　　　　　　　　　　　（　　　　　　　）

※ 문장에서 잘못 쓴 漢字를 바르게 고쳐 쓰시오.
  [단, 음이 같은 漢字(正字)로 고칠 것.]

주61. 多世隊 住宅의 境遇 計量器가 집집마다 設
     置돼 있어 예전처럼 電氣稅를 나누어 내지 않는다.
                         (→   )

주62. 過去의 成功에 滔醉해 있는 것도 一種의 驕
     慢이다.   (→   )

주63. 所有하고 있던 땅의 값이 暴騰하는 바람에 그는
     하루아침에 拙富가 되었다. (→   )

주64. 政府는 國民 經濟의 發展을 圖謀하기 위하여
     未揀地 開發을 積極的으로 推進하겠다고 밝혔
     다.   (→   )

주65. 使臣은 王에게 嗣香을 바치며 王의 歡心을 사
     려고 했다.   (→   )

※ 풀이에 맞게 [   ] 안의 단어를 漢字(正字)로 쓰
   시오.

주66. [두서] : 좀이 슨 책. 책을 볕에 쬠.
                         (   )

주67. [위집] : 고슴도치의 털같이 사물이 한꺼번에 번잡
     하게 모여듦을 이르는 말. (   )

주68. [군색] : 필요한 것이 없거나 모자라서 딱하고 옹
     색함. 자연스럽거나 떳떳하지 못하고 거북함.
                         (   )

주69. [보모] : 보육원이나 탁아소 따위의 아동 복지 시
     설에서 어린이를 돌보아 주며 가르치는 여자.
                         (   )

주70. [멱수] : 거듭제곱으로 된 수. (   )

주71. [전분] : 감자, 고구마, 물에 불린 녹두 따위를 갈
     아서 가라앉힌 앙금을 말린 가루. (   )

주72. [관수] : 세수와 양치질을 함. (   )

주73. [사재] : 가라앉은 찌꺼기.   (   )

주74. [봉추] : 봉황의 새끼라는 뜻으로, 지략이 뛰어난
     젊은이를 비유적으로 이르는 말. (   )

주75. [객담] : 가래를 뱉음. 또는 그 가래.
                         (   )

※ 문장 속 [   ] 안의 단어를 漢字(正字)로 쓰시오.

주76. 정상에 오른 후 [능선]을 따라 동남진하며 걷다
     보면 산세의 웅장함을 한눈에 볼 수 있다.
                         (   )

주77. 시험에 떨어진 그는 몹시 [의기소침]했다.
                         (   )

주78. 가정용 전기세탁기도 [교반기]의 일종이다.
                         (   )

주79. 봉건 시대의 지주들은 백성들을 [착취]하는 일이
     비일비재하였다.   (   )

주80. 어머니는 봉선화, 수선화 등 갖가지 화분을 들여서
     앞뜰을 [오밀조밀]하게 꾸미셨다.
                         (   )

주81. 없으면 없는 대로, 자기 처지대로, 메 한 그릇과
     갱 한 그릇이라도 온 정성을 다 바쳐서 정결하게
     올리면 신명이 기꺼이 [흠향]하실 것이다.
                         (   )

주82. 정부군은 반란을 [진압]하고 주모자를 체포했다.
                         (   )

주83. 발목을 삐었을 때는 침으로 [어혈]을 빼내기도 한
     다.   (   )

주84. 연예인에 대한 환상이 청소년들 사이에 [만연]되
     어 있다.   (   )

주85. 올림픽 유치를 두고 두 도시가 [치열]한 경합을
     벌이고 있다.   (   )

주86. 우리나라는 [경술국치] 이후 36년간 일본의 식민
     지로 지배와 수탈을 당했다. (   )

주87. [근역] 삼천리 강산은 이미 가라앉았구나.
                         (   )

주88. 좋지 못한 [습벽]일수록 고치기도 어렵다.
                         (   )

주89. 옆집 아저씨는 성미가 [강퍅]해서 다른 사람들과
     자주 싸운다.   (   )

주90. 태풍이 휩쓸고 간 마을의 모습은 정말 [참담]했
     다.   (   )

※ [   ] 안의 한자성어의 뜻을 읽고 ○ 안에 들어갈
   알맞은 漢字(正字)를 쓰시오.

주91. [○突猛勇] 앞뒤를 가리지 아니하고 함부로 날
     뜀.   (   )

주92. [○楔之典] 예전에, 효자·충신·열녀 등을 표
     창하기 위하여 나라에서 정문을 세워주던 특전.
                         (   )

주93. [鶻入○群] 아주 용맹한 자가 약한 사람들의 무
     리를 쳐 흩어 버림. 쉽게 평정함. (   )

주94. [肉 ○ 負 荊] 윗옷 한쪽을 벗고 등에 형장을 지고 간다는 뜻으로, 형장으로 맞아 사죄하겠다는 뜻을 나타냄을 이르는 말.　　　　　(　　　)

주95. [尸 位 素 ○] 재덕이나 공로가 없어 직책을 다하지 못하면서 자리만 차지하고 녹을 받아먹음.
　　　　　(　　　)

주96. [竹 杖 ○ 鞋] 먼 길을 떠날 때의 아주 간편한 차림새를 이르는 말.　　　　　(　　　)

주97. [靑 ○ 寡 婦] 젊어서 남편을 잃고 홀로된 여자.
　　　　　(　　　)

주98. [明 ○ 皓 齒] 맑은 눈동자와 흰 이라는 뜻으로, 미인(美人)의 모습을 이르는 말.　　　　　(　　　)

주99. [龍 ○ 虎 踞] 용이 서리고 범이 웅크린 듯한 웅장한 산세를 비유적으로 이르는 말.　　　　　(　　　)

주100. [鼓 角 ○ 聲] 전투에서 돌격 태세로 들어갈 때, 사기를 북돋우기 위하여, 북을 치고 나발을 불며 아우성치는 소리.　　　　　(　　　)

주관식 II (주101~주150번)

■ [주관식 II]의 답은 별도의 [주관식 II 답안지]에 검정색 펜으로 작성하시오.

※ [　　] 안의 한자성어 활용이 적절하면 'O', 적절하지 않으면 'X'로 표기하시오.

주101. 많은 현대인은 빠르게 변화하는 현실에 적응하지 못하면 [猖獗]되고 말 것이라는 위기감 속에 살고 있다.　　　　　(　　　)

주102. [波瀾重疊]했던 젊은 시절을 회상했다.
　　　　　(　　　)

주103. 하늘을 뒤덮은 [萬丈紅塵] 속의 싸움터에서는 총성만이 들려왔다.
　　　　　(　　　)

주104. 입사한 지 일 년이 못 되어서 이렇게 복잡한 일을 말끔히 처리하다니 과연 우리 회사의 [樗櫟之材]이다.　　　　　(　　　)

※ [　　] 안의 문장의 뜻에 부합하는 사자성어를 漢字(正字)로 쓰시오.

주105. [주사위를 한 번 던져 승패를 결정하는] 일대 결전이 각일각 다가오고 있었다.
　　　　　(　　　)

주106. 노승은 소년이 [묻는 대로 거침없이 대답하는] 비범함을 보자 깜짝 놀라지 않을 수 없었다.
　　　　　(　　　)

주107. 그는 [머리털을 바람으로 빗질하고 몸은 빗물로 목욕하듯,] 오랜 세월을 객지에서 방랑하며 온갖 고생을 한 끝에 성공하였다.
　　　　　(　　　)

주108. [파란 눈에 검붉은 수염을 가진 사람]을 처음 본 사람들은 신기함을 감출 수 없었다.
　　　　　(　　　)

※ 성어의 속뜻을 쓰시오.

주109. 杵臼之交
　　　　　(　　　　　　　)

주110. 斧鉞之下
　　　　　(　　　　　　　)

주111. 黍離之歎
　　　　　(　　　　　　　)

주112. 畫龍點睛
　　　　　(　　　　　　　)

※ 다음 문장에 해당하는 우리말 속담을 쓰시오.

주113. 難上之木 勿仰
　　　　　(　　　　　　　)

주114. 來語不美 去語何美
　　　　　(　　　　　　　)

주115. 未有窪溝而産神蛟
　　　　　(　　　　　　　)

주116. 我腹旣飽 不察奴飢
　　　　　(　　　　　　　)

※ 문장의 ○에 들어갈 漢字를 〈보기〉에서 찾아 차례대로 쓰시오.

〈보기〉　何 奚 以 雖 之 已 必 於 至 而 自 焉 及 與

주117. 君子 食無求飽 居無求安 敏於事而愼於言 就有道而正○ 可謂好學也○　　《論語》
　　　　　(　　　,　　　)

주118. 弟子入則孝 出則弟 謹而信 汎愛衆○親仁 行有餘力 則○學文　　《論語》
　　　　　(　　　,　　　)

주119. 誦詩三百 授之以政 不達 使○四方 不能專對 雖多 亦○以爲　　《論語》
　　　　　(　　　,　　　)

주120. 君子有三樂而王天下 不○存焉 父母俱存 兄弟無故 一樂也 仰不愧於天 俯不怍於人 二樂也 得天下英才而敎育○ 三樂也　　《論語》
　　　　　(　　　,　　　)

※ 문장의 ○에 들어갈 漢字를 〈보기〉에서 찾아 차례대로 쓰시오.

〈보기〉	至人上止極賢非靡仁正鮮成治

주121. ○者 以其昭昭 使○昭昭　　　　　《孟子》
　　　　　　　　　　　　　　　（　　　，　　　）

주122. 人之性惡 必將待師法然後○ 得禮義然後○
　　　　　　　　　　　　　　　　　《荀子》
　　　　　　　　　　　　　　　（　　　，　　　）

주123. 大學之道 在明明德 在親民 在○於○善
　　　　　　　　　　　　　　　　　《大學》
　　　　　　　　　　　　　　　（　　　，　　　）

주124. 察此四者 愼終如始 詩曰 ○不有初 ○克有終
　　　　　　　　　　　　　　　　　《小學》
　　　　　　　　　　　　　　　（　　　，　　　）

※ 주어진 국역을 참고하여 [　　]안의 漢字들을 알맞게 배열하여 문장을 완성하시오.

주125. [學知至也有不不雖善道其]　《禮記》

국역: 비록 지극한 도가 있다 하더라도 배우지 않으면 그 좋은 점을 알지 못한다.
　　　　　　　　　　　　　　　（　　　　　　　　）

주126. [佐主下強道不者天人兵以以] 其事好還　　　《老子》

국역: 도로써 인주를 돕는 자는 병력으로 천하를 강제하지 않으니 그 일이 잘 돌아오기 때문이다.
　　　　　　　　　　　　　　　（　　　　　　　　）

주127. [肱曲飯食水疏飮而之枕] 樂亦在其中矣 不義而富且貴 於我 如浮雲　《論語》

국역: 거친 밥을 먹고 냉수를 마시고 팔을 굽혀 베더라도 낙이 또한 이 가운데 있으니, 의롭지 못한 부유하고 또 귀함은 나에게 있어 뜬구름과 같다.
　　　　　　　　　　　　　　　（　　　　　　　　）

주128. [寡闕其多聞愼則言尤餘疑]
　　　　　　　　　　　　　　　　《論語》

국역: 많이 듣고서 의심나는 것은 제쳐놓고 그 나머지를 삼가서 말하면 허물이 적다.
　　　　　　　　　　　　　　　（　　　　　　　　）

※ [　　　] 부분을 국역하시오.

주129. [多言 數窮 不如守中]　　　《老子》
　　　　　　　　　　　　　　　（　　　　　　　　）

주130. [節義廉退 顚沛匪虧]　　　《千字文》
　　　　　　　　　　　　　　　（　　　　　　　　）

주131. 心安茅屋穩 [性定菜羹香]　《明心寶鑑》
　　　　　　　　　　　　　　　（　　　　　　　　）

※ 다음을 읽고 물음에 답하시오.

(가) 關雎
關關雎鳩　在河之洲
窈窕淑女　君子好逑
㉠參差荇菜　左右流之
窈窕淑女　寤寐求之
求之不得　寤寐思服
悠哉悠哉　輾轉反側

(나) 農家歎 - 鄭來僑
㉡○○之徵何慘毒　同隣一族橫罹厄
㉢鞭撻朝暮嚴科督　前村走匿後村哭
鷄狗賣盡償不足　悍吏索錢錢何得
父子兄弟不相保　皮骨半死就凍獄

(다) 睡起 -徐居正
簾影深深轉　㉣하향續續來
夢回高枕上　㉤桐葉雨聲催

주132. (가)에서 의성어를 찾아 漢字(正字)로 쓰시오.
　　　　　　　　　　　　　　　（　　　　　　　　）

주133. ㉠의 독음을 쓰시오.
　　　　　　　　　　　　　　　（　　　　　　　　）

주134. ㉡은 죽은 이에게도 세금을 매기는 행위를 비판하는 부분이다. ○○에 적절한 단어를 漢字로 쓰시오.
　　　　　　　　　　　　　　　（　　　　　　　　）

주135. ㉢을 국역하시오.
　　　　　　　　　　　　　　　（　　　　　　　　）

주136. (나) 詩의 주제와 의미가 통하는 成語를 漢字(正字)로 쓰시오.
　　　　　　　　　　　　　　　（　　　　　　　　）

주137. ㉣을 漢字(正字)로 쓰시오.
　　　　　　　　　　　　　　　（　　　　　　　　）

주138. ㉤을 국역하시오.
　　　　　　　　　　　　　　　（　　　　　　　　）

凡讀書者　必端拱危坐하여　敬對方冊하여 專心致志하고　精思涵泳하여　深解義趣하고　而 每句에　必求㉠천리之方이니　若(ⓐ)讀而(ⓑ) 不體(ⓒ)不行이면　則書自書 我自我니 何益 之有리오　先讀小學하여　於事親敬兄忠君弟長 隆師親友之道에　一一詳玩而力行之할지니라 次讀大學及或問하여　於窮理正心修己治人之 道에　一一眞知而實踐之할지니라　次讀論語하여 於求仁爲己涵養本原之功에　一一精思而深 體之할지니라　次讀(㉡)하여　於明辨義利遏人 慾存天理之說에　一一明察而擴充之할지니라 次讀中庸하여　於性情之德과　推致之功과　位育 之妙에　一一玩索而有得焉할지니라.　次讀詩經 하여　於性情之邪正과　善惡之褒戒에　一一潛繹 하여　感發而懲創之할지니라　次讀(㉢)하여　於天 理之節文과　㉣의칙之度數에　一一講究而有立 焉할지니라　(중략)　凡讀書에　必熟讀一冊하여 盡曉義趣貫通하여　無疑然後에　乃改讀他書니 不可多務得하여　㉤망박涉獵也니라

《㉥격몽요결》

주139. ㉠을 漢字(正字)로 쓰시오.

(　　　　　　　　　　　　)

주140. 문맥상 ⓐ, ⓑ 및 ⓒ에 들어갈 漢字(正字)를 차
　　　례대로 쓰시오.

(ⓐ:　　　, ⓑ:　　　, ⓒ:　　　)

주141. ㉡과 ㉢에 들어갈 書名을 漢字(正字)로 차례대
　　　로 쓰시오.

(㉡:　　　　　, ㉢:　　　　　)

주142. ㉣을 漢字(正字)로 쓰시오.

(　　　　　　　　　　　　)

주143. ㉤을 漢字(正字)로 쓰시오.

(　　　　　　　　　　　　)

주144. 書名 ㉥을 漢字(正字)로 쓰시오.

(　　　　　　　　　　　　)

郭橐駝는 不知始何名이라 病僂하여 ㉠융연伏行 하여　有類橐駝者라 故로　鄕人號之曰駝라 駝聞 之曰甚善하다 名我固當이로다 하고 因捨其名하고 亦自謂橐駝云이라 其鄕曰豐樂鄕이니　在長安西 라　駝業種樹하니 凡長安豪家富人과　爲觀遊及 賣果者가 皆爭迎取養이라 視駝所種樹와　或移 徙하면　無不活이오　且碩蚤實以蕃이라 他植者가 ㉡雖窺伺俲慕나　莫能如也러라 有問之하니 對曰 橐駝非能使木壽且孳也요　　以能順木之天하여 以致其性焉爾라　凡植木之性이　其本欲舒하고 其培欲平하고 ㉢其土欲故하고　其築欲密이라 旣 然已어든 勿動勿慮하고 去不㉣復顧라 其蒔也若 子하고　其置也若棄면　則㉤其天者全而其性得 矣라 故로　吾不害其長而已요　非有能碩而茂之 也라　不抑耗其實而已이오　非有能㉥蚤而蕃之 也라 他植者則不然하니 根拳而土易하고 其培之 也　若不過焉이면　則不及焉이오　苟有能反是者인 댄　則又愛之太恩하고　憂之太勤하여　且視而暮撫 하며　已去而復顧라

《古文眞寶》

주145. ㉠을 漢字(正字)로 쓰시오.

(　　　　　　　　　　　　　　)

주146. ㉡을 국역하시오.

(　　　　　　　　　　　　　　)

주147. ㉢을 국역하시오.

(　　　　　　　　　　　　　　)

주148. 문맥에 맞게 ㉣의 '훈과 음'을 쓰시오.

(　　　　　　　　　　　　　　)

주149. ㉤을 국역하시오.

(　　　　　　　　　　　　　　)

주150. 문맥에 맞게 ㉥의 '훈과 음'을 쓰시오.

(　　　　　　　　　　　　　　)

한자실력급수 자격시험 **사범** 연습문제 〈6〉

객관식 (1~50번)

※ 다음 [   ]안의 한자와 음이 같은 한자는?

1. [攪]　① 烁　② 碻　③ 隻　④ 瞿
2. [焰]　① 喙　② 衛　③ 髻　④ 酣
3. [郊]　① 坍　② 韜　③ 鐺　④ 獺
4. [拈]　① 殮　② 箝　③ 佞　④ 恬
5. [輟]　① 忝　② 覘　③ 凸　④ 堞

※ 다음 [   ]안의 한자와 음이 <u>다른</u> 한자는?

6. [橙]　① 證　② 滕　③ 騰　④ 鄧
7. [勖]　① 栒　② 稤　③ 昱　④ 毓
8. [櫃]　① 壞　② 潰　③ 几　④ 跪
9. [憔]　① 鎧　② 啨　③ 暾　④ 芥

※ 다음 [   ]안의 한자와 뜻이 비슷하거나 같은 한자는?

10. [伺]　① 渺　② 窺　③ 窒　④ 窈
11. [痊]　① 痾　② 癤　③ 瘳　④ 筌
12. [賜]　① 賚　② 恝　③ 緡　④ 敊
13. [悖]　① 默　② 戾　③ 吠　④ 突

※ 나머지 셋과 부수가 <u>다른</u> 한자는?

14. 　① 亶　② 亮　③ 亨　④ 毫
15. 　① 煩　② 須　③ 項　④ 頓

※ 다음 중 한자어의 독음이 바르지 <u>않은</u> 것은?

16. ① 渥丹: 악단　　② 樗櫟: 저력
　　③ 姒婦: 사부　　④ 羹楪: 갱첩
17. ① 侏儒: 주유　　② 綴音: 철음
　　③ 羈絆: 패반　　④ 瓦葺: 와즙
18. ① 馳詣: 치예　　② 惻怛: 측달
　　③ 惆悵: 추창　　④ 坼甲: 기갑
19. ① 連翹: 연교　　② 檉柳: 성류
　　③ 啼哭: 제곡　　④ 蕊宮: 예궁
20. ① 石鏃: 석족　　② 安謐: 안밀
　　③ 孱子: 잔혈　　④ 喘息: 천식

※ [   ] 안의 한자어를 바르게 표기한 것은?

21. 회는 [초장]보다 간장에 찍어 먹어야 더 맛이 난다.
　　① 醮醬　② 醋醬　③ 醋漿　④ 醮漿
22. 그 학생은 [층계참] 구석으로 피하며 길을 비켜 주었다.
　　① 層繼塹　② 層繼站　③ 層階站　④ 層階塹
23. 광개토왕은 나면서부터 영웅스러운 위엄을 갖추었으며 [척당]의 뜻을 품고 있었다고 전해진다.
　　① 個儻　② 拓堂　③ 戚黨　④ 斥撞
24. 한반도를 [위요]하고 있는 정치·경제·군사적 상황이 매우 긴박한 가운데 정상 회담이 열리게 되었다.
　　① 緯撓　② 衛嶢　③ 葦蓼　④ 圍繞
25. 그는 [박눌]하나 강직하여 의지가 굳은 사람이다.
　　① 博訥　② 撲訥　③ 朴訥　④ 拍訥
26. 바위에 우묵하게 패인 웅덩이 형태의 [와지]에 자갈, 모래 등의 퇴적물질이 들어가 회오리 형태의 물살이 발생한다.
　　① 窩池　② 渦池　③ 窩地　④ 窪地
27. 부끄럽고 [창피]해 더 이상 앉아 있기가 거북살스럽다.
　　① 暢被　② 唱避　③ 猖披　④ 猖疲

※ [   ] 안에 들어갈 한자어로 알맞은 것은?

28. [   ]하고 거친 유년을 보냈으나 그런 사람에게도 회상할 추억은 한두 가지 있기 마련이다.
　　① 俾倪　② 剛愎　③ 刪削　④ 篩骨
29. 그들은 공룡 멸종의 원인을 [   ] 충돌 때문이라고 보고 있다.
　　① 魚缸　② 名銜　③ 隕石　④ 暗礁
30. 공주와 혼인하여 임금의 [   ]이/가 되었다.
　　① 駙馬　② 邂逸　③ 宦官　④ 坎方
31. 국회의 [   ]으로 대다수의 법안들이 이번 회기 내에 처리되기가 어렵게 되었다.
　　① 槿域　② 跛行　③ 覬望　④ 賣餼
32. 전봉준은 끝내 [   ]를 당하였다.
　　① 哮譬　② 肴羞　③ 嚆穗　④ 梟首
33. 우리 농구팀은 분패해 결승 진출이 [   ]됐다.
　　① 挫折　② 蹤跡　③ 漕倉　④ 篆刻
34. 나인 이 씨는 임금의 [   ]이었지만 품성이 매우 방자하였다.
　　① 凍瘡　② 弊邦　③ 嬖寵　④ 肝腎

35. 앞길이 열리지 아니하여 세상에 나서지 못하고 파묻
혀 있음.
① 棕櫚　　② 儲嗣　　③ 薏苡　　④ 淹滯

36. 흉년이 든 때에 조세를 줄임.
① 徭役　　② 剿討　　③ 圍師　　④ 俵災

37. 성균관 개구리라는 뜻으로, 자나 깨나 책만 읽는 사
람을 놀림조로 이르는 말.
① 瀞湜　　② 泮蛙　　③ 塼塔　　④ 澱物

38. '마른기침'을 한방에서 이르는 말.
① 棧雲　　② 乾嗽　　③ 茵蔯　　④ 綽楔

39. 은 또는 은과 같은 빛깔의 재료를 종이와 같이 얇게
만든 물건.
① 鴉片　　② 黼黻　　③ 銀箔　　④ 蒼空

40. 다듬이질 소리.
① 砧聲　　② 吃逆　　③ 綸音　　④ 阿媚

41. 벌집을 만들기 위하여 꿀벌이 분비하는 물질.
① 抽籤　　② 窘塞　　③ 蜜蠟　　④ 蒼空

※ [　] 안의 한자성어의 속뜻으로 알맞은 것은?

42. [左顧右眄]
① 이리저리 제 마음대로 휘두르거나 다룸.
② 이리저리 왔다 갔다 하며 일이나 나아가는 방향을
종잡지 못함.
③ 서로를 위하는 마음에서 양보하고 피함을 이르는
말.
④ 앞뒤를 재고 망설임을 이르는 말.

43. [不食自逋]
① 사사로이 떼어먹지 않았는데도 공금 따위가 저절로
축남.
② 먹지 못할 것은 스스로 버림.
③ 극심한 가난 속에서 고통을 받음을 뜻함.
④ 식사도 거르면서 범인을 잡으러 다님.

44. [獅子吼]
① 주문이나 술법으로 신을 청하여 내리게 함.
② 아주 오랜 세월 동안 변하거나 사라지지 아니함.
③ 크게 부르짖어 열변을 토하는 연설.
④ 성내어 으르렁거림.

45. [櫛風沐雨]
① 일이 이루어지지 아니할 것을 뻔히 알면서도 헛되
이 하려 함.
② 오랜 세월을 객지에서 방랑하며 온갖 고생을 다 함.
③ 몹시 빠르게 부는 바람과 무섭게 소용돌이치는 물결.
④ 빗살처럼 줄지어 빽빽하게 늘어서 있음.

※ 다음을 읽고 물음에 답하시오.

(가) (㉠)箴

人心之動　　因言以宣
發禁躁妄　　內斯靜專
矧是樞機　　興戎出好
吉凶榮辱　　惟其所召
傷易則(㉡)　　傷煩則(㉢)
己肆物忤　　出悖來違
非法不㉣道　　欽哉訓辭

(나) 詠井中月 - 李奎報
山(㉤)貪月色　　幷汲一瓶中
到寺㉥方應覺　　瓶傾月亦空

46. (가)의 제목으로 ㉠에 알맞은 것은?
① 聽　　② 視　　③ 動　　④ 言

47. ㉡과 ㉢에 들어갈 漢字로 짝지어진 것은?
① 虛-支　　② 誕-支　　③ 誕-離　　④ 虛-離

48. 문맥상 밑줄 친 ㉣의 뜻으로 알맞은 것은?
① 이끌다　　② 도리　　③ 규칙　　④ 말하다

49. ㉤에 들어갈 漢字로 알맞은 것은?
① 僧　　② 婢　　③ 衆　　④ 仙

50. 문맥상 밑줄 친 ㉥의 뜻으로 알맞은 것은?
① 네모　　② 방법　　③ 바야흐로　　④ 방향

■ [주관식 I]의 답은 [OCR답안지] 주관식 답안란에 검정색 펜으로 작성하시오.

※ 한자의 훈(뜻)과 음(소리)을 한글로 쓰시오.

주1. 謚 (　　　　　　)
주2. 鼇 (　　　　　　)
주3. 迤 (　　　　　　)
주4. 蟠 (　　　　　　)
주5. 幌 (　　　　　　)
주6. 涕 (　　　　　　)
주7. 捻 (　　　　　　)
주8. 贇 (　　　　　　)
주9. 銹 (　　　　　　)
주10. 癲 (　　　　　　)
주11. 秧 (　　　　　　)
주12. 殫 (　　　　　　)
주13. 蟋 (　　　　　　)
주14. 蔦 (　　　　　　)
주15. 蒡 (　　　　　　)
주16. 暘 (　　　　　　)
주17. 錙 (　　　　　　)
주18. 霍 (　　　　　　)
주19. 庽 (　　　　　　)
주20. 踵 (　　　　　　)
주21. 諶 (　　　　　　)
주22. 脘 (　　　　　　)

※ 한자의 부수를 漢字(正字)로 쓰시오.

주23. 滄 (　　　　)
주24. 脩 (　　　　)
주25. 堮 (　　　　)
주26. 巡 (　　　　)

※ 훈과 음에 맞는 漢字(正字)를 쓰시오.

주27. 가루　　　　설 (　　　　　)
주28. 만두　　　　만 (　　　　　)
주29. 아름다울　왜 (　　　　　)
주30. 성급할　　조 (　　　　　)
주31. 눈동자　　모 (　　　　　)
주32. 과부　　　상 (　　　　　)
주33. 홰　　　　시 (　　　　　)
주34. 홑옷　　　진 (　　　　　)
주35. 기뻐할　　흔 (　　　　　)
주36. 가슴걸이　인 (　　　　　)

※ ○ 안에 공통으로 들어갈 漢字를 <보기>에서 찾아 쓰시오.

<보기>	碁　杼　飭　菫　痔　粢　枳　朽

주37. 大○　　　○服　　　杖○　　　(　　)
주38. ○米僧　　祭○　　　○盛　　　(　　)
주39. 戒○　　　禁○　　　申○　　　(　　)
주40. ○落　　　老○　　　○滅　　　(　　)

※ 다음 한자어의 독음을 쓰시오.

주41. 茅茨 (　　　　　)
주42. 翳屬 (　　　　　)
주43. 舛訛 (　　　　　)
주44. 困憊 (　　　　　)
주45. 鈒鏤 (　　　　　)
주46. 縻綆 (　　　　　)
주47. 沆瀣 (　　　　　)
주48. 罄竭 (　　　　　)
주49. 唐椒 (　　　　　)
주50. 蛇蝎 (　　　　　)
주51. 偈頌 (　　　　　)
주52. 自縊 (　　　　　)
주53. 孔竅 (　　　　　)
주54. 牡蠣 (　　　　　)
주55. 葫蒜 (　　　　　)
주56. 憑藉 (　　　　　)

※ [　　] 안 단어를 문맥에 맞게 漢字(正字)로 쓰시오.

주57. 어떤 때는 밤이 깊은데도 [은은]한 포성이 들려왔다.
(　　　　　　)

주58. 카페 안에는 [은은]한 음악이 흘러나올 뿐 사람들의 말소리는 거의 들리지 않을 정도로 조용하였다.
(　　　　　　)

주59. 동료와 업무를 [분장]하니 일이 신속히 진행되었다.
(　　　　　　)

주60. 오늘도 오빠는 피에로 [분장]을 하기 위해 통옷을 입고 얼굴에 하얀 분칠을 하기 시작했다. (　　　　　　)

※ 문장에서 잘못 쓴 漢字를 바르게 고쳐 쓰시오.
[단, 음이 같은 漢字(正字)로 고칠 것.]

주61. 그는 십 년의 禁辜刑을 宣告받았다.
(→   )

주62. 警察은 이미 犯人의 身棟을 確保하였다.
(→   )

주63. 그 看護師는 내 무릎의 傷處에 消毒藥을 바르고 硼帶를 감아 주었다. (→   )

주64. 다니던 會社가 亡하는 바람에 拙地에 失業者가 되었다. (→   )

주65. 그들은 모든 것을 滯念한 듯 反抗을 하지 않았다. (→   )

※ 풀이에 맞게 [   ] 안의 단어를 漢字(正字)로 쓰시오.

주66. [별견] : 얼른 슬쩍 봄. (   )

주67. [간헐] : 얼마 동안의 시간 간격을 두고 되풀이하여 일어났다 쉬었다 함. (   )

주68. [교반] : 휘저어 섞음. (   )

주69. [삼투] : 농도가 다른 두 액체를 반투막으로 막아 놓았을 때에, 농도가 낮은 쪽에서 농도가 높은 쪽으로 용매가 옮겨 가는 현상. (   )

주70. [과립] : 둥글고 잔 알갱이. (   )

주71. [가책] : 자기나 남의 잘못에 대하여 꾸짖어 책망함. (   )

주72. [해제] : 나이가 적은 아이. (   )

주73. [궁휼] : 불쌍히 여겨 돌보아 줌. (   )

주74. [벽감] : 장식을 위하여 벽면을 오목하게 파서 만든 공간. 등잔이나 조각품 따위를 세워 둔다. (   )

주75. [낭패] : 계획한 일이 실패로 돌아가거나 기대에 어긋나 매우 딱하게 됨. (   )

※ 문장 속 [   ] 안의 단어를 漢字(正字)로 쓰시오.

주76. 양이나 소 등 채식성 동물이 주로 [탄저병]에 걸린다. (   )

주77. 그는 한 괴한의 [저격]을 받아 사망하였다. (   )

주78. 치아의 주된 기능은 [저작] 기능이다. (   )

주79. 일방통행적 사고가 [팽배]해지면 급기야 사람들과 더불어 살아 나가는 소중한 미덕까지도 잃어버릴 수 있다. (   )

주80. 우리 마을 사람들은 싸움도 시샘도 없이 [단란]하게 지낸다. (   )

주81. [홍예문]에서 사찰까지 이어지는 산행로는 산책하기에 좋다. (   )

주82. 콩은 저지방·저열량에 [단백질]이 풍부한 식품이다. (   )

주83. [석류]가 빨갛게 익자 껍질이 쩍 하고 갈라졌다. (   )

주84 옥외 전광판 때문에 대도시의 야경은 더욱 [현란]해졌다. (   )

주85. 그들은 향긋하고 독한 [고량주]와 맛있고 풍성한 요리를 양껏 먹고 있었다. (   )

주86. [취타대]를 따라 월드컵 본선에 참가한 32개국의 국기가 운동장에 모두 들어섰다. (   )

주87. 일반적으로 사람의 상악과 [하악]에는 각 열여섯 개의 치아가 있다. (   )

주88. 면회장에는 가족들을 만나는 병사들의 들뜬 목소리와 [화기애애]한 정담이 울려 퍼졌다. (   )

주89. 병세가 악화되면서 그의 얼굴은 더욱 [수척]해져 갔다. (   )

주90. 예전에는 [주판]으로 하던 계산을 이제는 계산기나 컴퓨터가 대신하고 있다. (   )

※ [   ] 안의 한자성어의 뜻을 읽고 ○ 안에 들어갈 알맞은 漢字(正字)를 쓰시오.

주91. [着枷○囚] 죄인에게 칼을 씌워 가두던 일. (   )

주92. [七縱七○] 마음대로 잡았다 놓아주었다 함을 이르는 말. (   )

주93. [繁文○禮] 번거롭고 까다로운 규칙과 예절. (   )

주94. [汗出○背] 몹시 부끄럽거나 무서워서 흐르는 땀이 등을 적심. (   )

주95. [鯨戰○死] 강한 자끼리 서로 싸우는 통에 아무 상관도 없는 약한 자가 해를 입음 (   )

주96. [○解文字] 글자나 겨우 볼 정도로 무식을 면함. (   )

주97. [**切 齒** ○ **腕**] 이를 갈고 팔을 걷어붙이며 몹시 분
해함.　　　　　　　　　　　　　（　　　）

주98. [**蚌** ○ **之 爭**] 대립하는 두 세력이 다투다가 결국
은 구경하는 다른 사람에게 득을 주는 싸움을 비유
적으로 이르는 말.　　　　　　　（　　　）

주99. [**朝 飯 夕** ○] 아침에는 밥을 먹고, 저녁에는 죽을
먹는다는 뜻으로, 몹시 가난한 살림을 이르는 말.
　　　　　　　　　　　　　　　（　　　）

주100. [**崎** ○ **罔 測**] 운수가 사납기 짝이 없음.
　　　　　　　　　　　　　　　（　　　）

주관식 Ⅱ (주101~주150번)

■ [주관식Ⅱ]의 답은 별도의 [주관식Ⅱ 답안지]에 검정색 펜
　으로 작성하시오.

※ [　　]안의 한자성어 활용이 적절하면 'O', 적절하
　지 않으면 'X'로 표기하시오.

주101. 우리는 바쁜 일정 중에도 잠시 시간을 내어 모
처럼 [**忙中偸閑**]을 즐겼다.　　（　　　）

주102. 이른바 10만 대군이 [**風飛雹散**]해서 총지휘관의
사열을 받았다.　　　　　　　　（　　　）

주103. 국토의 확장, 찬란한 대륙 문물의 수입은 [**康衢
煙月**]의 태평성대를 누리게 하였다.
　　　　　　　　　　　　　　　（　　　）

주104. 고향을 떠나 서울에 올라 온 그는 직장 동료들과
[**桑麻之交**]를 하며 바쁘게 지내고 있다.
　　　　　　　　　　　　　　　（　　　）

※ [　　]안의 문장의 뜻에 부합하는 사자성어를 漢
　字(正字)로 쓰시오.

주105. 이런 데서 당신과 다시 만나고 보니, 마치 [**달팽
이 더듬이 위**]에 있는 것처럼 세상 참 좁다는 생
각이 든다.　　　　　　　　　　（　　　）

주106. 그는 [**맑게 갠 하늘에서 치는 날벼락 같은**] 소식
에 그만 정신을 잃고 말았다.
　　　　　　　　　　　　　　　（　　　）

주107. 우리는 [**대나무 지팡이와 짚신**]만 챙기듯이 별다
른 준비도 없이 훌쩍 여행을 떠났다.
　　　　　　　　　　　　　　　（　　　）

주108. 지금의 열악한 조조의 군사는 마치 [**사마귀가 앞
발을 휘두르며 거대한 수레바퀴를 막으려는 것**]
과 조금도 다를 바가 없다.
　　　　　　　　　　　　　　　（　　　）

※ 성어의 속뜻을 쓰시오.

주109. 死不瞑目
　（　　　　　　　　　　　　　　）

주110. 隔靴搔癢
　（　　　　　　　　　　　　　　）

주111. 流言蜚語
　（　　　　　　　　　　　　　　）

주112. 佩瓢捉風
　（　　　　　　　　　　　　　　）

※ 다음 문장에 해당하는 우리말 속담을 쓰시오.

주113. 橫步行 好去京
　（　　　　　　　　　　　　　　）

주114. 隨友適江南
　（　　　　　　　　　　　　　　）

주115. 緩驅緩驅 牡牛之步
　（　　　　　　　　　　　　　　）

주116. 積小成大
　（　　　　　　　　　　　　　　）

※ 문장의 ○에 들어갈 漢字를 〈보기〉에서 찾아 차례대
　로 쓰시오.

〈보기〉	以 安 與 然 之 於 所 哉 者 必 而 未 也

주117. 人之性惡 ○將待師法○後正 得禮義然後治　《荀子》
　　　　　　　　　　　　（　　　，　　　）

주118. 燕雀○知鴻鵠之志○　　　　《十八史略》
　　　　　　　　　　　　（　　　，　　　）

주119. 飯疏食飮水 曲肱而枕之 樂亦在其中矣 不
義○富且貴 ○我 如浮雲　　　《論語》
　　　　　　　　　　　　（　　　，　　　）

주120. 所謂誠其意○ 毋自欺也 如惡惡臭 如好好
色 此○謂自謙 故 君子 必愼其獨也
　　　　　　　　　　　　　　《大學》
　　　　　　　　　　　　（　　　，　　　）

※ 문장의 ○에 들어갈 漢字를 〈보기〉에서 찾아 차례대로 쓰시오.

〈보기〉	微 直 立 磨 累 致 繩 道 錯 積 毫 正 就

주121. 居天下之廣居 ○天下之正位 行天下之大○　　《孟子》

(　　，　　)

주122. 合抱之木 生於○末 九層之臺 起於○土 千里之行 始於足下　　《老子》

(　　，　　)

주123. 木受○則直 金○礪則利　　《荀子》

(　　，　　)

주124. 擧直○諸枉 能使枉者○　　《論語》

(　　，　　)

※ 주어진 국역을 참고하여 [　　]안의 漢字들을 알맞게 배열하여 문장을 완성하시오.

주125. [香 菜 定 穩 安 屋 心 性 茅 羹]　　《明心寶鑑》

국역: 마음이 편안하면 초가집(에 살아)도 안온하고 성정이 안정되면 나물국(을 먹어)도 향기롭다네.

(　　　　)

주126. [護 之 之 爲 懃 身 是 符 寶 無 勤 價]　　《明心寶鑑》

국역: 부지런함은 값을 매길 수 없는 보배가 되고 삼감은 몸을 보호하는 부적이 되느니라.

(　　　　)

주127. [華 寒 侈 禦 而 衣 已 不 服 可]　　《擊蒙要訣》

국역: 의복은 화려하거나 사치하게 할 것이 아니라 추위를 막을 뿐이다.

(　　　　)

주128. [蔽 曰 一 思 百 詩 三 無 邪 以 言 之]　　《論語》

국역: 시경 3백 편의 뜻을 한 마디로 대표할 수 있으니, ‘생각에 간사함이 없다’는 것이다.

(　　　　)

※ [　　] 부분을 국역하시오.

주129. 今人之性 生而有好利焉 [順是故 爭奪生而辭讓亡焉]　　《荀子》

(　　　　)

주130. 才俊人 宜學恭謹 [聰明人 宜學沈厚]　　《象村集》

(　　　　)

주131. [質勝文則野 文勝質則史] 文質 彬彬然後君子　　《論語》

(　　　　)

※ 다음을 읽고 물음에 답하시오.

(가) 泣別慈母 – 申師任堂
　　慈親㉠鶴髮在㉡臨瀛　　身向長安獨去情
　　回首北村時一望　　㉢白雲飛下暮山靑

(나) 送元二使安西 – 王維
　　渭城朝雨浥輕塵　　客舍靑靑柳色新
　　勸君更進一杯酒　　西出陽關無故人

(다) 登㉣金陵鳳凰臺 – 李白
　　鳳凰臺上鳳凰遊　　鳳去臺空江自流
　　吳宮花草埋幽徑　　晉代衣冠成古邱
　　三山半落靑天外　　二水中分白鷺洲
　　總爲浮雲能蔽日　　長安不見使人愁

주132. ㉠을 漢字(正字)로 쓰시오.

(　　　　)

주133. ㉡이 뜻하는 현재의 지명을 漢字(正字)로 쓰시오.

(　　　　)

주134. ㉢을 국역하시오.

(　　　　)

주135. (나) 詩의 운자를 모두 漢字(正字)로 쓰시오.

(　　　　)

주136. (가)와 (나)는 모두 이별을 노래하고 있다. 각각 이별의 대상을 쓰시오.

((가):　　　　, (나)　　　　)

주137. (다)에서 밑줄 친 ㉣의 지리적 위치를 알 수 있는 2음절 詩語를 찾아 漢字(正字)로 쓰시오.

(　　　　)

주138. (다)에서 간신을 비유한 2음절 詩語를 찾아 漢字(正字)로 쓰시오.

(　　　　)

※ 다음을 읽고 물음에 답하시오.

生亦悽惋不已曰　寧與娘子와　同入九泉이언정
豈可無聊獨保殘生이리오　向者　傷亂之後에　親
戚僮僕이　各相亂離하고　亡親骸　㉠狼籍原野러니
㉡儻非娘子면　誰能奠埋리오　古人云　生事之以
禮하고　死葬之以禮라하니　盡在娘子라　天性之純
孝요　人情之篤厚也라　感激無已하고　自愧可勝이
라　願娘子는　㉢엄류人世하여　百年之後에　同作塵
土라　女曰　李郞之壽는　剩有餘紀하고　㉣妾已載
鬼籙하니　不能久視라　若固眷戀人間하여　違犯條
令이면　非唯罪我요　兼亦累及於君이라　但妾之遺
骸가　散於某處하니　倘若垂恩이라면　勿暴風日호라
相視泣下數行하고　云　李郞㉤진중하소서　하니라　言
訖漸滅하고　了無踪迹이라　生拾骨하고　附葬于親
墓傍이라　旣葬에　生亦以追念之故로　得病數月
而卒이라　聞者莫不傷歎하고　而慕其義焉이라

《㉥금오신화》

※ 다음을 읽고 물음에 답하시오.

　星湖僿說者는　㉠星湖翁之戲筆也라　翁之作是說
也는　何意오　直無意아　無意면　㉡奚其有此哉오　翁
은　乃優閑者也라　讀書之暇에　應世遁俗하여　或
得之傳記하고　得之㉢자집하고　得之詩歌하고　得
之傳聞하고　得之諧諧하여　或可笑可喜하여　可以
存閱을　隨手亂錄하여　不覺其至於多積이라　始也
엔　爲其挑忘錄之卷하고　旣又爲之目하여　列於端
하고　目又不可以徧閱일새　乃分門類入하여　遂成
㉣卷帙하고　又不可無名일새　名之以僿說은　勢也
요　非意之也로다　翁이　㉤窮經二十年에　凡見解
聖賢遺意하여　各有成說하고　又喜著書하여　其寓
物酬人序記論說은　　別有采輯호되　　如僿說者가
不敢載之向之數者는　　則其爲無用之冗言이　定
矣라　鄙諺에　云　㉥我食屬厭하나　棄將可惜이라하
니　此僿說所以起也로다

〈星湖僿說序〉

주139. ㉠의 독음을 쓰시오.

　（　　　　　　　　　　　　）

주140. ㉡과 문맥상 '뜻과 음'이 같은 漢字를 본문에서
　　　찾아 漢字(正字)로 쓰시오.

　（　　　　　　　　　　　　）

주141. ㉢을 漢字(正字)로 쓰시오.

　（　　　　　　　　　　　　）

주142. ㉣을 국역하시오.

　（　　　　　　　　　　　　）

주143. ㉤을 漢字(正字)로 쓰시오.

　（　　　　　　　　　　　　）

주144. ㉥을 漢字(正字)로 쓰시오.

　（　　　　　　　　　　　　）

주145. ㉠에　해당하는　인물의　성명을　漢字(正字)로
　　　쓰시오.

　（　　　　　　　　　　　　）

주146. 문맥상 ㉡을 대신해서 쓸 수 있는 漢字를 본문
　　　에서 찾아 쓰시오.

　（　　　　　　　　　　　　）

주147. ㉢을 漢字(正字)로 쓰시오.

　（　　　　　　　　　　　　）

주148. ㉣의 독음을 쓰시오.

　（　　　　　　　　　　　　）

주149. ㉤의 뜻을 쓰시오.

　（　　　　　　　　　　　　）

주150. ㉥과 뜻이 통하는 2음절의 한자성어를 漢字(正
　　　字)로 쓰시오.

　（　　　　　　　　　　　　）

한자실력급수 자격시험 **사범** 연습문제 〈7〉

객관식 (1~50번)

※ 다음 [　]안의 한자와 음이 같은 한자는?

1. [叭] ① 勃　② 跂　③ 捌　④ 潑
2. [鞦] ① 諏　② 寮　③ 頣　④ 媚
3. [翟] ① 個　② 擲　③ 汐　④ 頓
4. [栿] ① 茱　② 糯　③ 喃　④ 嫋
5. [膣] ① 臻　② 跌　③ 什　④ 荚

※ 다음 [　]안의 한자와 음이 <u>다른</u> 한자는?

6. [翄] ① 菁　② 豺　③ 偲　④ 者
7. [昴] ① 鈔　② 玅　③ 眇　④ 杳
8. [莎] ① 蓑　② 耗　③ 總　④ 梭
9. [瘙] ① 柖　② 髟　③ 銷　④ 梳

※ 다음 [　]안의 한자와 뜻이 비슷하거나 같은 한자는?

10. [靖] ① 恬　② 憗　③ 憨　④ 恰
11. [漬] ① 浸　② 澌　③ 涸　④ 汞
12. [籬] ① 篩　② 樊　③ 篔　④ 篋
13. [匐] ① 苞　② 勺　③ 勾　④ 匍

※ 나머지 셋과 부수가 다른 한자는?

14. ① 載　② 截　③ 戚　④ 或
15. ① 梟　② 鵝　③ 嶋　④ 鴻

※ 다음 중 한자어의 독음이 바르지 <u>않은</u> 것은?

16. ① 槍鉍: 창필　② 漆扇: 칠선
　　③ 耘鋤: 운조　④ 湛樂: 담락
17. ① 丘壟: 구롱　② 口吻: 구문
　　③ 誄詞: 뇌사　④ 絨緞: 계단
18. ① 難澁: 난삽　② 咐囑: 부속
　　③ 籌板: 주판　④ 橄欖: 감람
19. ① 闡揚: 단양　② 別墅: 별서
　　③ 闔眼: 합안　④ 螭魅: 이매
20. ① 簇子: 족자　② 謟過: 도과
　　③ 胸臆: 흉억　④ 毓精: 유정

※ [　　] 안의 한자어를 바르게 표기한 것은?

21. 검도 시합에서 [준거]라 하여 시합 전에 앉았다 일
　　어서는 동작이 있었다.
　　① 逡踞　② 蹲祛　③ 蹲踞　④ 逡祛
22. 그녀는 눈앞의 이익에 [**현혹**]하여 친구를 잃었다.
　　① 眩惑　② 衒惑　③ 俔惑　④ 睍惑
23. 이 책에는 그의 평소 생각이 자세하게 [**피력**]되어
　　있다.
　　① 披力　② 披鞿　③ 披靂　④ 披瀝
24. [**식해**]에 쓰이는 생선류는 명태·가자미·고등어·도루
　　묵·멸치 등으로 다양하다.
　　① 食醢　② 蝕醢　③ 食醯　④ 蝕醯
25. 해가 저물자 [**조급**]한 마음에 발걸음을 재촉하였다.
　　① 燥急　② 躁急　③ 操急　④ 朝急
26. 일제 강점기 때 우리 할아버지는 독립군인 증조할아
　　버지 때문에 온갖 [**고초**]를 다 받아야 했다.
　　① 苦炒　② 苦鞘　③ 苦楚　④ 苦椒
27. 범인은 [**화염병**]과 불발한 포탄도 갖고 있었다.
　　① 火剡鉼　② 火焰瓶　③ 火焰鉼　④ 火剡瓶

※ [　　] 안에 들어갈 한자어로 알맞은 것은?

28. 올해는 오곡이 [　　]하여 농부들이 기뻐한다.
　　① 疲斃　② 懸吐　③ 豐穰　④ 餉穀
29. 그는 혼례 의식의 순서를 적은 [　　]를 두 손으로
　　받들어 정중하게 펼쳐 들고 예를 진행했다.
　　① 笏記　② 羹楪　③ 鋸刀　④ 鉗口
30. 형국장에서는 형조 판서 등이 윤 대감을 꿇려 앉힌
　　채 [　　]하였지만 그는 억울함을 호소할 뿐이었다.
　　① 拿捕　② 捻挫　③ 孩提　④ 推鞫
31. 삼일장을 치른 뒤 월요일 오전 8시에 [　　]한다.
　　① 懪毒　② 圉師　③ 鞭笞　④ 發靷
32. 그의 말은 [　　]한 변명에 지나지 않았다.
　　① 窘塞　② 粱盛　③ 柳絮　④ 袂衣
33. 임금의 성덕이 높아 그 시대는 태평성대를 [　　]하
　　였다.
　　① 玩繹　② 懊惱　③ 謳歌　④ 篡奪
34. 처벌의 기준을 명확하게 제시하라는 요구가 [　　]
　　하였다.
　　① 黴菌　② 滲透　③ 陂塘　④ 沸騰

※ 주어진 뜻에 알맞은 한자어는?

35. 화로에 씌워 놓고 그 위에 젖은 기저귀나 옷을 얹어 말리도록 만든 기구.
  ① 匱渴　② 焙籠　③ 摧碎　④ 綻露
36. 박속같이 희고 고르게 박힌 이를 비유적으로 이르는 말.
  ① 辭賦　② 瓠犀　③ 嗅覺　④ 箚子
37. 눈동자의 바깥벽 앞에 둥근 접시 모양으로 된 투명한 막.
  ① 鼓膜　② 角膜　③ 殼膜　④ 腱膜
38. 옳고 그름이나 선하고 악함을 판단하여 결정함.
  ① 彈劾　② 躑躅　③ 褒貶　④ 彭殤
39. 7현으로 된 우리나라 현악기의 하나로, 활로 줄을 문질러 연주하는데 현악기 가운데 가장 좁은 음역을 가진 저음 악기임.
  ① 牙箏　② 笙篌　③ 琵琶　④ 笙簧
40. 크게 부르짖거나 외치는 소리.
  ① 緻密　② 金簪　③ 無聊　④ 高喊
41. 좌우를 돌아볼 겨를이 없이 힘차게 나아감.
  ① 炬燭　② 盥洗　③ 石鏃　④ 驀進

※ [　] 안의 한자성어의 속뜻으로 알맞은 것은?

42. [劈破門閥]
  ① 인재를 등용할 때 문벌을 가리지 아니함.
  ② 일의 옳고 그름은 따지지 않고 뜻이 같은 무리끼리는 서로 돕고 그렇지 않은 무리는 배척함.
  ③ 양반이 없는 시골이나 인구수가 적은 성씨에 인재가 나서 본래의 미천한 상태를 벗어남.
  ④ 자연계에서나 사회에서 큰 변혁이 일어남을 비유적으로 이르는 말.

43. [橘化爲枳]
  ① 대립하는 두 세력이 다투다가 결국은 구경하는 다른 사람에게 득을 주는 싸움을 비유적으로 이르는 말.
  ② 세상일의 변천이 심함을 비유적으로 이르는 말.
  ③ 환경에 따라 사람이나 사물의 성질이 변함을 이르는 말.
  ④ 긴밀한 관계를 맺으면서 서로 돕고 의지함을 이르는 말.

44. [尾大難掉]
  ① 남의 사주를 받고 끄나풀 노릇을 하는 사람.
  ② 일의 끝이 크게 벌어져서 처리하기가 어려움을 이르는 말.
  ③ 가난한 사람을 구하여 도와줌.
  ④ 비굴하게 남을 속이는 하찮은 재주 또는 그런 재주를 가진 사람을 이르는 말.

45. [蜀犬吠日]
  ① 필요할 때는 쓰고 필요 없을 때는 야박하게 버리는 경우를 이르는 말.
  ② 그다지 큰 소용은 없으나 버리기에는 아까운 것을 이르는 말.
  ③ 식견이 좁은 사람이 현인의 언행을 의심하는 일을 비유적으로 이르는 말.
  ④ 사람은 각기 그 상전을 위해 선악을 가리지 않고 충성을 다한다는 말.

※ 다음을 읽고 물음에 답하시오.

　　水陸草木之花가　可愛者甚㉠蕃이라　晉陶淵明獨愛菊하고　自李唐來로　世人甚愛牡丹이라　予獨愛㉡蓮之出於淤泥而不染하고　濯淸漣而不夭라　中通外直　不蔓不枝하고　香遠益淸하여　亭亭淨植하여　可遠觀而不可褻翫焉하니　予謂(ⓐ)은　花之隱逸者也요　牡丹은　花之(㉢)者也요　(ⓑ)은　花之君子者也라　噫라　菊之愛은　陶後鮮有聞이오　蓮之愛는　同予者何人고　牡丹之愛는　宜乎衆矣로다

《愛蓮說》

46. 윗글에서 언급된 꽃이 **아닌** 것은?
  ① 국화　② 장미　③ 모란　④ 연꽃

47. 문맥상 ㉠의 뜻으로 알맞은 것은?
  ① 우거지다　② 불어나다　③ 쉬다　④ 많다

48. 윗글에서 언급된 ㉡에 대한 설명으로 **옳지 않은** 것은?
  ① 물결에 반짝이는 자태가 요염하다.
  ② 가지나 덩굴을 여기저기 뻗지 않는다.
  ③ 멀어질수록 향기가 맑다.
  ④ 진흙에서 피어나지만 더럽지 않다.

49. 문맥상 ⓐ와 ⓑ에 들어갈 것으로 짝지어진 것은?
  ① ⓐ: 菊, ⓑ: 牡丹　② ⓐ: 蓮, ⓑ: 菊
  ③ ⓐ: 菊, ⓑ: 蓮　④ ⓐ: 牡丹, ⓑ: 蓮

50. 문맥상 ㉢에 들어갈 것으로 알맞은 것은?
  ① 王　② 最上　③ 華　④ 富貴

주관식 Ⅰ (주1~주100번)

■ [주관식 Ⅰ]의 답은 [OCR답안지] 주관식 답안란에 검정
색 펜으로 작성하시오.

※ 한자의 훈(뜻)과 음(소리)을 한글로 쓰시오.

주1. 吮　　（　　　　　）
주2. 豁　　（　　　　　）
주3. 顙　　（　　　　　）
주4. 钁　　（　　　　　）
주5. 纔　　（　　　　　）
주6. 紆　　（　　　　　）
주7. 煬　　（　　　　　）
주8. 闌　　（　　　　　）
주9. 鷸　　（　　　　　）
주10. 賮　　（　　　　　）
주11. 謖　　（　　　　　）
주12. 崧　　（　　　　　）
주13. 絢　　（　　　　　）
주14. 賰　　（　　　　　）
주15. 曩　　（　　　　　）
주16. 儻　　（　　　　　）
주17. 剃　　（　　　　　）
주18. 棨　　（　　　　　）
주19. 皱　　（　　　　　）
주20. 嫩　　（　　　　　）
주21. 塼　　（　　　　　）
주22. 俟　　（　　　　　）

※ 한자의 부수를 漢字(正字)로 쓰시오.

주23. 匙　　（　　　　　）
주24. 承　　（　　　　　）
주25. 蠶　　（　　　　　）
주26. 胥　　（　　　　　）

※ 훈과 음에 맞는 漢字(正字)를 쓰시오.

주27. 주름살　　추　（　　　　　）
주28. 폐백　　　지　（　　　　　）
주29. 깃　　　　령　（　　　　　）
주30. 쪽문　　　합　（　　　　　）
주31. 장롱　　　장　（　　　　　）
주32. 둑/기　　　독　（　　　　　）
주33. 벼가릴　　도　（　　　　　）
주34. 부풀　　　팽　（　　　　　）
주35. 집울림　　횡　（　　　　　）
주36. 방울　　　란　（　　　　　）

※ ○ 안에 공통으로 들어갈 漢字를 〈보기〉에서 찾아 쓰
시오.

〈보기〉	騫　繭　詣　隕　塑　瘧　悟　礁

주37. 裾○　　　暗○　　　坐○　　　（　　　）
주38. ○蠶　　　生○　　　○層　　　（　　　）
주39. ○像　　　可○性　　○造　　　（　　　）
주40. 精○　　　○闕　　　參○　　　（　　　）

※ 다음 한자어의 독음을 쓰시오.

주41. 孱子　　　（　　　　　）
주42. 牢饍　　　（　　　　　）
주43. 阿喇喇　　（　　　　　）
주44. 狹窄　　　（　　　　　）
주45. 衲僧　　　（　　　　　）
주46. 含漱　　　（　　　　　）
주47. 城堞　　　（　　　　　）
주48. 覈得　　　（　　　　　）
주49. 蓮藕　　　（　　　　　）
주50. 筌蹄　　　（　　　　　）
주51. 覬望　　　（　　　　　）
주52. 蜜蠟　　　（　　　　　）
주53. 躋攀　　　（　　　　　）
주54. 戡亂　　　（　　　　　）
주55. 芟除　　　（　　　　　）
주56. 喘促　　　（　　　　　）

※ [　　] 안 단어를 문맥에 맞게 漢字(正字)로 쓰시오.

주57. 여야가 이견을 보이고 있어 심각한 [진통]이 예상된다.
　　　　　　　　　　　　　　　（　　　　　）

주58. 이 주사는 [진통] 효과가 있으니 곧 통증이 가라앉을
겁니다.　　　　　　　　　　　（　　　　　）

주59. [비상]은 예로부터 죄인에게 내린 사약에 많이 쓰
인 독극물이다.　　　　　　　　（　　　　　）

주60. 내가 탄 배의 주위로 [비상]을 즐기는 갈매기 떼들이
날아다니고 있었다.　　　　　　（　　　　　）

※ 문장에서 잘못 쓴 漢字를 바르게 고쳐 쓰시오.
[단, 음이 같은 漢字(正字)로 고칠 것.]

주61. 어느 누구도 敢히 우리를 刮視하지 못할 것이다.
（　　　→　　　）

주62. 우리는 醇國先烈들을 생각하며 옷깃을 여미어 默念했다.
（　　　→　　　）

주63. 長斫이나 煉呑과 같은 舊時代의 燃料는 요즘에 찾아보기 어렵다.
（　　　→　　　）

주64. 이 行動이 現行法에 抵蠆되는지의 與否는 法曹界에서도 意見이 紛紛하다.
（　　　→　　　）

주65. 現實에서 拐離된 文學은 感動이 적을 수밖에 없다.
（　　　→　　　）

※ 풀이에 맞게 [　　] 안의 단어를 漢字(正字)로 쓰시오.

주66. [방조] : 형법에서, 남의 범죄 수행에 편의를 주는 모든 행위.
（　　　　　）

주67. [인멸] : 자취도 없이 모두 없어짐. 또는 그렇게 없앰.
（　　　　　）

주68. [참칭] : 분수에 넘치게 스스로를 임금이라 이르거나, 분수에 넘치는 칭호를 스스로 이름.
（　　　　　）

주69. [거치] : 공채나 사채, 연금 따위의 치러야 할 돈을 일정 기간 돌려주거나 지급하지 않음.
（　　　　　）

주70. [시호] : 예전에, 임금이나 정승, 유현들이 죽은 뒤에 그들의 공덕을 칭송하여 주던 이름.
（　　　　　）

주71. [철책] : 쇠로 만든 울타리. （　　　　　）

주72. [어문] : 싫증이 나도록 들음. （　　　　　）

주73. [미양] : 말하는 이가 자기의 병을 낮추어 이르는 말.
（　　　　　）

주74. [호리] : 매우 적은 분량을 비유적으로 이르는 말.
（　　　　　）

주75. [청포도] : 포도의 한 종류. 열매가 푸르스름하며, 껍질이 얇고 맛이 달다.
（　　　　　）

※ 문장 속 [　　] 안의 단어를 漢字(正字)로 쓰시오.

주76. [사특]한 무리를 멀리해야 한다. （　　　　　）

주77. 중국 진시황의 무덤에서 엄청난 양의 [도용]이 발굴되었다. （　　　　　）

주78. 물리학에서는 양극과 음극의 [대척] 현상을 여러 가지로 이용하고 있다. （　　　　　）

주79. 그 선수는 [인대]를 심하게 다쳐 다음 경기에 출전할 수 없게 되었다. （　　　　　）

주80. 몇 달 만에 세운 다수 사살의 전과인 데다가 박격포까지 [노획]하여 전과는 더욱 빛나 보였다.
（　　　　　）

주81. 당국은 공직자가 소신껏 일할 수 있는 풍토를 마련하기 위해 공직자에 대한 중상모략이나 [무고]를 엄단하기로 했다. （　　　　　）

주82. 그는 갑자기 나타나서 그동안 [적조]했던 이유를 그녀에게 설명했다. （　　　　　）

주83. 창고 안에는 해묵은 [잉여]의 물자들이 쌓여 있었다. （　　　　　）

주84. 그가 [효수형]에 처해졌다는 소리를 들은 김 노인의 눈에 촉촉한 눈물이 고였다. （　　　　　）

주85. 모질고 오랜 고문 끝에 선생은 거의 [빈사] 상태에 이르렀다. （　　　　　）

주86. 문단의 [거벽]이셨던 선생님의 업적을 기리기 위하여 추모비를 건립하기로 결정하였다.
（　　　　　）

주87. 새로 구입한 [단소]는 소리가 청청히 울렸다.
（　　　　　）

주88. 탐관오리들의 탐학과 [횡포]가 심해 백성들의 원성이 높았다. （　　　　　）

주89. 그 여자는 [기구]하게도 시집온 지 얼마 되지 않아 남편과 사별하고 말았다. （　　　　　）

주90. 옆집 아주머니는 남을 은근히 [능멸]하는 듯한 웃음을 곧잘 지어서 사람들에게 평판이 좋지 않다.
（　　　　　）

※ [　　] 안의 한자성어의 뜻을 읽고 ○ 안에 들어갈 알맞은 漢字(正字)를 쓰시오.

주91. [○長 三 尺] 주둥이가 석 자나 길어도 변명할 수 없다는 뜻으로, 허물이 드러나서 숨겨 감출 수가 없음을 이르는 말. （　　　　　）

주92. [自家○着] 같은 사람의 말이나 행동이 앞뒤가
　　　서로 맞지 아니하고 모순됨. 　　　　　(　　　)

주93. [膏○珍味] 기름진 고기와 좋은 곡식으로 만든
　　　맛있는 음식. 　　　　　　　　　　　(　　　)

주94. [笑裏○刀] 겉으로는 웃고 있으나 마음속에는
　　　해칠 마음을 품고 있음을 이르는 말. (　　　)

주95. [雲○天晴] 병이나 근심 따위가 씻은 듯이 없어
　　　짐을 비유적으로 이르는 말. 　　　　(　　　)

주96. [一○十寒] 일이 꾸준하게 진행되지 못하고 중
　　　간에 자주 끊김을 이르는 말. 　　　　(　　　)

주97. [淫談○說] 음탕하고 덕의에 벗어나는 상스러운
　　　이야기. 　　　　　　　　　　　　　(　　　)

주98. [秉○之性] 타고난 천성. 　　　　　(　　　)

주99. [荒唐無○] 말이나 행동 따위가 참되지 않고 터
　　　무니없음. 　　　　　　　　　　　　(　　　)

주100. [○旗息鼓] 전쟁터에서 군기를 누이고 북을 쉰
　　　다는 뜻으로, 전쟁 중에 얼마 동안 싸움을 멈춤을 이
　　　르는 말. 　　　　　　　　　　　　　(　　　)

주관식 Ⅱ (주101~주150번)

■ [주관식Ⅱ]의 답은 별도의 [주관식Ⅱ 답안지]에 검정색 펜
　으로 작성하시오.

※ [　　]안의 한자성어 활용이 적절하면 'O', 적절하
　지 않으면 'X'로 표기하시오.

주101. 그는 일 처리가 어찌나 [有耶無耶]한지 빈틈이
　　　없다. 　　　　　　　　　　　　　　(　　　)

주102. 이웃집 부부는 첫딸을 낳아 [弄瓦之慶]에 젖어
　　　있었다. 　　　　　　　　　　　　　(　　　)

주103. 영화에서 귀신들이 [蓬頭亂髮]하고 나와 아이
　　　들을 공포에 떨게 했다. 　　　　　　(　　　)

주104. 미군의 최첨단 무기를 지원받아 손쉽게 적의
　　　고지를 점령한 우리 부대원들은 이후에도 여유
　　　롭게 [孤軍奮鬪]하였다. 　　　　　(　　　)

※ [　　]안의 문장의 뜻에 부합하는 사자성어를 漢
　字(正字)로 쓰시오.

주105. 그는 [쥐나 개처럼 몰래 물건을 훔치는] 좀도둑
　　　생활을 벗어나지 못했다. 　　　　　(　　　)

주106. 그와 나는 [목에 칼이 들어와도 변하지 않는 사
　　　귐]의 둘도 없는 친구 사이이다.
　　　　　　　　　　　　　　　　　　　(　　　)

주107. 그의 약속은 [계포가 허락한 한마디의 말]처럼
　　　신의가 있다. 　　　　　　　　　　(　　　)

주108. 한 동네에서 같은 업종으로 작은 이익을 다투는
　　　것은 [달팽이의 더듬이 위에서 다툼]을 벌이는
　　　것과 같다. 　　　　　　　　　　　(　　　)

※ 성어의 속뜻을 쓰시오.

주109. 斑衣之戱
　　　　　　　　　　　　　　　　　　　(　　　)

주110. 爪牙之士
　　　　　　　　　　　　　　　　　　　(　　　)

주111. 煙霞痼疾
　　　　　　　　　　　　　　　　　　　(　　　)

주112. 白駒過隙
　　　　　　　　　　　　　　　　　　　(　　　)

※ 다음 문장에 해당하는 우리말 속담을 쓰시오.

주113. 昔以甘茹 今乃苦吐
　　　　　　　　　　　　　　　　　　　(　　　)

주114. 始用升授 還以斗容
　　　　　　　　　　　　　　　　　　　(　　　)

주115. 予所憎兒 先抱之懷
　　　　　　　　　　　　　　　　　　　(　　　)

주116. 一日之狗 不知畏虎
　　　　　　　　　　　　　　　　　　　(　　　)

※ 문장의 ○에 들어갈 漢字를 〈보기〉에서 찾아 차례대
　로 쓰시오.

〈보기〉	焉 於 已 以 爲 是 治 不 何 此 猶 而 如

주117. 里仁 ○美 擇不處仁 ○得知 　　　《論語》
　　　　　　　　　　　　　　　　　(　　 , 　　)

주118. 官怠於宦成 病加於小愈 禍生於懈惰 孝衰
　　　於妻子 察○四者 愼終○始 詩曰靡不有初
　　　鮮克有終 　　　　　　　　　　　《小學》
　　　　　　　　　　　　　　　　　(　　 , 　　)

주119. 節用○愛人 使民○時 　　　　　　《論語》
　　　　　　　　　　　　　　　　　(　　 , 　　)

주120. 居處 不可安泰 ○病而○ 　　　《擊蒙要訣》
　　　　　　　　　　　　　　　　　(　　 , 　　)

※ 문장의 ○에 들어갈 漢字를 〈보기〉에서 찾아 차례대로 쓰시오.

〈보기〉	折 奉 顯 亡 毫 利 弱 承 夫 隱 賓 綿 軟

주121. 莫見乎○ 莫○乎微 故 君子 愼其獨也
《中庸》
(　　　,　　　)

주122. 利人之言 暖如○絮 傷人之言 ○如荊棘
《明心寶鑑》
(　　　,　　　)

주123. 出門如見大○ 使民如○大祭　《小學/論語》
(　　　,　　　)

주124. 齒以强○ 舌以柔存 柔能勝剛 ○能勝强
《老子》
(　　　,　　　)

※ 주어진 국역을 참고하여 [　　　]안의 漢字들을 알맞게 배열하여 문장을 완성하시오.

주125. [矣 日 延 月 我 歲 逝 不] 嗚呼老矣 是誰之愆
《古文眞寶》
국역: 해와 달은 가고 세월은 나를 위해 더 늘어나지 않는다. 아! 늙어가는구나! 이 누구의 허물인가?
(　　　　　　　　　　　)

주126. [廉 退 沛 節 顚 義 匪 廉]　《千字文》
국역: 절개와 의리와 청렴과 물러남은 어려운 가운데서도 이지러뜨릴 수 없다.
(　　　　　　　　　　　)

주127. [自 者 也 謂 意 誠 所 毋 其 欺] 如惡惡臭 如好好色 此之謂自謙
《大學》
국역: 그 뜻을 정성스럽게 한다고 이르는 것은 스스로를 속이지 않는 것이니, 악취를 미워하는 것 같이 하며 여색을 좋아하는 것과 같이 하는 것을 일러 스스로 만족함이라 한다.
(　　　　　　　　　　　)

주128. [其 篤 物 生 因 而 焉 材 之 天 必] 故栽者培之 傾者覆之
《中庸》
국역: 하늘이 물건을 낼 적에는 반드시 그 재질을 따라 돈독히 하므로 심은 것을 북돋워 주고 기운 것은 엎어버리는 것이다.
(　　　　　　　　　　　)

※ [　　　] 부분을 국역하시오.

주129. [夫賢士之處世也 譬若錐之處囊中]《史記》
(　　　　　　　　　　　)

주130. [生財有大道 生之者衆] 食之者寡 爲之者疾 用之者舒 則財恒足矣
《大學》
(　　　　　　　　　　　)

주131. 金玉滿堂 莫之能守 [富貴而驕 自遺其咎]
《老子》
(　　　　　　　　　　　)

※ 다음을 읽고 물음에 답하시오.

(가) 久雨 – 丁若鏞
窮居罕人事　㉠恒日廢衣冠
敗屋香娘墜　荒畦㉡腐婢殘
睡因多病減　愁賴著書寬
久雨何須苦　晴時也自歎

(나) 有客 – (　㉢　)
有客淸平寺　春山任意遊
鳥啼孤塔靜　花落小溪流
㉣佳萊智時秀　香菌過雨柔
行吟入仙洞　消我百年愁

(다) 飮酒 –陶淵明
㉤결려在人境　而無車馬喧
問君何能爾　心遠地自偏
採菊東籬下　悠然見南山
山氣日夕佳　飛鳥相與還
此間有眞意　欲辨已忘言

주132. ㉠을 국역하시오.
(　　　　　　　　　　　)

주133. 문맥상 ㉡의 뜻을 쓰시오.
(　　　　　　　　　　　)

주134. (가)에서 押韻된 韻字를 모두 쓰시오.
(　　　　　　　　　　　)

주135. 자는 '悅卿', 호는 '梅月堂' 또는 '東峯' 인 ㉢의 姓名을 漢字로 쓰시오.
(　　　　　　　　　　　)

주136. ㉣을 국역하시오.
(　　　　　　　　　　　)

주137. ㉤을 漢字(正字)로 쓰시오.
(　　　　　　　　　　　)

주138. (다)의 주제를 간략히 쓰시오.
(　　　　　　　　　　　)

桓公讀書於堂上이러니 輪扁斲輪於堂下일새 ㉠**釋椎鑿而上**하여 問桓公曰 敢問컨대 公之所讀者何言邪오 公曰 聖人之言也라 曰 聖人在乎아 公曰 已死矣라 曰 然則君之所讀者는 ㉡**故人之糟魄已夫**인저 桓公曰 ㉢**과인** 讀書에 輪人安得議乎아 有說則可커니와 无說則死하리라 輪扁曰 臣也 以臣之事觀之컨대 斲輪徐則甘而不固하고 疾則苦而不入하니 不徐不㉣**疾**하여 得之於手而應於心이요 口不能言하여 ㉤**有數存焉於其間**이니이다 臣不能以喻臣之子요 臣之子亦不能受之於臣이라 是以行年七十而老斲輪이니이다 ㉥**古之人與其不可傳也死矣**라 然則君之所讀者는 故人之糟魄已夫인저

《莊子》

주139. ㉠을 국역하시오.
(   )

주140. ㉡을 국역하시오.
(   )

주141. ㉢을 漢字(正字)로 쓰시오.
(   )

주142. 문맥상 ㉣의 뜻을 쓰시오.
(   )

주143. ㉤을 국역하시오.
(   )

주144. ㉥을 국역하시오.
(   )

※ 다음을 읽고 물음에 답하시오.

臣本布衣로 躬耕南陽하여 苟全性命於亂世하고 ㉠**不求聞達於諸侯**러니 先帝不以臣卑鄙하시고 猥自枉屈하사 三顧臣於草廬之中하시고 咨臣以當世之事하시니 由是感激하여 遂許先帝以 ㉡**구치**러니 後㉢**値**傾覆하여 受任於敗軍之際하고 奉命於危難之間이 爾來二十有一年矣니이다 先帝知臣謹愼이라 故로 臨崩에 寄臣以大事也하시니 受命以來로 夙夜憂嘆하여 ㉣**恐託付不効하여 以傷先帝之明**이라 故로 五月渡瀘하여 深入不毛러니 今南方已定하고 兵甲已足하니 當獎率三軍하고 北定中原하여 庶竭駑鈍하여 攘除姦兇하고 興復(㉤)하여 還于舊都가 此臣所以報先帝而忠陛下之職分也니이다

《古文眞寶》

주145. ㉠을 국역하시오.
(   )

주146. ㉡을 漢字(正字)로 쓰시오.
(   )

주147. 문맥상 ㉢의 '훈과 음' 쓰시오.
(   )

주148. ㉣을 국역하시오.
(   )

주149. 문맥상 ㉤에 들어갈 2음절 단어를 漢字로 쓰시오.
(   )

주150. 윗글의 제목을 漢字로 쓰시오.
(   )

객관식 (1~50번)

※ 다음 [   ]안의 한자와 음이 같은 한자는?

1. [纏] ① 鑴 ② 喘 ③ 寯 ④ 裹
2. [鬐] ① 她 ② 圮 ③ 秕 ④ 玭
3. [糜] ① 憊 ② 斐 ③ 弨 ④ 麼
4. [竅] ① 羚 ② 赳 ③ 儻 ④ 蛟
5. [囂] ① 肌 ② 祇 ③ 听 ④ 懃

※ 다음 [   ]안의 한자와 음이 <u>다른</u> 한자는?

6. [嘯] ① 軺 ② 簫 ③ 柖 ④ 塑
7. [裔] ① 翳 ② 呭 ③ 靄 ④ 瘁
8. [拗] ① 擾 ② 廖 ③ 蟯 ④ 邀
9. [甛] ① 瞻 ② 簽 ③ 詹 ④ 忝

※ 다음 [   ]안의 한자와 뜻이 비슷하거나 같은 한자는?

10. [鉊] ① 銶 ② 釰 ③ 鈔 ④ 鑐
11. [惰] ① 佁 ② 慵 ③ 杭 ④ 哄
12. [旱] ① 魄 ② 跋 ③ 彌 ④ 魃
13. [蚣] ① 蜈 ② 蠅 ③ 虹 ④ 蝶

※ 나머지 셋과 부수가 <u>다른</u> 한자는?

14. ① 盲 ② 相 ③ 自 ④ 眼
15. ① 椎 ② 雎 ③ 雕 ④ 雛

※ 다음 중 한자어의 독음이 바르지 <u>않은</u> 것은?

16. ① 玉頰: 옥협　② 鴟梟: 치효　③ 棹歌: 도가　④ 微恙: 미고
17. ① 淳樸: 순박　② 罌粟: 영속　③ 匙箸: 시저　④ 飫聞: 어문
18. ① 萐除: 역제　② 黴菌: 미균　③ 鞦韆: 추천　④ 焙籠: 배롱
19. ① 岑樓: 잠루　② 郁李: 욱리　③ 豕喙: 시훼　④ 燔銀: 심은
20. ① 硅酸: 규산　② 寰區: 환구　③ 惕然: 척연　④ 衒學: 현학

※ [   ] 안의 한자어를 바르게 표기한 것은?

21. 자나 깨나 책만 읽는 사람을 놀림조로 [반와]라고 한다.
① 泮蛙 ② 潘蝸 ③ 頒蛙 ④ 盤渦
22. [발인]은 장례를 치르기 위하여 상여가 집을 떠나 장지에 도착할 때까지 행하는 상례의식이다
① 拔靷 ② 渤軔 ③ 發軔 ④ 發靷
23. 넓은 거실에는 고급 [융단]이 깔려 있고, 벽면에는 그림이 여러 폭 걸려 있었다.
① 瀜端 ② 絨壇 ③ 絨緞 ④ 融祖
24. 조선 시대에는 봉화나 [파발]이 주요한 통신망이었다.
① 婆勃 ② 擺撥 ③ 婆潑 ④ 擺勃
25. 경제 [공황]의 여파로 기업들이 연이어 부도가 나고 많은 실업자가 생겨났다.
① 控惶 ② 恐惶 ③ 恐慌 ④ 控慌
26. 그녀는 가끔 친구들에게 [표독]스럽게 욕설을 내쏘기도 했다.
① 俵瀆 ② 慓毒 ③ 俵毒 ④ 慓瀆
27. [아미]는 동양의 여러 시에서 여인의 아름다움을 암시하는 시어로 나온다.
① 阿眉 ② 雅眉 ③ 蛾眉 ④ 訝眉

※ [   ] 안에 들어갈 한자어로 알맞은 것은?

28. 그의 세금 [   ] 소문이 사실로 확인되었다.
① 逋脫 ② 喧譁 ③ 屎尿 ④ 汨沒
29. [   ]는 몽고에서 들어온 풍속으로 고려 말에 크게 유행하였다.
① 徹底 ② 爻象 ③ 斗斛 ④ 開剃
30. 우리에 갇혀 있는 호랑이의 커다란 [   ]가 관람객들을 깜짝 놀라게 했다.
① 揶揄 ② 慷慨 ③ 咆哮 ④ 引鋸
31. 그 꿈은 어둠과 밝음, 땅속과 하늘 위, 후각적인 것과 시각적인 것의 [   ]에 대해 말하고 있다고 볼 수 있다.
① 混淆 ② 花煎 ③ 率倡 ④ 孩提
32. 말이 [   ]한 옆집 아이는 간혹 지진아로 오해를 받기도 했다
① 杳然 ② 敏捷 ③ 語訥 ④ 詣闕
33. 이야기는 마법사가 신의 [   ]을/를 받고 신전에서 쫓겨나는 데서 시작한다.
① 忖度 ② 醮禮 ③ 熾熱 ④ 詛呪
34. 많은 [   ]들 중에서 그녀는 참다운 주술사였다.
① 悖戾 ② 巫覡 ③ 掌拒 ④ 圉師

※ 주어진 뜻에 알맞은 한자어는?

35. 험한 벼랑 같은 곳에 낸 길.
　① 腕章　　② 薏苡　　③ 淵藪　　④ 棧閣

36. 차츰차츰 세월이 지나거나 일이 되어 감.
　① 粃糠　　② 荏苒　　③ 潺湲　　④ 苧布

37. 비나 이슬 따위에 젖어서 불음.
　① 沮害　　② 佇立　　③ 霑潤　　④ 粘潢

38. 사건의 실상을 조사하여 내용을 알아냄.
　① 覈得　　② 倉廩　　③ 宸念　　④ 糟粕

39. 지지 인대의 섬유 일부가 파열되었으나 인대의 연속
　　성은 보존되어 있는 관절 손상.
　① 翠嵐　　② 痲醉　　③ 籤金　　④ 捻挫

40. 자세히 보지 않고 얼른 슬쩍 봄.
　① 卒哭　　② 瞥見　　③ 練祭　　④ 倏忽

41. 기뻐서 손뼉을 치며 덩실덩실 춤을 춤.
　① 抃踊　　② 稍勝　　③ 懲役　　④ 靑藜

※ [　] 안의 한자성어의 속뜻으로 알맞은 것은?

42. [弊袍破笠]
　① 일이 이루어지지 아니할 것을 뻔히 알면서도 헛되
　　이 하려 함.
　② 먼 길을 떠날 때의 아주 간편한 차림새를 이르는
　　말.
　③ 초라한 차림새를 비유적으로 이르는 말.
　④ 부귀한 사람들의 나들이 차림새를 이르는 말.

43. [彫心鏤骨]
　① 청빈하고 소박한 생활을 이르는 말.
　② 흔히 시문 따위를 애를 써서 다듬음을 비유적으로
　　이르는 말.
　③ 백성이 군대를 환영하기 위하여 갖춘 음식.
　④ 자신을 적으로부터 보호하여 주는 물건.

44. [鴻鵠之志]
　① 가장 중요한 요점 또는 핵심.
　② 관작이 매우 높은 사람들을 통틀어 이르는 말.
　③ 크고 높게 품은 뜻.
　④ 길이 어긋나서 서로 만나지 못하여 탄식함.

45. [堤潰蟻穴]
　① 세력이 아주 큰 것에 몹시 작은 것으로 덤비려 함
　　을 비유적으로 이르는 말.
　② 제 역량을 생각하지 않고, 강한 상대나 되지 않을
　　일에 덤벼드는 무모한 행동거지.
　③ 신분 관계의 질서가 중요함을 이르는 말.
　④ 소홀히 한 작은 일이 큰 화를 불러옴을 이르는 말.

※ 다음을 읽고 물음에 답하시오.

無恒産而有恒心者는　惟士爲能이어니와　若民則無恒産이면　因無恒心이라　㉠苟無恒心이면　ⓐ방벽사치를　無不爲已니　㉡及陷於罪然後에　從而刑之면　是는　罔民也라　㉢焉有仁人在位하여　罔民을　而可爲也리오　是故로　明君이　制民之産하되　必使仰足以事(ⓑ)하며　俯足以畜妻子하여　㉣樂歲에　終身飽하고　凶年에　免於死亡하나니　然後驅而㉢之善이라　故로　民之從之也輕하니이다

《孟子》

46. 문맥상 ㉠~㉣의 '훈과 음'으로 알맞지 않은 것은?
　① ㉠ : 만일 구　　　② ㉡ : 미칠 급
　③ ㉢ : 어찌 언　　　④ ㉣ : 좋아할 요

47. ⓐ를 바르게 표기한 것은?
　① 放辟邪侈　　　　② 放辟奢侈
　③ 放僻邪侈　　　　④ 放僻奢侈

48. ⓑ에 들어갈 것으로 알맞은 것은?
　① 家率　　② 先祖　　③ 父母　　④ 親族

49. 문맥상 ㉢의 용법은?
　① 대명사　　　　② 관형격 조사
　③ 주격 조사　　　④ 동사

50. 윗글의 내용이 아닌 것은?
　① 죄에 빠진 뒤에 형벌을 주는 것은 백성을 그물질하
　　는 것과 같다.
　② 明君은 흉년에도 백성들을 종신토록 배부르게 한
　　다.
　③ 백성은 恒産이 없으면 그로 인해 恒心이 없어진
　　다.
　④ 선비는 恒産이 없어도 恒心을 유지할 수 있다.

주관식 I (주1~주100번)

■ [주관식 I]의 답은 [OCR답안지] 주관식 답안란에 검정
색 펜으로 작성하시오.

※ 한자의 훈(뜻)과 음(소리)을 한글로 쓰시오.

주1. 塢   (   )
주2. 吻   (   )
주3. 你   (   )
주4. 燐   (   )
주5. 淬   (   )
주6. 钃   (   )
주7. 瘀   (   )
주8. 粳   (   )
주9. 晬   (   )
주10. 恂   (   )
주11. 瓠   (   )
주12. 聊   (   )
주13. 齏   (   )
주14. 縞   (   )
주15. 謳   (   )
주16. 懲   (   )
주17. 撚   (   )
주18. 磬   (   )
주19. 鳶   (   )
주20. 竇   (   )
주21. 霓   (   )
주22. 勛   (   )

※ 한자의 부수를 漢字(正字)로 쓰시오.

주23. 粂   (   )
주24. 饕   (   )
주25. 繇   (   )
주26. 甬   (   )

※ 훈과 음에 맞는 漢字(正字)를 쓰시오.

주27. 어찌   갈   (   )
주28. 백성   맹   (   )
주29. 씻을/대야   관   (   )
주30. 키작을   왜   (   )

주31. 누룩   국   (   )
주32. 막을/세찰   한   (   )
주33. 괴팍할   퍅   (   )
주34. 등창   저   (   )
주35. 웃을   치   (   )
주36. 달래   산   (   )

※ ○ 안에 공통으로 들어갈 漢字를 〈보기〉에서 찾아 쓰
시오.

〈보기〉	鰓　窩　菽　獰　汞　壟　驤　搨

주37. 膝○   ○窟   燕○   (   )
주38. ○斷   丘○   ○畔   (   )
주39. ○毒   ○猛   ○慝   (   )
주40. ○本   ○影   ○印   (   )

※ 다음 한자어의 독음을 쓰시오.

주41. 脯醢   (   )
주42. 斜稜   (   )
주43. 孱羸   (   )
주44. 耦耕   (   )
주45. 顓蒙   (   )
주46. 摺帖   (   )
주47. 匍匐   (   )
주48. 紗扇   (   )
주49. 翅果   (   )
주50. 嫩晴   (   )
주51. 剿滅   (   )
주52. 樗蒲   (   )
주53. 瓜蔞   (   )
주54. 煦噓   (   )
주55. 綽楔   (   )
주56. 簾簀   (   )

※ [   ] 안 단어를 문맥에 맞게 漢字(正字)로 쓰시오.

주57. 그 사람은 자신이 [무고]하다고 계속 주장하고 있습니
다.   (   )
주58. 그는 시기하고 질투하던 친구를 [무고]하고 친구의 재
산까지 빼앗으려 했다.   (   )
주59. 10여 년 전에 헤어진 여자로부터 한번 만나자는 [전갈]
을 받고 나는 한동안 망설였다.   (   )
주60. [전갈]의 독은 사람에게 치명적일 수 있다.
                                  (   )

※ 문장에서 잘못 쓴 漢字를 바르게 고쳐 쓰시오.
[단, 음이 같은 漢字(正字)로 고칠 것.]

주61. 이 部族은 諏長을 選出할 수 있는 權利를 女子들에게만 附與하였다.　（　　→　　）

주62. 그녀는 甚한 입덧으로 벌써 며칠째 嚼水不入하고 누워 있다.　（　　→　　）

주63. 犧物을 숨겨 둔 곳이 警察에게 發覺되고 말았다.　（　　→　　）

주64. 그는 公職者들 중 鈑公費를 제일 적게 쓴 것으로 알려졌다.　（　　→　　）

주65. 戰爭으로 因해 온 家族이 風飛搏散하였다가 다시 만나게 되기까지 20餘 年이 걸렸다.　（　　→　　）

※ 풀이에 맞게 [　　] 안의 단어를 漢字(正字)로 쓰시오.

주66. [타과] : 이 핑계 저 핑계로 기한을 끌어 나감.　（　　）

주67. [필로] : 사람들의 통행을 막고 임금의 수레가 지나가던 길.　（　　）

주68. [메별] : 소매를 잡고 헤어진다는 뜻으로, 섭섭히 헤어짐을 이르는 말.　（　　）

주69. [치수] : 아주 가벼운 무게를 이르는 말.　（　　）

주70. [향이] : 사람의 마음을 유혹하는 재물, 이익 따위를 비유적으로 이르는 말.　（　　）

주71. [부로] : 사로잡은 적.　（　　）

주72. [위축] : 두려워서 몸을 움츠림을 비유적으로 이르는 말.　（　　）

주73. [적로] : 황후가 타는 수레.　（　　）

주74. [혈후] : 대수롭지 아니함.　（　　）

주75. [파행] : 벌레나 짐승 따위가 기어 다님.　（　　）

※ 문장 속 [　　] 안의 단어를 漢字(正字)로 쓰시오.

주76. 동생은 죽은 누이의 시신을 [염습]하고 나니 마음이 더욱 착잡해졌다　（　　）

주77. [선창]에는 화물선이 막 도착해 인부들이 부산하게 화물을 하역하고 있었다.　（　　）

주78. 찬란한 옥술잔에 [울창주]가 가득하였다.　（　　）

주79. 상품 할인권을 [절취선]에 맞춰 잘랐다.　（　　）

주80. 선장은 만약의 사태를 생각해서 선원들에게 안전모, 안전화, [구명동의], 장갑 등을 착용하게 하였다.　（　　）

주81. 이곳은 가뭄이 들 때 [무우제]를 지내던 고개다.　（　　）

주82. [졸사간]에 불이 번져 옆 건물까지 타 버렸다.　（　　）

주83. 아내의 출산을 기다리는 내 마음은 [조급]하고 안타깝기만 했다.　（　　）

주84 한반도의 중부나 남부지역에서는 [습곡]으로 형성된 산을 많이 볼 수 있다.　（　　）

주85. 상 위에는 [비위]를 돋우는 봄나물이 놓여 있었다.　（　　）

주86. 왕이 [면류관]을 찰락찰락하며 즉위식장으로 들어섰다.　（　　）

주87. 새로 부임한 사장님은 임명식은 치르지 않고 곧바로 업무 [파악]에 들어갔다.　（　　）

주88. 최고의 [탑재량]을 자랑하는 수송기가 배치되었다.　（　　）

주89. 땅 구멍 속에 사는 [설치류]는 눈의 발육이 불완전하고 눈이 거의 털로 덮인 경우도 있다.　（　　）

주90. 몸을 뒤척일 때마다 침대 [용수철]이 삐걱삐걱 소리를 낸다.　（　　）

※ [　　] 안의 한자성어의 뜻을 읽고 ○ 안에 들어갈 알맞은 漢字(正字)를 쓰시오.

주91. [○人 廣 座] 여러 사람이 빽빽하게 많이 모인 자리.　（　　）

주92. [傷 寒 動 ○] 찬 기운으로 인하여 가슴이 울렁거리고 열이 나는 증상.　（　　）

주93. [淺 學 ○ 才] 학문이 얕고 재주가 변변치 않다는 뜻으로, 자기 학식을 겸손하게 이르는 말.　（　　）

주94. [狗 尾 續 ○] 훌륭한 것 뒤에 보잘것없는 것이 뒤따름을 비유적으로 이르는 말.　（　　）

주95. [○ 轉 不 寐] 누워서 몸을 이리저리 뒤척이며 잠을
　　　 이루지 못함.　　　　　　　　　　（　　　　）

주96. [患 難 相 ○] 어려운 일이 생겼을 때 서로 도와
　　　 야 함.　　　　　　　　　　　　　（　　　　）

주97. [乾 坤 一 ○] 운명을 걸고 단판걸이로 승부를 겨
　　　 룸.　　　　　　　　　　　　　　　（　　　　）

주98. [○ 衣 之 戲] 늙어서 효도함을 이르는 말.
　　　　　　　　　　　　　　　　　　　（　　　　）

주99. [苦 心 慘 ○] 몹시 마음을 태우며 애를 쓰면서 걱
　　　 정을 함.　　　　　　　　　　　　（　　　　）

주100. [○ 網 俱 失] 이익을 보려다가 도리어 밑천까지
　　　 잃음을 이르는 말.　　　　　　　　（　　　　）

주관식 II （주101~주150번）

- **[주관식 II]의 답은 별도의 [주관식 II 답안지]에 검정색 펜
으로 작성하시오.**

※ [　　] 안의 한자성어 활용이 적절하면 'O', 적절하
　 지 않으면 'X'로 표기하시오.

주101. 아무리 급하고 중요한 일이라지만 이런 식으로 무
　　　 리하게 [**揠苗助長**]하다간 일을 그르치는 수가
　　　 있다.　　　　　　　　　　　　　（　　　　）

주102. 임금은 간신들의 참소에 근거하여 끝내 그 충신을
　　　 [**極邊遠竄**]하였다.　　　　　　（　　　　）

주103. 그는 성공을 위해 끊임없이 노력하여 그토록 바라
　　　 던 [**簞食瓢飮**]의 삶을 누릴 수 있게 되었다.
　　　　　　　　　　　　　　　　　　　（　　　　）

주104. [**猫項懸鈴**]처럼 실행하지도 못할 방안보다는
　　　 실제적인 매출을 발생시킬 방법을 찾아보자.
　　　　　　　　　　　　　　　　　　　（　　　　）

※ [　　] 안의 문장의 뜻에 부합하는 사자성어를 漢
　 字(正字)로 쓰시오.

주105. 경제가 어려워지고 청년실업률이 높아지면서 집안
　　　 에서 나오지 못한 채, [**자신의 허벅지가 살쪄가는
　　　 상황을 한탄하는**] 20대 실업자 수가 점점 늘어나
　　　 고 있다.　　　　　　　　　　　　（　　　　）

주106. 지진으로 막대한 피해를 입은 양국은 [**깃발을 눕
　　　 히고 북소리를 그쳐**] 전쟁을 잠시 멈추고 피해
　　　 복구에 전념했다.　　　　　　　　（　　　　）

주107. 그는 [**쥐의 간이나 벌레의 팔**]과 같이 변변치 않

은 존재일 뿐이다.　　　　　　　　　　（　　　　）

주108. 위대한 지도자의 타계 소식에 수많은 국민이 [**슬
　　　 피 울부짖고 눈물을 흘리며 울었다.**]
　　　　　　　　　　　　　　　　　　　（　　　　）

※ 성어의 속뜻을 쓰시오.

주109. 吹毛覓疵
　　　（　　　　　　　　　　　　　　　　　）

주110. 賽神萬明
　　　（　　　　　　　　　　　　　　　　　）

주111. 攀龍附鳳
　　　（　　　　　　　　　　　　　　　　　）

주112. 竹頭木屑
　　　（　　　　　　　　　　　　　　　　　）

※ 다음 문장에 해당하는 우리말 속담을 쓰시오.

주113. 對笑顔 唾亦難
　　　（　　　　　　　　　　　　　　　　　）

주114. 量吾被 置吾足
　　　（　　　　　　　　　　　　　　　　　）

주115. 附肝 附念通
　　　（　　　　　　　　　　　　　　　　　）

주116. 天雖崩 牛出有穴
　　　（　　　　　　　　　　　　　　　　　）

※ 문장의 ○에 들어갈 漢字를 〈보기〉에서 찾아 차례대
　 로 쓰시오.

〈보기〉	猶 之 其 雖 以 惟 與 乎 於 使 于 后 必

주117. 莫見乎隱 莫顯○微 故 君子 愼○獨也
　　　　　　　　　　　　　　　　　　《中庸》
　　　　　　　　　　　（　　　，　　　）

주118. 宜兄宜弟而○ 可○敎國人　　　《大學》
　　　　　　　　　　　（　　　，　　　）

주119. 身體髮膚 受○父母 不敢毁傷 孝之始也 立
　　　 身行道 揚名○後世 以顯父母 孝之終也
　　　　　　　　　　　　　　　　　　《孝經》
　　　　　　　　　　　（　　　，　　　）

주120. 民欲○之偕亡 ○有臺池鳥獸 豈能獨樂哉
　　　　　　　　　　　　　　　　　　《孟子》
　　　　　　　　　　　（　　　，　　　）

※ 문장의 ○에 들어갈 漢字를 〈보기〉에서 찾아 차례대로 쓰시오.

〈보기〉　學 耳 美 卑 旨 去 志 教 行 善 勤 味 耕

주121. 雖有嘉肴 不食 不知其○也 雖有至道 不學
　　　 不知其○也　　　　　　　　　《禮記》
　　　　　　　　　　　　　（　　　，　　　）

주122. 有田不○ 倉廩虛 有書不○ 子孫愚
　　　　　　　　　　　　　　　　《勸學文》
　　　　　　　　　　　　　（　　　，　　　）

주123.　吾十有五而○于學　三十而立　四十而不惑
　　　 五十而知天命 六十而○順　　　《論語》
　　　　　　　　　　　　　（　　　，　　　）

주124. 君子之道 辟如○遠必自邇 辟如登高必自○
　　　　　　　　　　　　　　　　《中庸》
　　　　　　　　　　　　　（　　　，　　　）

※ 주어진 국역을 참고하여 [　　]안의 漢字들을 알맞게 배열하여 문장을 완성하시오.

주125. [篤 美 令 愼 誠 宜 終 初]　　　《千字文》
　　　 국역：처음을 독실하게 함이 진실로 아름답고, 마침을 삼가는 것이 마땅히 좋다.
　　　　　　　　　　　　　（　　　　　　　）

주126. [下 蹊 自 言 不 成 桃 李]　　　《史記》
　　　 국역：복숭아 오얏나무가 말을 하지 않더라도 그 아래에는 저절로 길이 생긴다.
　　　　　　　　　　　　　（　　　　　　　）

주127. [矩 不 心 十 所 而 蹂 欲 從 七]　　　《論語》
　　　 국역：일흔 살에 마음에 하고자 하는 바를 따라도 법도를 넘지 않았노라.
　　　　　　　　　　　　　（　　　　　　　）

주128. [及 及 人 人 以 以 之 之 吾 吾 幼 幼 幼 老 老 老]　　　《孟子》
　　　 국역：내 노인을 노인으로 섬겨서 남의 노인에게까지 미치며, 내 어린이를 어린이로 사랑해서 남의 어린이에게까지 미친다.
　　　　　　　　　　　　　（　　　　　　　）

※ [　　] 부분을 국역하시오.

주129. 關雎 [樂而不淫 哀而不傷]　　　《論語》
　　　　　　　　　　　　　（　　　　　　　）

주130. [飯疏食飮水 曲肱而枕之 樂亦在其中矣]
　　　 不義而富且貴 於我 如浮雲　　　《論語》
　　　　　　　　　　　　　（　　　　　　　）

주131. [利人之言 暖如綿絮 傷人之言 利如荊棘]
　　　　　　　　　　　　　　　　《明心寶鑑》
　　　　　　　　　　　　　（　　　　　　　）

※ 다음을 읽고 물음에 답하시오.

(가) 閨情 － 李玉峯
　　　 有約來何晩　　㉠정매욕사시
　　　 忽聞枝上鵲　　㉡虛畫鏡中眉

(나) 絕命詩 － 黃玹
　　　 鳥獸哀鳴海岳嚬　　槿花世界已㉢침륜
　　　 秋燈掩卷懷千古　　㉣難作人間識字人

(다) ㉤詠井中月 － 李奎報
　　　 山僧貪月色　　幷汲一瓶中
　　　 到寺方應覺　　瓶傾月亦空

주132. ㉠을 漢字(正字)로 쓰시오.
　　　　　　　　　　　　　（　　　　　　　）

주133. ㉡을 국역하시오.
　　　　　　　　　　　　　（　　　　　　　）

주134. (가)의 주제를 쓰시오.
　　　　　　　　　　　　　（　　　　　　　）

주135. ㉢을 漢字(正字)로 쓰시오.
　　　　　　　　　　　　　（　　　　　　　）

주136. ㉣을 국역하시오.
　　　　　　　　　　　　　（　　　　　　　）

주137. ㉤을 국역하시오.
　　　　　　　　　　　　　（　　　　　　　）

주138. (다)의 ‘山僧’이 ‘瓶’에 담은 것을 2개 이상 쓰시오.
　　　　　　　　　　　　　（　　　　　　　）

※ 다음을 읽고 물음에 답하시오.

> 郡守大驚異之하여 自往勞其兩班하고 且問償糴狀이라 兩班氈笠衣短衣하고 伏塗謁稱小人不敢仰視하니 郡守大驚下扶曰 足下何自貶辱若是오 兩班益恐懼하여 頓首俯伏曰 ㉠황송이라 小人非敢自辱오 ㉡<u>已自鬻其兩班以償糴</u>하니 里之富人乃兩班也라 小人復安敢冒其舊號而自尊乎아 郡守歎曰 君子哉富人也여 兩班哉富人也여 富而不吝하니 義也오 急人之難하니 仁也라 ㉢<u>惡卑而慕尊</u>하니 智也라 此眞兩班이라 雖然이나 私自交易而不立券하면 訟之端也라 我與汝約하리니 郡人而證之하고 立券而信之하되 郡守當自署之리라 하고 於是에 郡守歸府하여 悉召郡中之士族㉣及農工商賈하여 悉至于庭하고 富人坐鄉所之右하고 兩班立於公兄之下하여 乃爲立券曰 乾隆十年九月日에 右明文段은 屈賣兩班하여 爲償官穀하니 其㉤<u>直</u>千斛이라 維厥兩班은 名謂多端하니 讀書曰士요 從政爲大夫요 有德爲(㉥)니 武階列西하고 文秩敍東하니 是爲兩班이니 任爾所從하라
>
> 《燕巖集》

주139. ㉠을 漢字(正字)로 쓰시오.

(   )

주140. ㉡을 국역하시오.

(   )

주141. ㉢을 국역하시오.

(   )

주142. 문맥에 맞게 ㉣의 '<u>훈과 음</u>'을 쓰시오.

(   )

주143. 문맥에 맞게 ㉤의 '<u>훈과 음</u>'을 쓰시오.

(   )

주144. ㉥에 들어갈 2음절을 본문에서 찾아 漢字[正字]로 쓰시오.

(   )

※ 다음을 읽고 물음에 답하시오.

> 古之學者는 必有師니 ㉠<u>師者는 所以傳道授業解惑也</u>라 人非生而知之者니 孰能無惑이리요 (㉡)而不從師면 其爲(㉢)也는 終不解矣라 生乎吾前하여 其聞道也가 固先乎吾면 吾從而師之요 生乎吾後라도 其聞道也가 亦先乎吾면 吾從而師之라 ㉣<u>吾師道也</u>니 夫㉤<u>庸</u>知其年之先後生於吾乎리요 是故로 無貴無賤하고 無長無少요 道之所存이 師之所存也라 嗟呼라 師道之不傳也가 久矣니 欲人之無惑也가 難矣라 古之聖人은 其㉥<u>出</u>人也가 遠矣로대 猶且從師而問焉이어늘 今之衆人 其下聖人也가 亦遠矣로대 而恥學於師하니 是故로 聖益聖하고 愚益愚라 聖人之所以爲聖과 愚人之所以爲愚는 皆㉦<u>出</u>於此乎인저
>
> 《古文眞寶》

주145. ㉠을 국역하시오.

(   )

주146. ㉡과 ㉢에 공통으로 들어갈 1음절을 윗글에서 찾아 漢字(正字)로 쓰시오.

(   )

주147. ㉣을 국역하시오.

(   )

주148. 문맥상 ㉤의 의미를 쓰시오.

(   )

주149. 본문의 내용을 참고하여 ㉥과 ㉦의 뜻을 쓰시오.

(㉥:   , ㉦:   )

주150. 윗글의 제목을 漢字(正字)로 쓰시오.

(   )

객관식 (1~50번)

※ 다음 [   ]안의 한자와 음이 같은 한자는?

1. [翳] ① 嫩 ② 簋 ③ 戀 ④ 霓
2. [櫠] ① 蕭 ② 枸 ③ 倏 ④ 漱
3. [僑] ① 轣 ② 蘚 ③ 喘 ④ 餞
4. [耒] ① 瘻 ② 鏤 ③ 瀨 ④ 稜
5. [阻] ① 胙 ② 宵 ③ 艘 ④ 沼

※ 다음 [   ]안의 한자와 음이 <u>다른</u> 한자는?

6. [祁] ① 肌 ② 夔 ③ 祇 ④ 綺
7. [酋] ① 鎚 ② 楢 ③ 諏 ④ 瘳
8. [恙] ① 殤 ② 敍 ③ 痒 ④ 禳
9. [憫] ① 昣 ② 緡 ③ 忞 ④ 吝

※ 다음 [   ]안의 한자와 뜻이 비슷하거나 같은 한자는?

10. [彿] ① 彷 ② 況 ③ 役 ④ 遽
11. [濘] ① 港 ② 沽 ③ 漬 ④ 泥
12. [齔] ① 齷 ② 齬 ③ 齡 ④ 齟
13. [酣] ① 眈 ② 悵 ③ 樂 ④ 醱

※ 나머지 셋과 부수가 <u>다른</u> 한자는?

14. ① 祁 ② 那 ③ 鄙 ④ 鄕
15. ① 頹 ② 郯 ③ 燐 ④ 煦

※ 다음 중 한자어의 독음이 바르지 <u>않은</u> 것은?

16. ① 筌蹄: 전제   ② 鑠金: 낙금
    ③ 賚賞: 뇌상   ④ 面赧: 면난
17. ① 富贍: 부담   ② 粗雜: 조잡
    ③ 鑊烹: 확팽   ④ 咀嚼: 저작
18. ① 薊丘: 계구   ② 漲溢: 창일
    ③ 杖碁: 장기   ④ 縊死: 익사
19. ① 慘憺: 참담   ② 湮滅: 인멸
    ③ 旗旒: 기려   ④ 拿捕: 나포
20. ① 綽約: 작약   ② 蚊蠅: 문승
    ③ 芹誠: 근성   ④ 翅果: 지과

※ [   ] 안의 한자어를 바르게 표기한 것은?

21. [어신필]은 임금의 친필을 가리킨다.
    ① 御蜃筆 ② 御宸畢 ③ 御蜃畢 ④ 御宸筆
22. 그는 [치은염]을 치료하느라 치과에 다니고 있다.
    ① 齒隱炎 ② 齒垠炎 ③ 齒齦炎 ④ 齒殷炎
23. 중부 지방의 장마가 이틀간 [소강상태]에 들어갈 것으로 예측된다.
    ① 消康狀態   ② 小康狀態
    ③ 小降狀態   ④ 消降狀態
24. 이번 대회에서 대상을 받은 그림에 대해 [표절] 시비가 일고 있다.
    ① 慓竊 ② 剽截 ③ 剽竊 ④ 慓截
25. 그의 편지는 [계상]이라는 말로 시작되었다.
    ① 稽顙 ② 屈觴 ③ 稽觴 ④ 屈顙
26. 계곡을 따라 [표지판]대로 오르면 폭포가 나온다.
    ① 標指版 ② 標識版 ③ 標識板 ④ 標指板
27. 신라 풍속에 해마다 2월이 되면 초8일로부터 15일까지 도성의 남녀들이 다투어 흥륜사의 [전탑]을 돌았다.
    ① 塼塔 ② 篆塔 ③ 塡榻 ④ 畑榻

※ [   ] 안에 들어갈 한자어로 알맞은 것은?

28. 다이옥신은 생식 장애, 발암, [   ] 유발을 일으키는 환경 호르몬이다.
    ① 麻綿 ② 甘汞 ③ 餉穀 ④ 畸形
29. 이 방은 너무 커서 하루 종일 [   ]를 해도 끝날 것 같지가 않다.
    ① 孔竅 ② 騙欺 ③ 塗褙 ④ 瓜蔞
30. [   ]에서부터 혈액 순환이 잘되어야 건강에 좋다.
    ① 頁巖 ② 末梢 ③ 茵蔯 ④ 毫釐
31. 범인들은 범행이 [   ] 나자 도주해 버렸다.
    ① 喝采 ② 歆饗 ③ 綻露 ④ 脚光
32. 이것은 환경 조건에 따라 [   ]된 생활 습관이다.
    ① 抹殺 ② 喇叭 ③ 紫癜 ④ 攄得
33. 나는 노인으로 [   ]하고 무대에 올라갔다.
    ① 鎗鈺 ② 扮裝 ③ 舫人 ④ 踏襲
34. 어머니는 다음 주에 심장 [   ] 이식 수술을 받을 예정이다.
    ① 翠嵐 ② 褐斑 ③ 涅槃 ④ 瓣膜

※ 주어진 뜻에 알맞은 한자어는?

35. 남에게 재앙이나 불행이 일어나도록 빌고 바람.
① 詛呪　② 膨脹　③ 喀痰　④ 獰惡

36. 새나 짐승을 그린 그림.
① 翟衣　② 釵釧　③ 翎毛　④ 蝴蝶

37. 백성이 잘 교화됨을 비유적으로 이르는 말.
① 偃草　② 偃息　③ 偃武　④ 偃倦

38. 덜 익은 양귀비 열매에 상처를 내어 흘러나온 진을
굳혀 말린 고무 모양의 흑갈색 물질.
① 俄片　② 啞片　③ 莪片　④ 鴉片

39. 남의 사위를 높여 이르는 말.
① 姊壻　② 壻郎　③ 同壻　④ 令胤

40. 사정, 형편, 방법 따위를 헤아려 계획함.
① 中脘　② 籌劃　③ 紬緞　④ 惻怛

41. 나란히 서서 함께 가거나 옴. 행동을 같이 함.
① 柳絮　② 棕櫚　③ 連袂　④ 雩壇

※ [　　　] 안의 한자성어의 속뜻으로 알맞은 것은?

42. [靑孀寡婦]
① 의지할 만한 사람이 아무도 없음.
② 젊어서 남편을 잃고 홀로된 여자.
③ 임금이 친경할 때 쓰던 직사각형의 대나무 상자.
④ 난처한 일이나 불행한 일이 잇따라 일어남을 이르
는 말.

43. [黍離之歎]
① 시기에 늦어 기회를 놓쳤음을 안타까워하는 탄식.
② 살림이 가난하고 궁색한 데 대한 한탄.
③ 세상의 영고성쇠가 무상함을 탄식하며 이르는 말.
④ 어떤 일에 자기 자신의 힘이 미치지 못할 때에 하
는 탄식을 이르는 말.

44. [鳧燕難明]
① 혼자의 힘만으로 어떤 일을 이루기 어려움을 이르
는 말.
② 길이 어긋나서 서로 만나지 못하여 탄식함을 이르
는 말.
③ 모양은 비록 작아도 제 할 일은 다 한다는 말.
④ 진실을 분간하기 어려움을 나타내는 말.

45. [揠苗助長]
① 성공을 서두르다 도리어 해를 봄을 비유적으로 이
르는 말.
② 잘될 가능성이나 희망이 애초부터 보이지 아니함.
③ 새로 시작하는 것을 처음부터 막거나 아예 없앰.
④ 일이 몹시 난처하게 되어 그대로 할 수도 그만둘
수도 없음.

※ 다음을 읽고 물음에 답하시오.

> 壬戌之秋七月旣ⓐ望에 蘇子與客으로 泛舟하여
> 遊於赤壁之下하니 淸風은 徐來하고 水波는 不興
> 이라 擧酒屬客하여 誦明月之詩하고 歌窈窕之章이
> 러니 ㉠少焉에 月出於東山之上하여 徘徊於斗牛
> 之間이라 白露는 橫江하고 水光은 接天이라 縱一
> 葦之所㉡如하여 ㉢凌萬頃之㉣망연하니 浩浩乎如
> 憑虛御風而不知其所止하고 飄飄乎如遺世獨立
> 하여 羽化而登仙이라 於是에 飮酒樂甚하여 扣舷
> 而歌之하니 歌曰 桂棹兮蘭槳으로 擊空明兮泝流
> 光이로다 渺渺兮余懷여 ⓑ望美人兮天一方이로다
>
> 《古文眞寶》

46. 문맥상 ⓐ와 ⓑ의 품사로 알맞은 것은?
① ⓐ: 명사, ⓑ: 동사
② ⓐ: 동사, ⓑ: 명사
③ ⓐ: 명사, ⓑ: 명사
④ ⓐ: 동사, ⓑ: 동사

47. 문맥상 ㉠의 뜻으로 알맞은 것은?
① 드물다　② 젊다　③ 이윽고　④ 적다

48. 문맥상 ㉡의 뜻으로 알맞은 것은?
① 만약　② 그대　③ 같다　④ 가다

49. 문맥상 ㉢의 뜻으로 알맞은 것은?
① 업신여기다　　　② 넘다
③ 무섭다　　　　　④ 얼리다

50. ㉣을 문맥에 맞게 쓴 것은?
① 忘然　② 忙然　③ 網然　④ 茫然

주관식 I (주1~주100번)

■ [주관식 I]의 답은 [OCR답안지] 주관식 답안란에 검정 색 펜으로 작성하시오.

※ 한자의 훈(뜻)과 음(소리)을 한글로 쓰시오.

주1. 攀 (　　　　)
주2. 恔 (　　　　)
주3. 頯 (　　　　)
주4. 躋 (　　　　)
주5. 箚 (　　　　)
주6. 碏 (　　　　)
주7. 腥 (　　　　)
주8. 弨 (　　　　)
주9. 梁 (　　　　)
주10. 麯 (　　　　)
주11. 痂 (　　　　)
주12. 毫 (　　　　)
주13. 勣 (　　　　)
주14. 獩 (　　　　)
주15. 邃 (　　　　)
주16. 砧 (　　　　)
주17. 鉗 (　　　　)
주18. 臀 (　　　　)
주19. 旬 (　　　　)
주20. 尻 (　　　　)
주21. 嵌 (　　　　)
주22. 爹 (　　　　)

※ 한자의 부수를 漢字(正字)로 쓰시오.

주23. 奧 (　　　)
주24. 鳶 (　　　)
주25. 穎 (　　　)
주26. 惹 (　　　)

※ 훈과 음에 맞는 漢字(正字)를 쓰시오.

주27. 감출　　　　도 (　　　　)
주28. 광주리　　　광 (　　　　)
주29. 혹　　　　　췌 (　　　　)
주30. 새길/송곳　전 (　　　　)
주31. 씹을　　　　서 (　　　　)
주32. 휘장　　　　악 (　　　　)
주33. 역귀쫓을　　나 (　　　　)
주34. 힘쓸　　　　판 (　　　　)
주35. 장가들　　　빙 (　　　　)
주36. 길　　　　　포 (　　　　)

※ ○ 안에 공통으로 들어갈 漢字를 〈보기〉에서 찾아 쓰시오.

〈보기〉	絆 聳 盂 銚 俘 淘 筒 脩

주37. 束○　　　○竹　　　脯○ (　　　　)
주38. 鉢○　　　熟○　　　腎○ (　　　　)
주39. ○金　　　○淸　　　○汰 (　　　　)
주40. ○懼　　　○動　　　○出 (　　　　)

※ 다음 한자어의 독음을 쓰시오.

주41. 嚴飭 (　　　　)
주42. 幢竿 (　　　　)
주43. 賡歌 (　　　　)
주44. 穿鑿 (　　　　)
주45. 蠲減 (　　　　)
주46. 忖度 (　　　　)
주47. 雲鬟 (　　　　)
주48. 玉衡 (　　　　)
주49. 崔嵬 (　　　　)
주50. 訥澁 (　　　　)
주51. 掌拒 (　　　　)
주52. 鋤犁 (　　　　)
주53. 闠肆 (　　　　)
주54. 霑潤 (　　　　)
주55. 餘瀝 (　　　　)
주56. 纏繞 (　　　　)

※ [　　] 안 단어를 문맥에 맞게 漢字(正字)로 쓰시오.

주57. 사진 찍기가 취미였던 그는 자신의 이름을 딴 [현상소]를 차렸다. (　　　　)

주58. 그는 이번에도 신문사가 주관하는 신춘문예 [현상공모]에 응모했다. (　　　　)

주59. 그 야구 선수는 국위 [선양]뿐 아니라 세계적으로도 이름을 높였다. (　　　　)

주60. 한글날을 제정하여 민족 문화의 [선양]에 이바지하였다. (　　　　)

※ 문장에서 잘못 쓴 漢字를 바르게 고쳐 쓰시오.
　[단, 음이 같은 漢字(正字)로 고칠 것.]

주61. 이 飮食店은 彎頭를 專門으로 한다.
　　　　　　　　　　　　　(　　→　　)

주62. 研究팀은 焙芽 줄기細胞와 成體 줄기細胞 등
　　줄기細胞 關聯 分野에서 좋은 成果를 내고 있다.
　　　　　　　　　　　　　(　　→　　)

주63. 船暢에는 貨物船이 다섯 隻이나 碇泊해 船積
　　을 기다렸다.　　　　　(　　→　　)

주64. 勞組의 指導部는 輟夜 籠城에 들어갔다.
　　　　　　　　　　　　　(　　→　　)

주65. 現代 家族의 問題點을 豊刺한 寸劇이 公演
　　되고 있다.　　　　　　(　　→　　)

※ 풀이에 맞게 [　　　] 안의 단어를 漢字(正字)로 쓰
　시오.

주66. [이소] : 남에게 비웃음을 당함. (　　　　)

주67. [대척] : 어떤 사물이나 현상을 비교해 볼 때, 서로
　　정반대가 됨.　　　　　(　　　　)

주68. [이재민] : 재해를 입은 사람.　(　　　　)

주69. [부항] : 부항단지에 불을 넣어 공기를 희박하게
　　만든 다음 부스럼 자리에 붙여 부스럼의 고름이나 독
　　혈을 빨아내는 일.　　　(　　　　)

주70. [내추성] : 옷감에 구김이 잘 가지 않는 성질.
　　　　　　　　　　　　　(　　　　)

주71. [정맥류] : 정맥이 혹처럼 확장된 상태.
　　　　　　　　　　　　　(　　　　)

주72. [압설] : 사이가 너무 가까워서 예의가 없음.
　　　　　　　　　　　　　(　　　　)

주73. [제대] : 태아와 태반을 연결하는 관. 탯줄.
　　　　　　　　　　　　　(　　　　)

주74. [상흔] : 상처를 입은 자리에 남은 흔적.
　　　　　　　　　　　　　(　　　　)

주75. [잠영] : 양반이나 지위가 높은 벼슬아치 또는 그
　　지위를 비유적으로 이르는 말.　(　　　　)

※ 문장 속 [　　] 안의 단어를 漢字(正字)로 쓰시오.

주76. 승인서에는 당사자의 도장 대신 [무인]이 찍혀 있
　　었다.　　　　　　　　　(　　　　)

주77. 백성이 굶주리자 조정에서는 각 관청의 [창름]을
　　열어 구휼하였다.　　　（　　　　)

주78. 원인 치료와 체질 개선을 주로 하는 동양 의학에
　　서는 [명현] 반응을 하나의 호전 현상으로 받아들
　　이고 있다.　　　　　　(　　　　)

주79. 그 사건에 대한 터무니없는 [억측]이 파다하게 퍼
　　졌다.　　　　　　　　　(　　　　)

주80. 그는 마음이 [울적]할 때는 고궁을 찾아가곤 하였
　　다.　　　　　　　　　　(　　　　)

주81. 발표 내용이 너무 어려워서 [부연]이 필요합니다.
　　　　　　　　　　　　　(　　　　)

주82. 그의 [고함]소리는 어둠을 째는 듯하였다.
　　　　　　　　　　　　　(　　　　)

주83. 동네 주민들은 깡패들의 [행패]가 심하여 경찰에
　　신고했다.　　　　　　　(　　　　)

주84 광해군은 [친국]하다가 죄인의 의지에 감복하여
　　오히려 하사품을 내려 방면하였다.
　　　　　　　　　　　　　(　　　　)

주85. 제비나 참새가 어찌 [홍곡]의 뜻을 알 수 있는가.
　　　　　　　　　　　　　(　　　　)

주86. 사방탁자와 문갑이 한 쪽에 놓였고 액자와 [족자]
　　도 서넛 걸려 있었다　　(　　　　)

주87. 이런 콩 [발효] 음식인 된장류는 아시아 곳곳에
　　존재한다.　　　　　　　(　　　　)

주88. 그는 험난한 노정이 담긴 [방대]한 여행 기록을
　　남겼다.　　　　　　　　(　　　　)

주89. 그들 부부는 중년이 넘어서 [원진살]이 끼었다.
　　　　　　　　　　　　　(　　　　)

주90. 이 지역은 물살이 빠르고 곳곳에 [암초]가 있어서
　　배가 다니기에 위험하다.　(　　　　)

※ [　　　] 안의 한자성어의 뜻을 읽고 ○ 안에 들어갈
　알맞은 漢字(正字)를 쓰시오.

주91. [○ 日 之 怪] 신기한 것을 보고 놀람.(　　　　)

주92. [席 ○ 待 罪] 거적을 깔고 엎드려서 임금의 처분
　　이나 명령을 기다리던 일.　(　　　　)

주93. [邯 〇 之 步] 함부로 자기 본분을 버리고 남의 행위를 따라 하면 두 가지 모두 잃는다는 것을 이르는 말.
(   )

주94. [臥 龍 鳳 〇] 때를 기다리는 호걸을 비유해 이르는 말.
(   )

주95. [〇 馬 十 駕] 둔하고 재능이 모자라는 사람도 열심히 하면 훌륭한 사람이 될 수 있음을 비유적으로 이르는 말.
(   )

주96. [〇 然 開 悟] 모르던 일을 갑자기 깨달음.
(   )

주97. [流 言 〇 語] 아무 근거 없이 널리 퍼진 소문.
(   )

주98. [故 〇 事 端] 일부러 말썽이 될 일을 일으킴.
(   )

주99. [畫 龍 點 〇] 무슨 일을 하는 데에 가장 중요한 부분을 완성함을 비유적으로 이르는 말.   (   )

주100. [阿 〇 傾 奪] 지위나 권세가 있는 사람에게 아첨하여 남의 지위를 빼앗음.
(   )

주관식 II (주101~주150번)

■ [주관식 II]의 답은 별도의 [주관식 II 답안지]에 검정색 펜으로 작성하시오.

※ [   ]안의 한자성어 활용이 적절하면 'O', 적절하지 않으면 'X'로 표기하시오.

주101. 세월이 흐르면서 단어의 본의가 바뀌어 쓰이는 일은 [破天荒]의 상태라 할 수 있다.(   )

주102. 병원 영안실 입구에 들어서자 여기저기서 유가족들의 [呱呱之聲]이 들려왔다.   (   )

주103. 그 회사의 경영진은 내실화보다는 무리한 사업 확장만을 고집한 끝에 부도가 나면서 [涸轍鮒魚]의 신세가 되었다.
(   )

주104. 배은망덕도 [類萬不同]이지, 어이가 없어 기가 막힌다.
(   )

※ [   ]안의 문장의 뜻에 부합하는 사자성어를 漢字(正字)로 쓰시오.

주105. [바쁜 가운데서도 짬을 얻어 한가로운 마음]을 즐김도 좋을 것이다.   (   )

주106. 지금 그 약은 나에게 [대나무 조각과 나무 부스러기]처럼 소용이 없다.   (   )

주107. 그는 자신이 들은 말을 [만나는 사람마다 모두 말해] 소문을 퍼프려 비밀이 없다.
(   )

주108. 접촉사고로 경찰서에 온 그들은 몹시 분해하며 서로 [이를 갈고 팔을 걷어붙이며] 다투었다.
(   )

※ 성어의 속뜻을 쓰시오.

주109. 喙長三尺
(   )

주110. 白飯蔥湯
(   )

주111. 山鷄野鶩
(   )

주112. 肉袒負荊
(   )

※ 다음 문장에 해당하는 우리말 속담을 쓰시오.

주113. 夫婦戰 刀割水
(   )

주114. 十人之守 難敵一寇
(   )

주115. 才食一匙 不救腹飢
(   )

주116. 雉之未備 鷄可備數
(   )

※ 문장의 〇에 들어갈 漢字를 〈보기〉에서 찾아 차례대로 쓰시오.

〈보기〉	無 自 於 曰 爲 謂 其 如 不 尙 而 以 寧

주117. 桃李〇言 下〇成蹊   《史記》
(,   )

주118. 虎不知獸畏己〇走也 以〇畏狐也 《戰國策》
(,   )

주119. 詩三百 一言〇蔽之 〇思無邪   《論語》
(,   )

주120. 喪與〇易也 〇戚   《論語》
(,   )

※ 문장의 ○에 들어갈 漢字를 〈보기〉에서 찾아 차례대로 쓰시오.

〈보기〉	時 仁 雕 信 刻 亡 郵 無 愼 粘 德 利 糞

주121. ○之流行 速於置○而傳令　　　　《孟子》
（　　　　　，　　　　）

주122. 朽木 不可○也 ○土之墙 不可圬也　《論語》
（　　　　　，　　　　）

주123. 道千乘之國 敬事而○ 節用而愛人 使民以○　　　　《論語》
（　　　　　，　　　　）

주124. 今人之性 生而有好○焉 順是故 爭奪生 而辭讓○焉　　　　《荀子》
（　　　　　，　　　　）

※ 주어진 국역을 참고하여 [　]안의 漢字들을 알맞게 배열하여 문장을 완성하시오.

주125. [中 如 言 數 守 不 多 窮]　　《老子》
국역: 말을 많이 하면 자주 궁해지니 중도를 지키는 것만 같지 못하니라.
（　　　　　　）

주126. [荊 之 之 如 如 言 言 人 人 利 利 絮 傷 綿 暖 棘]　　《明心寶鑑》
국역: 사람을 이롭게 하는 말은 따뜻하기가 솜 같고 상처 주는 말은 날카롭기가 가시 같다.
（　　　　　　）

주127. 大學之道 [明 明 於 民 德 善 親 至 止 在 在 在]　　《大學》
국역: 대학의 도는 밝은 덕을 밝히는 데 있고, 백성을 새롭게 하는 데 있으며, 지극한 선에 머물게 하는 데 있다.
（　　　　　　）

주128. [己 長 短 罔 恃 彼 談 靡]　　《千字文》
국역: 다른 사람의 단점을 말하지 말고 자기의 장점을 믿지 마라.
（　　　　　　）

※ [　] 부분을 국역하시오.

주129. [後生 可畏 焉知來者之不如今也]　《論語》
（　　　　　　）

주130. [弟子入則孝 出則弟] 謹而信 汎愛衆 而親仁 行有餘力 則以學文　　　　《論語》
（　　　　　　）

주131. 上善若水 [水善利萬物而不爭 處衆人之所惡] 故幾於道　　　　《老子》
（　　　　　　）

※ 다음을 읽고 물음에 답하시오.

(가) 題㉠가야산讀書堂 崔致遠
　　狂噴疊石㉡吼重巒　　人語難分咫尺間
　　常恐是非聲到耳　　㉢故敎流水盡籠山

(나) 大同江 (　ⓐ　)
　　雨歇長堤草色多　　送君南浦動悲歌
　　大同江水何時盡　　別淚年年添綠波

(다) 春望 杜甫
　　國破山河在　　城春草木深
　　㉣감시화천루　　恨別鳥驚心
　　烽火連三月　　家書抵萬金
　　白頭搔更短　　㉤渾欲不勝簪

주132. ㉠을 漢字(正字)로 쓰시오.
（　　　　　　）

주133. ㉡을 국역하시오.
（　　　　　　）

주134. ㉢을 국역하시오.
（　　　　　　）

주135. (나)의 형식을 漢字(正字)로 쓰시오.
（　　　　　　）

주136. ⓐ에 들어갈 (나)의 지은이 성명을 漢字(正字)로 쓰시오.
（　　　　　　）

주137. ㉣을 漢字(正字)로 쓰시오.
（　　　　　　）

주138. ㉤을 국역하시오.
（　　　　　　）

※ 다음을 읽고 물음에 답하시오.

歸去來兮여 請息交以絶游라
世與我而相違하니 復駕言兮焉求리오
悅親戚之情話하고 樂琴書以消憂로다
農人告余以春及하니 將有事于西疇로다
或命巾車하고 或棹孤舟하여
㉠旣窈窕以尋壑하고 亦崎嶇而經丘하니
木欣欣以向榮하고 ㉡泉涓涓而始流라
羨萬物之得時하고 感吾生之行休로다
已矣乎라 ㉢寓形宇內復幾時오
曷不委心任去留하고 胡爲乎遑遑欲何之오
富貴는 非吾願이요 ㉣제향은 不可期라
懷良辰以孤往하고 ㉤或植杖而耘耔라
登東皐以舒嘯하고 臨淸流而賦詩라
㉥聊乘化以歸盡하니 樂夫天命復奚疑아

《古文眞寶》

주139. ㉠을 국역하시오.

（　　　　　　　　　　　　　）

주140. ㉡을 국역하시오.

（　　　　　　　　　　　　　）

주141. ㉢을 국역하시오.

（　　　　　　　　　　　　　）

주142. ㉣을 漢字(正字)로 쓰시오.

（　　　　　　　　　　　　　）

주143. ㉤의 독음을 쓰시오.

（　　　　　　　　　　　　　）

주144. ㉥을 국역하시오.

（　　　　　　　　　　　　　）

※ 다음을 읽고 물음에 답하시오.

三百篇者는 皆忠臣孝子烈婦良友의 ㉠惻怛忠厚之發이니 不愛君憂國면 非詩也요 不傷時憤俗이면 非詩也요 ㉡非有美刺勸懲之義면 非詩也라 故志不立하고 學不醇하며 不聞大道하여 不能有致君㉢택민之心者면 不能作詩라 汝其勉之하라

（중략）

全不(ⓐ)하여 吟風詠月하며 譚棊說酒하여 苟能㉣압운者는 此三家村裏村夫子之詩也라 此後所作은 須以(ⓐ)爲主하라 雖然이나 我邦之人은 ㉤動用中國之事하니 亦是陋品이니라

〈寄淵兒〉

주145. ㉠의 독음을 쓰시오.

（　　　　　　　　　　　　　）

주146. ㉡을 국역하시오.

（　　　　　　　　　　　　　）

주147. ㉢을 漢字로 쓰시오.

（　　　　　　　　　　　　　）

주148. ⓐ에 공통으로 들어갈 2음절의 단어를 漢字로 쓰시오.

（　　　　　　　　　　　　　）

주149. ㉣을 漢字로 쓰시오.

（　　　　　　　　　　　　　）

주150. 문맥상 ㉤의 뜻을 쓰시오.

（　　　　　　　　　　　　　）

한자실력급수 자격시험 사범 연습문제 〈10〉

객관식 (1~50번)

※ 다음 [ ]안의 한자와 음이 같은 한자는?

1. [揠] ① 遏 ② 堰 ③ 鮟 ④ 蘖
2. [蕡] ① 仆 ② 莩 ③ 苯 ④ 轐
3. [怛] ① 姮 ② 捏 ③ 辣 ④ 獺
4. [熲] ① 佯 ② 絅 ③ 滎 ④ 潁
5. [蔿] ① 饐 ② 毅 ③ 諱 ④ 魏

※ 다음 [ ]안의 한자와 음이 <u>다른</u> 한자는?

6. [儺] ① 糯 ② 娜 ③ 懦 ④ 螺
7. [屑] ① 媟 ② 偰 ③ 笹 ④ 挈
8. [徂] ① 蚤 ② 狙 ③ 阻 ④ 稠
9. [廏] ① 裘 ② 韭 ③ 衢 ④ 煦

※ 다음 [ ]안의 한자와 뜻이 비슷하거나 같은 한자는?

10. [儷] ① 伉 ② 俵 ③ 佶 ④ 僊
11. [朧] ① 臆 ② 膵 ③ 朦 ④ 脯
12. [藩] ① 簷 ② 籬 ③ 筑 ④ 籛
13. [呵] ① 譴 ② 諶 ③ 謖 ④ 詡

※ 나머지 셋과 부수가 <u>다른</u> 한자는?

14. ① 哥 ② 嚮 ③ 叶 ④ 轡
15. ① 采 ② 爲 ③ 爵 ④ 爬

※ 다음 중 한자어의 독음이 바르지 <u>않은</u> 것은?

16. ① 憔悴: 초췌 ② 蒇備: 천비 ③ 剔抉: 척결 ④ 擲柶: 정사
17. ① 束脩: 속수 ② 山墅: 산서 ③ 彌勒: 미륵 ④ 梔子: 치자
18. ① 甑餠: 증병 ② 鑊烹: 확팽 ③ 塑像: 삭상 ④ 杳然: 묘연
19. ① 浸漬: 침지 ② 陟岵: 척호 ③ 龕室: 감실 ④ 襦袴: 유고
20. ① 緡錢: 민전 ② 抃踊: 변통 ③ 禪榻: 선탑 ④ 牙箏: 아쟁

※ [ ] 안의 한자어를 바르게 표기한 것은?

21. 민화적인 색채와 도상으로 구성된 그의 작품 세계는 [**단란**]하다.
① 緞鸞 ② 團欒 ③ 團鸞 ④ 緞欒
22. 제가 하는 일이 이 사회에 [**비익**]될 수 있다면 저는 계속해서 이 일을 하고 싶습니다.
① 裨益 ② 庇益 ③ 毖益 ④ 俾益
23. 그는 단 하루도 쉬지 않고 [**황무지**]를 개간하여 마침내 옥토로 만들었다.
① 隍蕪地 ② 荒茂地 ③ 隍茂地 ④ 荒蕪地
24. 할머님은 [**뇌졸중**]을 앓고 나신 후, 지금은 재활 치료를 하고 계신다.
① 腦猝中 ② 腦卒重 ③ 腦卒中 ④ 腦猝重
25. 주전자 뚜껑에는 수증기가 맺혀 맑은 [**증류수**]가 한 줌 정도 고여 있었다.
① 甑溜水 ② 蒸瀏水 ③ 甑瀏水 ④ 蒸溜水
26. 줄 끊긴 [**방패연**]은 바람에 날려 저 멀리 감실감실 사라져 갔다.
① 牓牌鳶 ② 防牌椽 ③ 牓牌椽 ④ 防牌鳶
27. 긴장 때문에 몸이 사르르 떨리고 [**맥박**]이 빨라졌다.
① 驀搏 ② 脈撲 ③ 脈搏 ④ 驀撲

※ [ ] 안에 들어갈 한자어로 알맞은 것은?

28. 그의 성미가 남달리 [ ]하지만 그렇다고 사람을 싫어한다거나 하는 것은 아니다.
① 卜筮 ② 乖愎 ③ 申飭 ④ 蠡測
29. 부자가 천당에 들어가기는 [ ]이/가 바늘구멍으로 들어가기보다 어렵다는 말이 있다.
① 麒麟 ② 海驢 ③ 駱駝 ④ 驤螭
30. [ ]한 옷을 입은 사람들이 파쇠나 유릿조각을 담은 자루를 들고 서 있다.
① 襤褸 ② 彷彿 ③ 炭疽 ④ 殮襲
31. 선생님은 기력이 약해지시어 [ ]하게 말씀을 이어 가셨지만 청중들은 열심히 듣고 있었다.
① 咆哮 ② 滑稽 ③ 訥澁 ④ 餉穀
32. 시외삼촌댁은 스물셋에 시외삼촌을 여의고 [ ]로 험난한 세월을 보냈다.
① 孀婦 ② 蠶婦 ③ 懶婦 ④ 嫡婦
33. 그 선수는 기자 회견 자리에서 올림픽 우승에 대한 강한 자신감을 [ ]했다.
① 奴輩 ② 彙則 ③ 盜癖 ④ 披瀝
34. 승마를 많이 할 경우 대퇴부에 [ ] 증세가 나타날 수 있다.
① 鷄肋 ② 孔竅 ③ 捻挫 ④ 顆粒

※ 주어진 뜻에 알맞은 한자어는?

35. 일의 시초와 끝. 사물이 되어 가는 것을 추측하여 앎.
　　① 中脘　　② 端倪　　③ 獝狘　　④ 佳肴

36. 나는 모양이 가볍고 날쌔다.
　　① 翩翩　　② 猖獗　　③ 過褒　　④ 巍巍

37. 말이나 글자가 잘못됨.
　　① 灑掃　　② 灰燼　　③ 笘子　　④ 舛訛

38. 언덕과 산을 아울러 이르는 말.
　　① 崔嵬　　② 岡巒　　③ 崎嶇　　④ 罕罔

39. 명예를 얻기 위하여 거짓으로 뽐내며 자랑함.
　　① 蚌蛤　　② 喇叭　　③ 喧譁　　④ 衒耀

40. 남을 속이어 재물이나 이익 따위를 빼앗음.
　　① 騙取　　② 報賽　　③ 据置　　④ 肥胖

41. 고요히 눈을 감고 깊이 생각함.
　　① 釵釧　　② 麾下　　③ 瞑想　　④ 不羈

※ [　] 안의 한자성어의 속뜻으로 알맞은 것은?

42. [一敗塗地]
　　① 여지없이 패하여 다시 일어날 수 없게 되는 지경에
　　　이름.
　　② 나라를 위하여 목숨을 돌보지 않고 애를 씀.
　　③ 길거리에 퍼져 돌아다니는 뜬소문.
　　④ 한 번 이기고 한 번 짐.

43. [萬籟俱寂]
　　① 한 사건이 그 사건에 그치지 아니하고 잇따라 많은
　　　사건으로 번짐.
　　② 장교들의 친목과 휴식을 위하여 단위 부대나 특정
　　　지역에 설치한 모임 장소.
　　③ 신라 때의 전설상의 피리.
　　④ 밤이 깊어 아무 소리 없이 아주 고요해짐.

44. [麻中之蓬]
　　① 마의를 입고 풀뿌리와 나무껍질을 먹으면서 여생을
　　　보냄.
　　② 선한 사람과 사귀면 그 감화를 받아 자연히 선해
　　　짐.
　　③ 머리털이 쑥대강이같이 헙수룩하게 마구 흐트러짐.
　　④ 어지럽게 뒤얽힌 사물을 강력한 힘으로 명쾌하게
　　　처리함.

45. [一覽輒記]
　　① 무슨 일이든지 해 보려고 움직이기만 하면 번번이
　　　남에게 꾸지람을 들음.
　　② 총명하고 기억을 잘함.
　　③ 만나는 사람마다 이야기하여 소문을 널리 퍼뜨림.
　　④ 묻는 대로 거침없이 대답함.

※ 다음을 읽고 물음에 답하시오.

　　昔에 有桓因庶子桓雄이 ㉠數意天下하여 貪
求人世어늘　父知子意하고　下視三危太伯하니
可以(　ⓐ　)이라　乃授天符印三個하여　遣往
理之하다　雄이　率徒三千하여　㉡降於太伯山頂
神檀樹下하니　謂之神市오　是謂桓雄天王也라
㉢將風伯雨師雲師하여　而主穀主命主病主刑
主善惡　凡主人間三百六十餘事하여　在世理
化라　時有一熊一虎하여　同穴而居하니　常祈于
神雄하여　願化爲人이라　時神遺靈艾一炷　蒜二
十枚曰　爾輩食之하고　不見日光百日하면　便得
人形하리라하니　熊虎得而食之忌三七日에　熊得
女身이러니　虎不能忌하여　而不得人身이라　熊
女者無與爲婚이라　故每於檀樹下하여　呪願有
孕러니　(　ⓑ　)乃假化而婚之하여　孕生하니　號曰
檀君王儉이라

《三國遺事》

46. 문맥상 ㉠과 독음이 **다른** 것은?
　　① 頻**數**　　　　　② **數**數往來
　　③ **數**尿症　　　　④ **數**罟

47. ⓐ에 들어갈 것으로 알맞은 것은?
　　① 奇貨可居　　　　② 弘益人間
　　③ 大道無門　　　　④ 安心立命

48. 문맥상 ㉡과 뜻이 상대되는 한자가 **아닌** 것은?
　　① 登　　② 昇　　③ 勝　　④ 陟

49. 문맥상 ㉢의 뜻은?
　　① 장차　　② 장군　　③ 나아가다　④ 거느리다

50. ⓑ에 들어갈 것으로 알맞은 것은?
　　① 雄　　② 因　　③ 熊　　④ 虎

■ [주관식 Ⅰ]의 답은 [OCR답안지] 주관식 답안란에 검정
색 펜으로 작성하시오.

※ 한자의 훈(뜻)과 음(소리)을 한글로 쓰시오.

주1. 戀 (　　　　　)
주2. 阤 (　　　　　)
주3. 擘 (　　　　　)
주4. 爰 (　　　　　)
주5. 跋 (　　　　　)
주6. 朶 (　　　　　)
주7. 冪 (　　　　　)
주8. 眸 (　　　　　)
주9. 繞 (　　　　　)
주10. 嫣 (　　　　　)
주11. 謫 (　　　　　)
주12. 悍 (　　　　　)
주13. 瘼 (　　　　　)
주14. 柝 (　　　　　)
주15. 靄 (　　　　　)
주16. 絿 (　　　　　)
주17. 芰 (　　　　　)
주18. 擎 (　　　　　)
주19. 畺 (　　　　　)
주20. 簏 (　　　　　)
주21. 餌 (　　　　　)
주22. 檪 (　　　　　)

※ 한자의 부수를 漢字(正字)로 쓰시오.

주23. 截 (　　　　)
주24. 粥 (　　　　)
주25. 臧 (　　　　)
주26. 寨 (　　　　)

※ 훈과 음에 맞는 漢字(正字)를 쓰시오.

주27. 이를　　　　　예 (　　　　)
주28. 엿볼　　　　　사 (　　　　)
주29. 갓끈　　　　　굉 (　　　　)
주30. 멋대로　　　　천 (　　　　)
주31. 대나무　　　　균 (　　　　)
주32. 질/삼띠　　　　질 (　　　　)
주33. 굽을　　　　　만 (　　　　)
주34. 통나무　　　　박 (　　　　)
주35. 으르렁거릴　　은 (　　　　)
주36. 조심할　　　　기 (　　　　)

※ ○ 안에 공통으로 들어갈 漢字를 〈보기〉에서 찾아 쓰
시오.

〈보기〉	胴　涑　繆　揖　廓　吠　淹　撥

주37. ○博　　○泊　　○滯 (　　　　)
주38. ○衣　　○人形　　○體 (　　　　)
주39. 輪○　　○然　　恢○ (　　　　)
주40. ○禮　　長○　　○讓 (　　　　)

※ 다음 한자어의 독음을 쓰시오.

주41. 餘窠 (　　　　　)
주42. 齟齬 (　　　　　)
주43. 槌擊 (　　　　　)
주44. 闡揚 (　　　　　)
주45. 霰彈 (　　　　　)
주46. 糶糴 (　　　　　)
주47. 肄儀 (　　　　　)
주48. 樗櫟 (　　　　　)
주49. 盥漱 (　　　　　)
주50. 藤蘿 (　　　　　)
주51. 袂口 (　　　　　)
주52. 誘掖 (　　　　　)
주53. 飇馳 (　　　　　)
주54. 黻冕 (　　　　　)
주55. 贍賑 (　　　　　)
주56. 鷲瓦 (　　　　　)

※ [　　] 안 단어를 문맥에 맞게 漢字(正字)로 쓰시오.

주57. 낚시에 관한 책을 세 권만 [추천]해 주십시오.

(　　　　　)

주58. 단옷날 아낙네들은 창포물에 머리를 감고 [추천]을
했다. (　　　　　)

주59. 고주파 전류에 실어 변조된 방송파는 송신 안테나
에 의해 모든 방향으로 [복사]한다.

(　　　　　)

주60. 상업용 소프트웨어를 개인적으로 [복사]하는 것은
법으로 금지되어 있다. (　　　　　)

※ 문장에서 잘못 쓴 漢字를 바르게 고쳐 쓰시오.
[단, 음이 같은 漢字(正字)로 고칠 것.]

주61. 責任感이 없는 사람과 同業을 하다가는 狼沛를
당하기 쉽다.　　　　　　　　　（　　　→　　　）

주62. 敵의 形勢를 斂探한 我軍은 새벽에 奇襲 攻
擊을 하기로 決定했다.　　　　（　　　→　　　）

주63. 競技 中 負傷을 입은 그는 오른쪽 무릎 靭帶가
늘어난 것으로 밝혀졌다.　　　（　　　→　　　）

주64. 그녀는 國文學 分野의 巨擘이다.
　　　　　　　　　　　　　　　（　　　→　　　）

주65. 世界 最大의 漁場들은 大概 大陸繃 위의 比
較的 얕은 바다에 形成되어 있다.
　　　　　　　　　　　　　　　（　　　→　　　）

※ 풀이에 맞게 [　　　] 안의 단어를 漢字(正字)로 쓰
시오.

주66. [배기판] : 내연 기관이나 열기관에서 나오는 가스
나 증기 따위를 뽑아내기 위하여 구멍을 닫았다 열었
다 하는 밸브.　　　　　　　　　　　（　　　）

주67. [곤비] : 아무것도 할 기력이 없을 만큼 지쳐 몹시
고단함.　　　　　　　　　　　　　　（　　　）

주68. [췌언] : 쓸데없는 군더더기 말.　（　　　）

주69. [틈입] : 기회를 타서 느닷없이 함부로 들어감.
　　　　　　　　　　　　　　　　　　（　　　）

주70. [반흔] : 상처나 부스럼 따위가 다 나은 뒤에 남은
자국.　　　　　　　　　　　　　　　（　　　）

주71. [건각] : 한쪽 다리가 짧거나 탈이 나서 뒤뚝뒤뚝
저는 사람을 낮잡아 이르는 말.　　　（　　　）

주72. [효웅] : 사납고 용맹스러운 인물.（　　　）

주73. [반연] : 휘어잡고 의지하거나 기어 올라감.
　　　　　　　　　　　　　　　　　　（　　　）

주74. [금박] : 금이나 금빛 나는 물건을 두드리거나 압
연하여 종이처럼 아주 얇게 눌러서 만든 것.
　　　　　　　　　　　　　　　　　　（　　　）

주75. [천착] : 구멍을 뚫음. 어떤 원인이나 내용 따위를
따지고 파고들어 알려고 하거나 연구함.
　　　　　　　　　　　　　　　　　　（　　　）

※ 문장 속 [　　　] 안의 단어를 漢字(正字)로 쓰시오.

주76. 할아버지는 병원에 가는 것을 한사코 마다하더니
병이 [고황]에 들었다.　　　　　　（　　　）

주77. 한국인은 [은근]과 끈기가 있는 민족이다.
　　　　　　　　　　　　　　　　　　（　　　）

주78. 사막의 [신기루]는 목이 말라 지쳐 버린 사람들을
실성하게 만드는 원인이 되기도 한다.
　　　　　　　　　　　　　　　　　　（　　　）

주79. 할아버지는 늘 [명주]로 지은 한복을 입고 다니셨
다.　　　　　　　　　　　　　　　　（　　　）

주80. 농부들은 [이앙] 준비로 한창 바쁘다.
　　　　　　　　　　　　　　　　　　（　　　）

주81. [패륜]과 폭력이 난무하는 사회가 되었으니 통탄
할 일이다.　　　　　　　　　　　　（　　　）

주82. 달팽이에게 소금을 뿌리면 [삼투] 현상에 의해 몸
에 있던 수분이 밖으로 다 빠져나와 죽게 된다.
　　　　　　　　　　　　　　　　　　（　　　）

주83. 이 시를 악곡에 맞추기 위해서는 조금의 [산삭]과
첨가가 필요하다.　　　　　　　　　（　　　）

주84 인생이란 살아가면서 스스로 [터득]하게 되는 것
이다.　　　　　　　　　　　　　　　（　　　）

주85. 그는 이곳에 대규모 [화훼] 농원을 조성했다.
　　　　　　　　　　　　　　　　　　（　　　）

주86. 위장술이 감쪽같아 [탄로] 나지 않았다.
　　　　　　　　　　　　　　　　　　（　　　）

주87. 관람석에서는 심판의 결정에 항의하는 [야유]가
쏟아졌다.　　　　　　　　　　　　　（　　　）

주88. 사건을 보고도 신고하지 않는 것은 범행을 [방조]
하는 결과가 된다.　　　　　　　　　（　　　）

주89. [병참]이 지원되지 않으면 전쟁에서 승리할 가능
성은 거의 없다.　　　　　　　　　　（　　　）

주90. 아들은 고등학생이 되면서 [수염]이 듬성듬성하게
났다.　　　　　　　　　　　　　　　（　　　）

※ [　　　] 안의 한자성어의 뜻을 읽고 ○ 안에 들어갈
알맞은 漢字(正字)를 쓰시오.

주91. [怒 ○ 拔 劍] 사소한 일에 화를 내거나 작은 일
에 어울리지 않게 커다란 대책을 세움.
　　　　　　　　　　　　　　　　　　（　　　）

주92. [○ 土 重 來] 한 번 실패하였으나 힘을 회복하여 다시 쳐들어옴. (　　　)

주93. [光 風 ○ 月] 마음이 넓고 쾌활하여 아무 거리낌이 없는 인품을 비유적으로 이르는 말. (　　　)

주94. [哀 號 ○ 泣] 슬프게 부르짖고 눈물을 흘리며 욺. (　　　)

주95. [堤 潰 ○ 穴] 소홀히 한 작은 일이 큰 화를 불러 옴. (　　　)

주96. [十 ○ 一 飯] 여러 사람이 조금씩 힘을 합하면 한 사람을 돕기 쉬움. (　　　)

주97. [彫 蟲 ○ 刻] 남의 글귀를 토막토막 따다가 맞추는 서투른 재간. (　　　)

주98. [吮 ○ 舐 痔] 남에게 지나치게 아첨함. (　　　)

주99. [意 氣 ○ 沈] 기운이 없어지고 풀이 죽음. (　　　)

주100. [惑 世 ○ 民] 세상을 어지럽히고 백성을 미혹하게 하여 속임. (　　　)

주관식 II (주101~주150번)

■ [주관식 II]의 답은 별도의 [주관식 II 답안지]에 검정색 펜으로 작성하시오.

※ [　　] 안의 한자성어 활용이 적절하면 'O', 적절하지 않으면 'X'로 표기하시오.

주101. 오랜만에 상다리가 휘어지도록 [珍羞盛饌]을 받아보았다. (　　　)

주102. 그녀는 여러 해 동안 신약 개발에 [苦心慘憺] 하던 끝에 성공하였다. (　　　)

주103. 질서 있게 계획대로 진행된 올림픽 개막식은 그야 말로 [阿鼻叫喚]이었다. (　　　)

주104. 직책은 다하지 못하면서도 관록만 타 먹고 있으니 [尸位素餐]이라 할 만하다. (　　　)

※ [　　] 안의 문장의 뜻에 부합하는 사자성어를 漢字(正字)로 쓰시오.

주105. [기러기 발자국은 눈이 녹으면 없어지듯이,] 인 생의 자취도 눈 녹듯이 사라지겠지! (　　　)

주106. 그의 작품은 [모래톱에 내려앉은 기러기]처럼 매우 훌륭했다. (　　　)

주107. 자신의 잘못을 깨달은 염파는 [웃통 벗어 상체를 드러내고 가시나무를 짊어지고서] 인상여를 찾아 가 사과했다. (　　　)

주108. 세자는 부왕의 노여움을 가라앉히기 위해 [거적을 깔고 자신의 죄과에 대해 벌을 내려주길 기다 렸다.] (　　　)

※ 성어의 속뜻을 쓰시오.

주109. 冬溫夏淸
(　　　　　　　　　　　　　)

주110. 琴瑟之樂
(　　　　　　　　　　　　　)

주111. 寬弘磊落
(　　　　　　　　　　　　　)

주112. 三年不蜚
(　　　　　　　　　　　　　)

※ 다음 문장에 해당하는 우리말 속담을 쓰시오.

주113. 不燃之突 煙不生
(　　　　　　　　　　　　　)

주114. 鯨戰蝦死
(　　　　　　　　　　　　　)

주115. 不入虎穴 不得虎子
(　　　　　　　　　　　　　)

주116. 邀處無 往處多
(　　　　　　　　　　　　　)

※ 문장의 ○에 들어갈 漢字를 〈보기〉에서 찾아 차례대로 쓰시오.

〈보기〉	固 猶 于 之 莫 以 而 且 自 焉 其 亦 是

주117. 天作孽 ○可違 ○作孽 不可活 《孟子》
(　　　,　　　)

주118. 學不可以已 靑取之於藍○靑於藍 氷水爲○ 而寒於水 《荀子》
(　　　,　　　)

주119. 孔子○天縱之聖 轍環天下 道不得行○世 《童蒙先習》
(　　　,　　　)

주120. 金玉滿堂 ○之能守 富貴而驕 自遺○咎 《老子》
(　　　,　　　)

※ 문장의 ○에 들어갈 漢字를 〈보기〉에서 찾아 차례대
로 쓰시오.

〈보기〉	處 惡 能 義 覆 仁 止 浮 延 過 良 知 行

주121. 日月逝矣 歲不我○ 嗚呼老矣 是誰之○
《古文眞寶》
(　　　，　　　)

주122. 里仁 爲美 擇不○仁 焉得○　　　《論語》
(　　　，　　　)

주123. 飯疏食飲水 曲肱而枕之 樂亦在其中矣 不
○而富且貴 於我 如○雲　　　《論語》
(　　　，　　　)

주124. 舟○乃見善游 馬奔乃見○御　　　《淮南子》
(　　　，　　　)

※ 주어진 국역을 참고하여 [　　]안의 漢字들을 알
맞게 배열하여 문장을 완성하시오.

주125. 賢者 [其使人以昭昭昭昭]　　　《孟子》
국역: 어진 자는 자기의 밝음으로 다른 사람을 밝게 한다.
(　　　　　　　　　　　　　　)

주126. [海擇故不流深細河]　　　《十八史略》
국역: 큰 바다는 작은 물줄기일망정 가리지 않았기에 깊어졌
다.
(　　　　　　　　　　　　　　)

주127. [婚論虜也道財娶之而夷]　　　《明心寶鑑》
국역: 시집가고 장가드는 데 재물을 논함은 오랑캐들의 도이
니라.
(　　　　　　　　　　　　　　)

주128. [見達大利不不小成事速欲則則]
《論語》
국역: 속히 하려 하면 제대로 되지 못하고, 작은 이익을 보면
큰일이 이루어지지 못한다.
(　　　　　　　　　　　　　　)

※ [　　] 부분을 국역하시오.

주129. 天之生物 必因其材而篤焉 故[栽者培之 傾
者覆之]　　　《中庸》
(　　　　　　　　　　　　　　)

주130. [善始者實繁 克終者蓋寡]　　　《貞觀政要》
(　　　　　　　　　　　　　　)

주131. 出門如見大賓 [使民如承大祭]《小學/論語》
(　　　　　　　　　　　　　　)

※ 다음을 읽고 물음에 답하시오.

(가) ㉠奉使入金 - 陳華
　㉡西華已㉢蕭索　　北塞尙昏夢
　坐待文明旦　　　　天東日欲紅

(나) 鄭瓜亭 - 李齊賢
　憶君無日不霑衣　　政似春山㉣쵹자규
　㉤爲是爲非人莫問　　只應殘月曉星知

(다) 花石亭 -李珥
　林亭秋已晚　　騷客意無窮
　遠水連天碧　　霜楓向日(ⓐ)
　㉥산토고륜월　　㊀江含萬里風
　塞鴻何處去　　聲斷暮雲中

주132. ㉠을 국역하시오.
(　　　　　　　　　　　　　　)

주133. ㉡이 가리키는 대상을 2음절 漢字語를 漢字(正
字)로 쓰시오.
(　　　　　　　　　　　　　　)

주134. ㉢의 뜻을 쓰시오.
(　　　　　　　　　　　　　　)

주135. ㉣을 漢字(正字)로 쓰시오.
(　　　　　　　　　　　　　　)

주136. ㉤을 국역하시오.
(　　　　　　　　　　　　　　)

주137. 문맥과 韻字를 고려할 때, ⓐ에 들어갈 알맞은
漢字(正字)를 쓰시오.
(　　　　　　　　　　　　　　)

주138. ㊀과 대구가 되도록 ㉥을 漢字(正字)로 쓰시오.
(　　　　　　　　　　　　　　)

夫天地者는 萬物之㉠<u>역려</u>요 光陰者는
百代之過客이라 而浮生이 若夢하니 爲歡이
幾何오 ㉡<u>古人秉燭夜遊</u>가 <u>良有以也</u>로다
況陽春은 召我以煙景하고 大塊는 假我以
文章이라 會桃李之芳園하야 序天倫之樂
事하니 群季俊秀는 皆爲惠連이어늘 吾人詠
歌는 獨慙康樂이라 幽賞이 未已에 高談이
轉淸하야 開㉢<u>瓊筵</u>以坐花하고 飛羽觴而醉
月하니 不有佳作이면 何伸㉣<u>아회</u>리오 ㉤<u>如詩</u>
不成이면 罰依金谷酒數하리라

《古文眞寶》

주139. ㉠을 漢字(正字)로 쓰시오.

( )

주140. ㉡을 국역하시오.

( )

주141. ㉢의 독음을 쓰시오.

( )

주142. ㉣을 漢字(正字)로 쓰시오.

( )

주143. 문맥상 ㉤을 대신해서 쓸 수 있는 漢字를 본문
　　　에서 찾아 쓰시오.

( )

주144. 윗글의 제목을 漢字(正字)로 쓰시오.

( )

人(ⓐ)之動이 因言以宣하나니

發禁㉠<u>조망</u>이라야 內斯靜專하나니라

矧是㉡<u>추기</u>라 興㉢<u>戎</u>出好하나니

吉凶榮辱이 惟其所召니라

傷(ⓑ)則誕이요 傷(ⓒ)則支하며

己肆物忤하고 出悖來違하나니

㉣<u>非法不道</u>하야 欽哉訓辭하라

〈言箴〉

주145. ⓐ에 들어갈 漢字(正字)를 쓰시오.

( )

주146. ㉠을 漢字(正字)로 쓰시오.

( )

주147. ㉡을 漢字(正字)로 쓰시오.

( )

주148. 문맥상 ㉢의 뜻을 쓰시오.

( )

주149. 문맥상 ⓑ와 ⓒ에 들어갈 漢字(正字)를 쓰시
　　　오.

(ⓑ: , ⓒ:)

주150. ㉣을 국역하시오.

( )

한자실력급수 자격시험 사범 연습문제 〈11〉

한자실력급수 자격시험 사범 연습문제 〈11〉

객관식 (1~50번)

※ 다음 [　]안의 한자와 음이 같은 한자는?

1. [擺]　① 朶　② 陏　③ 怕　④ 捌
2. [炒]　① 乍　② 撮　③ 銷　④ 憔
3. [颯]　① 棟　② 鈑　③ 噬　④ 槊
4. [褌]　① 饉　② 鵠　③ 圣　④ 錕
5. [汭]　① 霓　② 嶸　③ 穎　④ 籲

※ 다음 [　]안의 한자와 음이 <u>다른</u> 한자는?

6. [徽]　① 諱　② 麾　③ 煊　④ 暉
7. [勾]　① 瞿　② 珝　③ 璆　④ 廐
8. [岵]　① 澔　② 瓠　③ 栲　④ 蒿
9. [歛]　① 瞼　② 紺　③ 橄　④ 嵌

※ 다음 [　]안의 한자와 뜻이 비슷하거나 같은 한자는?

10. [雕]　① 鉼　② 鈲　③ 鉤　④ 鏤
11. [戾]　① 悉　② 乖　③ 勃　④ 罕
12. [驟]　① 馳　② 駘　③ 驄　④ 驢
13. [檻]　① 卥　② 裘　③ 枏　④ 圂

※ 나머지 셋과 부수가 <u>다른</u> 한자는?

14. ① 斑　② 瑂　③ 瑣　④ 璱
15. ① 辨　② 辯　③ 瓣　④ 辦

※ 다음 중 한자어의 독음이 바르지 <u>않은</u> 것은?

16. ① 嘶號: 사호　　② 儳說: 사설
　　③ 附缸: 부항　　④ 釉藥: 유약
17. ① 纏綿: 전면　　② 標幟: 표치
　　③ 梭田: 준전　　④ 顧眄: 고면
18. ① 倉廩: 창품　　② 箚子: 차자
　　③ 眞荏: 진임　　④ 逡巡: 준순
19. ① 煦噓: 후허　　② 洶湧: 흉용
　　③ 甘藷: 감저　　④ 鑊烹: 확팽
20. ① 城堞: 성첩　　② 翳屬: 예속
　　③ 絢爛: 현란　　④ 裌衣: 협의

※ [　] 안의 한자어를 바르게 표기한 것은?

21. 허위 고소는 [무고죄]의 대상이 된다.
　　① 誣告罪　② 誣辜罪　③ 巫辜罪　④ 巫告罪
22. 이 지구상에는 단 하루도 싸움이 [종식]된 날이 없다.
　　① 終蝕　　② 終拭　　③ 終息　　④ 終熄
23. 지난주에 갑자기 [우박]이 심하게 내려서 농작물이 큰 피해를 입었다.
　　① 雨膊　　② 雨樸　　③ 雨雹　　④ 雨箔
24. 그는 속세를 벗어나 [유수]한 협곡 사이에 자리를 잡고 나물과 약초를 캐며 살아갔다.
　　① 濡邃　② 誘邃　③ 踰邃　④ 幽邃
25. 엑스레이 촬영 결과 [요추] 4번이 함몰되어 있었다.
　　① 腰酋　② 腰椎　③ 腰皺　④ 腰鞦
26. [수류탄]을 투척할 때는 안전 수칙을 지켜야 한다.
　　① 銖留彈　② 手劉彈　③ 手榴彈　④ 銖琉彈
27. 백포도주는 청포도나 일부 적포도를 [압착]하여 나온 주스를 발효시켜 만든다.
　　① 押搾　② 壓搾　③ 壓窄　④ 押窄

※ [　] 안에 들어갈 한자어로 알맞은 것은?

28. 도전자는 통쾌한 케이오 승을 거두겠다고 [　]을 토하고 있다.
　　① 誑惑　② 丘壟　③ 氣焰　④ 均霑
29. 공장의 폐수가 [　]되지 않은 채 강으로 방출되고 있다.
　　① 濾過　② 蚌珠　③ 胖大　④ 醱酵
30. 도회청 앞에는 각색 기치 외에 창검과 [　]을/를 벌여 세웠다.
　　① 餘燼　② 耘鋤　③ 擲柶　④ 斧鉞
31. 갑작스럽게 무리한 운동을 하면 십자 [　]가 손상될 수 있다.
　　① 靭帶　② 琉璃　③ 朝貢　④ 猝地
32. 우리 팀은 준결승에서 강팀을 만나 [　]한 패배를 당했다.
　　① 胴體　② 鬚髥　③ 暈輪　④ 慘憺
33. 아이들이 내 모습을 보고 킥킥대며 웃을 때마다 나는 [　]스럽고 화가 났다
　　① 披瀝　② 衒耀　③ 猖披　④ 唐椒
34. 늦은 가을밤의 풀벌레 소리가 매우 [　]했다.
　　① 孩提　② 凄涼　③ 露臀　④ 破甌

※ 주어진 뜻에 알맞은 한자어는?

35. 제후의 나라에 설치한 대학. 성균관과 문묘를 통틀어
　　이르는 말.
　　① 泮宮　　② 穰田　　③ 山墅　　④ 菰根

36. 임금의 생각 또는 걱정.
　　① 瞰下　　② 闕如　　③ 剩餘　　④ 宸念

37. 번거롭고 어수선한 일.
　　① 急煞　　② 煩冗　　③ 菫花　　④ 總攬

38. 명주와 비단 따위를 통틀어 이르는 말.
　　① 悲吼　　② 簡牘　　③ 賄賂　　④ 紬緞

39. 난리를 평온하게 진정시킴.
　　① 戡亂　　② 混亂　　③ 擾亂　　④ 騷亂

40. 재능이나 학식 따위를 숨겨 감춤. 종적을 감춤.
　　① 短著　　② 茶啖　　③ 韜晦　　④ 雙翼

41. 깨끗하고 순수한 알짜. 정수가 될 만한 뛰어난 부분.
　　① 菁華　　② 冪數　　③ 曼壽　　④ 寮元

※ [　　] 안의 한자성어의 속뜻으로 알맞은 것은?

42. [阿諛苟容]
　　① 구차하게 눈앞의 일시적인 안일을 탐하며 되는대로
　　　살아감.
　　② 일이 잘못된 것을 임시변통으로 이리저리 주선해서
　　　구차스럽게 꾸며 맞춤.
　　③ 위험이나 재난 따위에서 간신히 벗어남.
　　④ 남에게 아첨하여 구차스럽게 굶.

43. [摩頂放踵]
　　① 따끔한 충고나 교훈.
　　② 온몸을 바쳐서 남을 위하여 희생함.
　　③ 사물이나 사건이 잇따라 생김.
　　④ 남의 뒤에 바싹 붙어서 따름.

44. [暘谷]
　　① 소리가 산과 골짜기에 울림.
　　② 골짜기 밑에 발달한 평야.
　　③ 해가 처음 돋는 곳.
　　④ 해가 진다고 하는 서쪽의 큰 못.

45. [弄璋之慶]
　　① 딸을 낳은 즐거움.
　　② 아들을 낳은 즐거움.
　　③ 늙어서 효도함.
　　④ 정신이 한곳에 온통 쏠려 스스로를 잊고 있는 경
　　　지.

※ 다음을 읽고 물음에 답하시오.

(가) 訪金居士野居 – 鄭道傳
　　秋陰㉠막막四山空　　落葉無聲滿地紅
　　立馬溪橋問歸路　　不知身在畫圖中

(나) 雎鳩
　　ⓐ關關雎鳩　　在河之洲
　　窈窕淑女　　ⓑ君子好逑
　　ⓒ參差荇菜　　左右流之
　　窈窕淑女　　寤寐求之
　　求之不得　　寤寐思㉡服
　　ⓓ悠哉悠哉　　輾轉反側

46. ㉠을 漢字로 알맞게 쓴 것은?
　　① 邈邈　　② 漠漠　　③ 幕幕　　④ 寞寞

47. (가)에 대한 설명으로 옳지 <u>않은</u> 것은?
　　① 계절적 배경은 가을이다.
　　② 物我一體를 표현하였다.
　　③ 과장법을 사용하였다.
　　④ 청각적 표현과 시각적 표현이 뛰어나다.

48. (가)의 韻字를 모두 찾은 것은?
　　① 紅, 中　　　　② 空, 中
　　③ 空, 紅, 路, 中　　④ 空, 紅, 中

49. 문맥상 ㉡의 뜻은?
　　① 생각하다　② 옷　　③ 다스리다　④ 익히다

50. ⓐ~ⓓ의 풀이로 옳지 <u>않은</u> 것은?
　　① ⓐ: 관문 근처의 물수리 새
　　② ⓑ: 군자의 좋은 짝이다
　　③ ⓒ: 들쭉날쭉한 마름 나물
　　④ ⓓ: 아득하고 아득하다

■ [주관식 I]의 답은 [OCR답안지] 주관식 답안란에 검정
색 펜으로 작성하시오.

※ 한자의 훈(뜻)과 음(소리)을 한글로 쓰시오.

주1. 梳　（　　　　　　）
주2. 杠　（　　　　　　）
주3. 逗　（　　　　　　）
주4. 醞　（　　　　　　）
주5. 颺　（　　　　　　）
주6. 涸　（　　　　　　）
주7. 喃　（　　　　　　）
주8. 蕊　（　　　　　　）
주9. 涎　（　　　　　　）
주10. 些　（　　　　　　）
주11. 蛾　（　　　　　　）
주12. 駕　（　　　　　　）
주13. 琿　（　　　　　　）
주14. 蕁　（　　　　　　）
주15. 褙　（　　　　　　）
주16. 晴　（　　　　　　）
주17. 秕　（　　　　　　）
주18. 寰　（　　　　　　）
주19. 夔　（　　　　　　）
주20. 闡　（　　　　　　）
주21. 瘳　（　　　　　　）
주22. 寯　（　　　　　　）

※ 한자의 부수를 漢字(正字)로 쓰시오.

주23. 皺　（　　　　　）
주24. 酋　（　　　　　）
주25. 矗　（　　　　　）
주26. 釆　（　　　　　）

※ 훈과 음에 맞는 漢字(正字)를 쓰시오.

주27. 속눈썹　　　　첩　（　　　　　　）
주28. 거를　　　　　려　（　　　　　　）
주29. 고치　　　　　견　（　　　　　　）
주30. 공경할　　　　옹　（　　　　　　）
주31. 여뀌　　　　　료　（　　　　　　）
주32. 젓갈　　　　　해　（　　　　　　）

주33. 시끄러울　　　화　（　　　　　　）
주34. 구멍　　　　　규　（　　　　　　）
주35. 소경　　　　　몽　（　　　　　　）
주36. 덧널　　　　　곽　（　　　　　　）

※ ○ 안에 공통으로 들어갈 漢字를 〈보기〉에서 찾아 쓰
시오.

〈보기〉	柵　蔭　歎　幾　娣　狃　悖　孌

주37. ○德　　　茂○　　　○職　　　（　　　）
주38. ○昵　　　親○　　　○藝　　　（　　　）
주39. 災○　　　○年　　　凶○　　　（　　　）
주40. 內○　　　○臣　　　房○　　　（　　　）

※ 다음 한자어의 독음을 쓰시오.

주41. 摺扇　　　（　　　　　　）
주42. 簪笏　　　（　　　　　　）
주43. 肄習　　　（　　　　　　）
주44. 蹄齧　　　（　　　　　　）
주45. 迤衍　　　（　　　　　　）
주46. 稽顙　　　（　　　　　　）
주47. 蹲縮　　　（　　　　　　）
주48. 禪榻　　　（　　　　　　）
주49. 瞑眩　　　（　　　　　　）
주50. 嗤笑　　　（　　　　　　）
주51. 齎用　　　（　　　　　　）
주52. 耒耜　　　（　　　　　　）
주53. 痔瘻　　　（　　　　　　）
주54. 豕喙　　　（　　　　　　）
주55. 沈漬　　　（　　　　　　）
주56. 惆悵　　　（　　　　　　）

※ [　　] 안 단어를 문맥에 맞게 漢字(正字)로 쓰시오.

주57. [삽시]했던 숟가락을 뽑으면서 흰 밥알 몇 알을 숭늉
대접에 담갔다.　　　　　　　　（　　　　　　）
주58. [삽시]라는 한자어보다는 '엷은 감'이라는 표현이 이해
하기가 쉽다.　　　　　　　　　（　　　　　　）
주59. [영악무도]한 침략자와는 끝까지 싸워야 한다.
　　　　　　　　　　　　　　　（　　　　　　）
주60. 그는 아주 [영악]하고 이해타산이 빠른 사람이다.
　　　　　　　　　　　　　　　（　　　　　　）

※ 문장에서 잘못 쓴 漢字를 바르게 고쳐 쓰시오.
  [단, 음이 같은 漢字(正字)로 고칠 것.]

주61. 이 作品은 韓國 文學史에서 量的으로 가장
      髮大한 小說에 屬한다.   (→   )

주62. 공책에 그어진 掛線에 맞춰 또박또박 글씨를 쓰는
      연습을 했다.   (→   )

주63. 戰爭 後遺症에 시달리는 傷餌軍人은 國家가
      責任지고 돌보아야 한다.   (→   )

주64. 一般的으로 液體를 加熱할 때의 膨廠 程度는
      固體보다 크고 氣體보다는 작다.
                      (→   )

주65. 時代를 風媚한 女俳優들의 代表作을 다시 鑑
      賞하는 特別展이 열린다.   (→   )

※ 풀이에 맞게 [   ] 안의 단어를 漢字(正字)로 쓰
  시오.

주66. [저욕] : 헐뜯어 욕되게 함.   (   )

주67. [예토] : 더러운 땅이라는 뜻으로, '이승'을 달리
      이르는 말.   (   )

주68. [폄훼] : 남을 깎아내려 헐뜯음.   (   )

주69. [변용] : 기뻐서 손뼉을 치며 덩실덩실 춤을 춤.
                      (   )

주70. [불수강] : 니켈, 크롬 등을 많이 포함하고 있어 쉽
      게 녹슬지 않는 강철.   (   )

주71. [질타] : 큰 소리로 꾸짖음.   (   )

주72. [췌객] : 처가의 관점에서 사위를 이르는 말.
                      (   )

주73. [전별금] : 보내는 쪽에서 예를 차려 작별할 때에
      떠나는 사람을 위로하는 뜻에서 주는 돈.
                      (   )

주74. [감실] : 사당 안에 신주를 모셔 두는 장.
                      (   )

주75. [경제 공황] : 자본주의 경제에서, 상품의 생산과
      소비의 균형이 깨지고 산업이 침체하고 기업이 파산하
      며 실업자가 많이 생기는 등 경제가 급격하게 혼란에
      빠지는 현상.   (   )

※ 문장 속 [   ] 안의 단어를 漢字(正字)로 쓰시오.

주76. [석굴암]의 놀라운 정교함과 심오한 균형미에 감
      탄할 따름이다.   (   )

주77. 그 사람과는 오래 [격조]하여 연락처도 알지 못한
      다.   (   )

주78. 이것은 허위로 [날조]된 모략이다.
                      (   )

주79. 대회에 참가한 선수단을 대표하여 한 선수가 정정
      당당한 승부를 다짐하는 [선서]를 했다.
                      (   )

주80. 적의 선제공격에 대비하여 [요격] 미사일 발사 기
      지 한 곳을 더 건설하기로 하였다.
                      (   )

주81. 당뇨병은 [췌장]에서 분비하는 인슐린에 문제가
      생길 때 발생한다.   (   )

주82. 소독약을 바르고 그 위에 [연고]를 덧발랐다.
                      (   )

주83. 안성의 [유기]는 예로부터 유명하다.
                      (   )

주84 청렴하고 검소한 선비는 [온포]를 입고도 만족하
     였다.   (   )

주85. [변려문]은 중국의 육조와 당나라 때 성행한 한문
      문체로, 문장 전편이 대구로 구성되어 읽는 이에게
      아름다운 느낌을 준다.   (   )

주86. 전투가 끝난 벌판에서는 [초연]이 자욱하였다.
                      (   )

주87. 궁궐에서는 왕세자의 세자 [책봉]을 축하하는 풍
      악이 울려 퍼졌다.   (   )

주88. 그들은 [철천지원수]가 되어 평생 서로를 미워하
      였다.   (   )

주89. 화산 지대에는 유황 냄새를 풍기며 솟아오르는 수
      많은 [간헐천]이 있다.   (   )

주90. 포도밭에는 탐스러운 [청포도]가 주렁주렁 열렸
      다.   (   )

※ [   ] 안의 한자성어의 뜻을 읽고 ○ 안에 들어갈
  알맞은 漢字(正字)를 쓰시오.

주91. [○牆 之 變] 밖에서 남이 들어와 일으킨 것이 아
      니라 내부에서 일어난 변란.   (   )

주92. [輻 輳 幷 ○] 수레의 바퀴통에 바큇살이 모이듯
      한다는 뜻으로, 한곳으로 많이 몰려듦.   (   )

주93. [束 ○ 之 禮] 제자가 되려고 스승을 처음 뵐 때에
      드리는 예물.   (   )

주94. [○禍求福] 재앙을 물리치고 복을 구함.
（　　　　　）

주95. [殘杯冷○] 마시다 남은 술과 다 식은 안주라는
뜻으로, 보잘것없는 음식을 비유적으로 이르는 말.
（　　　　　）

주96. [○視跛履] 애꾸가 환히 보려 하고 절름발이가
먼 길을 걸으려 한다는 뜻으로, 분에 넘치는 일을
하다가는 오히려 화를 자초함을 이르는 말
（　　　　　）

주97. [冬溫夏○] 겨울에는 따뜻하게, 여름에는 서늘하
게 한다는 뜻으로, 부모를 잘 섬기어 효도함을 이르는
말.
（　　　　　）

주98. [○粟之文] 일반 사람들이 두루 알 수 있는 쉬
운 글.
（　　　　　）

주99. [暴○天物] 물건을 아까운 줄 모르고 마구 써 버
리거나 아껴 쓰지 아니하고 함부로 버림.
（　　　　　）

주100. [平沙落○] 글씨나 문장이 매끈하게 잘된 것을
비유적으로 이르는 말.
（　　　　　）

주관식 Ⅱ （주101~주150번）

■ [주관식Ⅱ]의 답은 별도의 [주관식Ⅱ 답안지]에 검정색 펜
으로 작성하시오.

※ [　　] 안의 한자성어 활용이 적절하면 ‘O’, 적절하
지 않으면 ‘X’로 표기하시오.

주101. 무심한 듯 [彫蟲篆刻]한 조각품은 흠잡을 데 없
이 훌륭했다.　　　　　　　（　　　　　）

주102. 두 사람은 난관 속에서도 서로 [龍虎相搏]하여
임무를 무사히 완수할 수 있었다.　（　　　　　）

주103. 그 정도 일에 이성을 잃고 행동하니 [見蚊拔劍]
이라 할 수 있겠다.　　　　　（　　　　　）

주104. 그는 [冢中枯骨]처럼 뛰어난 재능의 소유자이
다.　　　　　　　　　　　（　　　　　）

※ [　　] 안의 문장의 뜻에 부합하는 사자성어를 漢
字(正字)로 쓰시오.

주105. 물건을 샀을 뿐인데 경품까지 당첨되다니, [노루
를 쫓다가 생각지도 않았던 토끼가 걸려든] 격이
구나.　　　　　　　　　　（　　　　　）

주106. 그 약만 먹는다면 [구름이 걷히고 하늘이 맑게
개듯이] 병이 말끔히 나을 듯했다.
（　　　　　）

주107. 님을 그리는 마음에 [누워서도 이리저리 뒤척이
며 잠을 이룰 수 없었다.]
（　　　　　）

주108. ‘주역’은 64개의 괘로 [만 가지 무리와 여러 현상
]을 설명한다.　　　　（　　　　　）

※ 성어의 속뜻을 쓰시오.
주109. 堤潰蟻穴
（　　　　　　　　　　　　）

주110. 多岐亡羊
（　　　　　　　　　　　　）

주111. 庖丁解牛
（　　　　　　　　　　　　）

주112. 汗出沾背
（　　　　　　　　　　　　）

※ 다음 문장에 해당하는 우리말 속담을 쓰시오.
주113. 上濁下不淨
（　　　　　　　　　　　　）

주114. 他人之宴 曰梨曰枾
（　　　　　　　　　　　　）

주115. 亡羊補牢
（　　　　　　　　　　　　）

주116. 下石上臺
（　　　　　　　　　　　　）

※ 문장의 ○에 들어갈 漢字를 〈보기〉에서 찾아 차례대
로 쓰시오.

〈보기〉　　爲 也 之 與 於 不 所 而 焉 若 諸 夫 自

주117. 上善○水 水善利萬物而不爭 處衆人之○惡
故幾於道　　　　　　　　《老子》
（　　　，　　　）

주118. 溫故○知新 可以○師矣　　　《論語》
（　　　，　　　）

주119. ○賢士之處世也 譬若錐○處囊中　《史記》
（　　　，　　　）

주120. 責難○君 謂之恭 陳善閉邪 謂之敬 吾君○
能 謂之賊　　　　　　　　《孟子》
（　　　，　　　）

※ 문장의 ○에 들어갈 漢字를 〈보기〉에서 찾아 차례대로 쓰시오.

〈보기〉	道 等 中 愼 授 倫 論 謙 數 法 軌 無 乘

주121. 多言 ○窮 不如守○　　　　　　《老子》
　　　　　　　　　　（　　　　，　　　　）

주122. 婚娶而○財 夷虜之○也　　　《明心寶鑑》
　　　　　　　　　　（　　　　，　　　　）

주123. 所謂誠其意者 毋自欺也 如惡惡臭 如好好
　　　　色 此之謂自○ 故 君子必○其獨也　《大學》
　　　　　　　　　　（　　　　，　　　　）

주124. 今天下 車同○ 書同文 行同○　　　《中庸》
　　　　　　　　　　（　　　　，　　　　）

※ 주어진 국역을 참고하여 [　　]안의 漢字들을 알맞게 배열하여 문장을 완성하시오.

주125. [見大大門民賓承使如如祭出]
　　　　　　　　　　　　　　　　《小學/論語》

　　국역:문을 나갔을 때는 큰 손님을 뵈온 듯이 하고, 백성을
　　부릴 때는 큰 제사를 받들 듯이 해야 한다.
　　（　　　　　　　　　　　　　　　　　　）

주126. [驕滿其之貴遺守金自富堂能 莫玉而
　　　　咎]　　　　　　　　　　　　　　《老子》

　　국역:금과 옥이 집에 가득할 만큼 많으면 많더라도 그것을
　　지킬 수 없고, 부귀하여 교만하게 되면 스스로 화를 초래할
　　것이다.
　　（　　　　　　　　　　　　　　　　　　）

주127. [能民博施而於濟衆]　　　　　　《論語》

　　국역:백성들에게 널리 은혜를 베풀고 많은 사람을 구제한다.
　　（　　　　　　　　　　　　　　　　　　）

주128. [救故棄無常善聖人人人]
　　　　　　　　　　　　　　　　　　《老子》

　　국역:성인은 늘 남을 잘 구원해주기 때문에 버려둔 사람이
　　없다.
　　（　　　　　　　　　　　　　　　　　　）

※ [　　] 부분을 국역하시오.

주129. [學不可以已 靑取之於藍而靑於藍]　氷水
　　　　爲之而寒於水　　　　　　　　　《荀子》
　　　　　　　　　　（　　　　　　　　　）

주130. [官怠於宦成 病加於小愈] 禍生於懈惰 孝
　　　　衰於妻子 察此四者 愼終如始　　《小學》
　　　　　　　　　　（　　　　　　　　　）

주131. [譬如爲山 未成一簣 止] 吾止也 譬如平
　　　　地 雖覆一簣 進 吾往也　　　　《論語》
　　　　　　　　　　（　　　　　　　　　）

※ 다음을 읽고 물음에 답하시오.

(가) 茶山의 姓은 丁氏요 名은 若鏞이니 正宗朝에
登科하여 官至承旨하니라 嘗以抄啓文臣으로 入
內閣하여 ㉠大被器賞하니 由是로 忌疾者衆이라
㉡坐兄若鍾獄하여 流康津하여 十九年에 始還이
라 公이 謫居無事에 硏究古今하고 留心民生國
計하여 討論著述이 窮源極㉢委하니 要爲有用之
學하여 而皆可爲後世法이라 若牧民心書·欽欽
新書·經世遺表·㉣전제고等諸書가 是也라
　　　　　　　　　　　　　　　　　《梅泉野錄》

(나) 水陸草木之花가 可愛者甚蕃이로되 晉陶淵
明은 獨愛菊하고 自李唐來로 世人이 甚愛牡丹하
되 予獨愛蓮之出於淤泥而不染하고 ㉤濯淸漣而
不夭하며 中通外直 不蔓不枝하고 ㉥향원익청하여
亭亭淨植하여 可遠觀而不可褻翫焉하니 予謂(ⓐ)
은 花之隱逸者也요 (ⓑ)은 花之富貴者也요 (ⓒ)
은 花之君子者也라하노니 噫라 菊之愛는 陶後鮮
有聞이요 蓮之愛는 同予者何人고 牡丹之愛는 宜
乎衆矣로다
　　　　　　　　　　　　　　　　　《愛蓮說》

주132. ㉠을 국역하시오.
　　　　　　　　　　（　　　　　　　　　）
주133. ㉡을 국역하시오.
　　　　　　　　　　（　　　　　　　　　）
주134. 문맥상 ㉢의 '훈과 음'을 쓰시오.
　　　　　　　　　　（　　　　　　　　　）
주135. ㉣을 漢字(正字)로 쓰시오.
　　　　　　　　　　（　　　　　　　　　）
주136. ㉤을 국역하시오.
　　　　　　　　　　（　　　　　　　　　）
주137. 문맥에 맞게 ㉥을 漢字(正字)로 쓰시오.
　　　　　　　　　　（　　　　　　　　　）
주138. ⓐ~ⓒ에 알맞은 漢字를 (나)에서 찾아 각각 漢字
　　　　(正字)로 쓰시오.
　　　（ⓐ:　　　　，ⓑ:　　　　，ⓒ　　　　）

※ 다음을 읽고 물음에 답하시오.

屈原이 ㉠旣放에 游於江潭하여 行吟澤畔할새 顔色憔悴하고 形容枯槁러니 漁父見而問之曰 子非三閭大夫與아 何故至於斯오 屈原曰 擧世皆(㉡)이어늘 我獨(㉢)하고 衆人皆醉어늘 我獨醒이라 是以見放이로라 漁父曰 聖人은 不凝滯於物하여 而能與世推移하나니 世人皆濁이어든 ㉣何不淈其泥而揚其波하며 衆人皆醉어든 何不餔其糟而歠其醨하고 ㉤何故深思高擧하여 自令放爲오 屈原 曰 吾聞之하니 新沐者는 必彈冠이요 新浴者는 必振衣라하니 ㉥安能以身之察察로 受物之汶汶者乎아 寧赴湘流하여 葬於江魚之腹中이언정 安能以皓皓之白으로 而蒙世俗之塵埃乎아 漁父 莞爾而笑하고 鼓枻而去하여 乃歌曰滄浪之水淸兮어든 可以濯吾(ⓐ)이요 滄浪之水濁兮어든 可以濯吾(ⓑ)이로다 遂去하여 不復與言하니라

《古文眞寶》

주139. ㉠을 국역하시오.

(   )

주140. ㉡과 ㉢에 각각 들어갈 漢字를 본문에서 찾아 漢字(正字)로 쓰시오.

(㉡:   , ㉢:   )

주141. ㉣을 국역하시오.

(   )

주142. ㉤을 국역하시오.

(   )

주143. ㉥을 국역하시오.

(   )

주144. ⓐ과 ⓑ에 각각 들어갈 漢字(正字)를 쓰시오.

(ⓐ:   , ⓑ:   )

※ 다음을 읽고 물음에 답하시오.

凡讀書者 必㉠端拱危坐하여 敬對方冊하여 專心致志하고 精思涵泳하여 深解義趣하고 而每句에 必求踐履之方이니 若口讀而心不體身不行이면 則書自書我自我니 何益之有리오 先讀小學하여 於事親敬兄忠君弟長隆師親友之道에 ――詳玩而力行之니라 次讀大學㉡及或問하여 於窮理正心修己治人之道에 ――眞知而實踐之니라 次讀論語하여 於求仁爲己涵養本源之功에 ――靜思而深體之니라 次讀孟子하여 於㉢明辨義利遏人慾存天理之說에 ――明察而擴充之니라 次讀中庸하여 於性情之德과 推致之功과 位育之妙에 ――玩索而有得焉이니라 次讀(㉣)하여 於性情之邪正과 善惡之褒戒에 ㉤――潛繹하여 感發而懲創之니라 次讀禮經하여 於天理之節文과 儀則之度數에 ――講究而有立焉이니라 〈중략〉 凡讀書에 必熟讀一冊하여 盡曉義聚貫通하여 無疑然後에 乃改讀他書요 不可貪多務得하여 忙迫㉥셥렵也니라

《擊蒙要訣》

주145. ㉠의 뜻을 쓰시오.

(   )

주146. 문맥에 맞게 ㉡의 '훈과 음'을 쓰시오.

(   )

주147. ㉢을 국역하시오.

(   )

주148. ㉣에 들어갈 書名을 漢字(正字)로 쓰시오.

(   )

주149. ㉤을 국역하시오.

(   )

주150. ㉥을 漢字(正字)로 쓰시오

(   )

한자실력급수 자격시험 **사범** 연습문제 〈12〉

객관식 (1~50번)

※ 다음 [　]안의 한자와 음이 같은 한자는?

1. [頹]　① 忱　② 腿　③ 悴　④ 娑
2. [溱]　① 輚　② 蹲　③ 軫　④ 喘
3. [癤]　① 楪　② 坫　③ 薺　④ 浙
4. [蝓]　① 毅　② 軼　③ 翼　④ 餌
5. [潯]　① 唵　② 遏　③ 儼　④ 漾

※ 다음 [　]안의 한자와 음이 <u>다른</u> 한자는?

6. [勍]　① 磬　② 頍　③ 炯　④ 絅
7. [拖]　① 朶　② 駝　③ 陏　④ 扎
8. [迭]　① 膣　② 佾　③ 蛭　④ 嫉
9. [瘳]　① 雛　② 鰍　③ 酋　④ 揄

※ 다음 [　]안의 한자와 뜻이 비슷하거나 같은 한자는?

10. [街]　① 衢　② 徇　③ 很　④ 彿
11. [婆]　① 妗　② 侏　③ 媼　④ 姮
12. [勲]　① 戀　② 慇　③ 溤　④ 恬
13. [瑙]　① 玔　② 瑣　③ 瑪　④ 琺

※ 나머지 셋과 부수가 <u>다른</u> 한자는?

14.　① 字　② 家　③ 寄　④ 宋
15.　① 謐　② 譽　③ 誕　④ 辯

※ 다음 중 한자어의 독음이 바르지 <u>않은</u> 것은?

16.　① 杼梭: 저사　② 環経: 환지
　　③ 山砦: 산채　④ 驀進: 맥진
17.　① 菟絲: 면사　② 雙眸: 쌍모
　　③ 淄蠹: 치두　④ 角槌: 각추
18.　① 瓠犀: 호서　② 幽邃: 유수
　　③ 木寨: 목채　④ 金鏃: 금족
19.　① 楯形: 선형　② 朝爵: 조작
　　③ 倏忽: 숙홀　④ 齒癰: 치옹
20.　① 電纜: 전람　② 嚬蹙: 빈축
　　③ 白蠟: 백렵　④ 贅言: 췌언

※ [　] 안의 한자어를 바르게 표기한 것은?

21. [청국장]을 끓이면 냄새가 나서 창문을 열어 놓는다.
　　① 淸麴醬　② 淸鞠漿　③ 淸麴漿　④ 淸鞠醬
22. 그녀의 남편은 낙천적이고 [호탕]한 남자였다.
　　① 浩宕　② 豪帑　③ 豪宕　④ 浩帑
23. 구제역 바이러스가 산도에 취약하다는 점에 착안해 구연산과 유산균 혼합제를 [우제류]를 사육하고 있는 모든 농가에 무상으로 보급했다.
　　① 偶蹄類　② 憂蹄類　③ 偶除類　④ 憂除類
24. 겉모습만 보고 사람을 그렇게 [괄시]해서는 안 된다.
　　① 活猜　② 忾視　③ 忾猜　④ 活視
25. 이 융자금은 1년 동안은 [거치]가 가능하며 20년 안에 상환해야 합니다.
　　① 去致　② 鋸峙　③ 遽馳　④ 据置
26. 누이는 본시 고민이나 [오뇌]라는 것을 전혀 모르는 기질이었다.
　　① 懊惱　② 澳惱　③ 誤腦　④ 墺腦
27. 그녀는 뭇 남학생들의 마음을 [고혹]하여 늘 인기가 많다.
　　① 辜酷　② 蠱酷　③ 辜惑　④ 蠱惑

※ [　] 안에 들어갈 한자어로 알맞은 것은?

28. [　]은 조선 중기 이후에 두었던 중앙과 지방 간의 통신망이었다.
　　① 扑踊　② 涉獵　③ 擺撥　④ 率倡
29. 아파트 물탱크 안에 [　]된 물질들은 주민들의 건강에 나쁜 영향을 줄 만한 것들이었다.
　　① 度忖　② 脫臼　③ 嚮導　④ 沈澱
30. 할머니는 오래되어서 칙칙하게 [　]된 한복을 입고 계셨다.
　　① 幕數　② 褪色　③ 剝製　④ 兵站
31. 구제역으로 많은 가축들이 [　]되었다.
　　① 脯脩　② 顚覆　③ 斃死　④ 聚落
32. 이 일대는 물고기가 많이 잡히지만 안개가 자주 끼고 [　]의 위험이 있다.
　　① 槍鈹　② 坐礁　③ 僭越　④ 搾油
33. 산속에서 밤이 깊어지자 나는 [　]의 무리를 만나게 되지 않을까 겁이 났다.
　　① 唐椒　② 塵寰　③ 豺狼　④ 廳舍
34. 우리 아버지 세대는 조국 근대화의 [　] 아래 열심히 일했다.
　　① 旗幟　② 瑕疵　③ 惻怛　④ 範疇

※ 주어진 뜻에 알맞은 한자어는?

35. 성 위에 낮게 쌓은 담. 여기에 몸을 숨기고 적을 감
 시하거나 공격함.
 ① 報賽　　② 闥外　　③ 錯雜　　④ 城堞
36. 도덕이나 사회 관습 따위에 얽매이지 아니함.
 ① 不羈　　② 不諱　　③ 不屑　　④ 不佞
37. 은혜가 매우 넓고 두터움.
 ① 薏苡　　② 春煦　　③ 柳絮　　④ 優渥
38. 가로와 세로로 어지럽게 흩어지는 모양.
 ① 經緯　　② 蹇脚　　③ 闌干　　④ 憑藉
39. 재주가 둔하고 말이 어눌음.
 ① 蹤跡　　② 拙訥　　③ 鏑銜　　④ 涕淚
40. 글이나 글씨 또는 기운 따위가 웅장하고 막힘이 없음.
 ① 雄渾　　② 餘燼　　③ 御廩　　④ 幄次
41. 변변치 못한 음식. 하찮은 물건.
 ① 懍哀　　② 彎紐　　③ 分蘖　　④ 粃糠

※ [　　] 안의 한자성어의 속뜻으로 알맞은 것은?

42. [隔靴搔癢]
 ① 그때그때 처한 사태에 맞추어 즉각 그 자리에서 결
 정하거나 처리함.
 ② 성에 차지 않거나 철저하지 못한 안타까움을 이르
 는 말.
 ③ 오래지 않은 동안에 몰라보게 변하여 아주 다른 세
 상이 된 것 같은 느낌.
 ④ 바라던 일이 뜻대로 잘됨을 이르는 말.

43. [一炊之夢]
 ① 나와 외물은 본디 하나이던 것이 현실에서 갈라진
 것에 불과하다는 이치.
 ② 남녀가 진정한 마음으로 친밀하게 사귀는 것을 이
 르는 말.
 ③ 완전히 잠이 들지도 잠에서 깨어나지도 않아 정신
 이 어렴풋한 상태.
 ④ 인생이 덧없고 영화도 부질없음을 비유적으로 이르
 는 말.

44. [鼠竊狗偸]
 ① '좀도둑'을 이르는 말.
 ② 무서워서 머리를 싸쥐고 얼른 숨음.
 ③ 지위를 얻지 못한 사람을 이르는 말.
 ④ 궁지에 몰리면 약자라도 강자에게 필사적으로 반항
 함을 이르는 말.

45. [博覽强記]
 ① 임금이 모든 정사를 친히 보살핌.
 ② 누구나 자기 뜻대로 볼 수 있음.
 ③ 여러 가지의 책을 널리 많이 읽고 기억을 잘함.
 ④ 두루 돌아다니며 자세히 살펴봄.

※ 다음을 읽고 물음에 답하시오.

(가) 田家 - 朴趾源
　　老翁守雀坐南陂　　粟拖狗尾黃雀垂
　　長男中男皆出田　　田家盡日晝掩扉
　　鳶蹴鷄兒攪不得　　群鷄亂啼匏花(ⓐ)
　　少婦戴棬疑渡溪　　赤子黃犬相追隨

(나) 泣別慈母
　　慈親鶴髮在臨瀛　　身向長安獨去情
　　回首北村時一望　　白雲飛下暮山靑

(다) 飮酒
　　結廬在人境　　而無車馬喧
　　問君何能爾　　心遠地自偏
　　採菊東(ⓐ)下　　悠然見南山
　　山氣日夕佳　　飛鳥相與還
　　此間有眞意　　欲辨已忘言

46. (가)의 계절적 배경은?
 ① 봄　　② 여름　　③ 가을　　④ 겨울
47. (가)에 등장한 것이 아닌 것은?
 ① 병아리　　② 박꽃　　③ 참새　　④ 우물
48. (나)에 대한 설명으로 옳지 않은 것은?
 ① 형식은 七言絶句이다.
 ② 시적 화자는 고향을 떠나 중국으로 가고 있다.
 ③ 지은이는 申師任堂이다.
 ④ 어머니는 머리가 하얗게 세었다.
49. (다)의 지은이는?
 ① 李白　　② 杜甫　　③ 陶淵明　　④ 王維
50. ⓐ에 공통으로 들어갈 漢字로 알맞은 것은?
 ① 壁　　② 籬　　③ 門　　④ 陰

■ [주관식 Ⅰ]의 답은 [OCR답안지] 주관식 답안란에 검정
색 펜으로 작성하시오.

※ 한자의 훈(뜻)과 음(소리)을 한글로 쓰시오.

주1. 鍔　(　　　　　　)
주2. 斛　(　　　　　　)
주3. 蛋　(　　　　　　)
주4. 綑　(　　　　　　)
주5. 囀　(　　　　　　)
주6. 耨　(　　　　　　)
주7. 履　(　　　　　　)
주8. 鼩　(　　　　　　)
주9. 憺　(　　　　　　)
주10. 燧　(　　　　　　)
주11. 砥　(　　　　　　)
주12. 黛　(　　　　　　)
주13. 鐺　(　　　　　　)
주14. 枷　(　　　　　　)
주15. 餻　(　　　　　　)
주16. 喔　(　　　　　　)
주17. 慤　(　　　　　　)
주18. 祔　(　　　　　　)
주19. 睟　(　　　　　　)
주20. 緻　(　　　　　　)
주21. 觪　(　　　　　　)
주22. 媏　(　　　　　　)

※ 한자의 부수를 漢字(正字)로 쓰시오.

주23. 匏　(　　　　)
주24. 朮　(　　　　)
주25. 芻　(　　　　)
주26. 瓣　(　　　　)

※ 훈과 음에 맞는 漢字(正字)를 쓰시오.

주27. 비탈　　　　　피　(　　　　　)
주28. 바랄　　　　　감　(　　　　　)
주29. 접을　　　　　접　(　　　　　)
주30. 달아날　　　　포　(　　　　　)
주31. 끓을　　　　　비　(　　　　　)
주32. 가는대　　　　소　(　　　　　)

주33. 수달　　　　　달　(　　　　　)
주34. 투구　　　　　두　(　　　　　)
주35. 말갈기　　　　렵　(　　　　　)
주36. 밭두둑　　　　휴　(　　　　　)

※ ○ 안에 공통으로 들어갈 漢字를 〈보기〉에서 찾아 쓰시오.

〈보기〉	露　枡　罕　螂　瀛　劈　腱　狄

주37. 北○　　　○人　　　蠻○　(　　　)
주38. ○古　　　稀○　　　○言　(　　　)
주39. ○均　　　○濡　　　○潤　(　　　)
주40. ○開　　　○破　　　○頭　(　　　)

※ 다음 한자어의 독음을 쓰시오.

주41. 麤陋　(　　　　　)
주42. 荔枝　(　　　　　)
주43. 露臀　(　　　　　)
주44. 急煞　(　　　　　)
주45. 初褙　(　　　　　)
주46. 洋襪　(　　　　　)
주47. 麥藁　(　　　　　)
주48. 陰翳　(　　　　　)
주49. 鐫琢　(　　　　　)
주50. 惆悵　(　　　　　)
주51. 蕭森　(　　　　　)
주52. 饌盒　(　　　　　)
주53. 悉曇　(　　　　　)
주54. 鋆鎚　(　　　　　)
주55. 苧麻　(　　　　　)
주56. 滲透　(　　　　　)

※ [　　　] 안 단어를 문맥에 맞게 漢字(正字)로 쓰시오.

주57. 잎이 [조락]해 버린 나무를 보고 있으니 마음이 더
욱 쓸쓸하구나.　　　　　　　　(　　　　　　)

주58. 제왕의 죽음을 [조락]이라고도 한다.

(　　　　　　)

주59. 교환이나 환불을 하시려면 [영수증]이 있어야 합니다.

(　　　　　　)

주60. 여권은 임시 국회 회기 중에라도 국정 전반을 논의하기
위한 [영수 회담]을 개최할 것이라고 하였다.

(　　　　　　)

※ 문장에서 잘못 쓴 漢字를 바르게 고쳐 쓰시오.
[단, 음이 같은 漢字(正字)로 고칠 것.]

주61. 歷史上 여러 나라가 內哄으로 敗亡한 적이 많다. (　　→　　)

주62. 쥐라기는 恐龍을 包含한 跋蟲類가 陸地, 바다, 하늘을 支配하던 時期이다. (　　→　　)

주63. 琉璃알처럼 맑은 初가을의 透明한 하늘과 澁爽한 바람을 나는 좋아한다. (　　→　　)

주64. 그는 自己의 本色이 殫露 날까 봐 繼續되는 質問에 겉對答만 하였다. (　　→　　)

주65. 그들은 오랜 期間 동안의 惡戰苦鬪 끝에 거친 潢蕪地를 開墾하고 삶의 터전을 일굴 수가 있었다. (　　→　　)

※ 풀이에 맞게 [　　] 안의 단어를 漢字(正字)로 쓰시오.

주66. [취람] : 먼 산에 끼어 푸르스름하게 보이는 흐릿한 기운. (　　)

주67. [귀부] : 거북 모양으로 만든 비석의 받침돌. (　　)

주68. [발인] : 장례를 지내러 가기 위하여 상여 따위가 집에서 떠남. (　　)

주69. [팽상] : 오래 삶과 일찍 죽음. (　　)

주70. [패표] : 쪽박을 찬다는 뜻으로, 빌어먹음을 비유적으로 이르는 말. (　　)

주71. [예좌] : 부처가 앉는 자리. 부처는 인간 세계에서 존귀한 자리에 있으므로 모든 짐승의 왕인 사자에 비유하였음. (　　)

주72. [조박] : 학문이나 서화·음악 따위에서, 옛사람이 다 밝혀서 지금은 새로운 의의가 없는 것을 이르는 말. (　　)

주73. [회활] : 간악하고 교활함. (　　)

주74. [심장박동] : 심장이 주기적으로 오므라졌다 부풀었다 하는 운동. (　　)

주75. [와굴] : 나쁜 짓을 하는 도둑이나 악한 따위의 무리가 활동의 본거지로 삼고 있는 곳. (　　)

※ 문장 속 [　　] 안의 단어를 漢字(正字)로 쓰시오.

주76. [여과지]로 여과를 했더니 커피의 기름기가 많이 걸렸다. (　　)

주77. 고층에서 내려다보는 [휘황찬란]한 야경이 인상 깊었다. (　　)

주78. 윗사람에게 [아첨]하는 사람일수록 아랫사람에게 군림하려 드는 법이다. (　　)

주79. [장미]는 이만여 종의 변종이 재배되고 있다. (　　)

주80. 그의 열성에 가득 찬 [사자후]에 관중은 뜨거운 박수를 보냈다. (　　)

주81. 그는 약속 시간에 늦어 [황망]하게 밖으로 나갔다. (　　)

주82. 대통령에 대한 [탄핵소추권]은 국회에 있다. (　　)

주83. 평소에 [표독]스럽던 그가 오늘은 전에 없이 다정하게 나왔다. (　　)

주84. 공주는 손수 왕의 의대를 받아 용틀임이 눈부신 누런 [곤룡포]를 차곡차곡 개키고 있다. (　　)

주85. 한 장면을 [촬영]하기 위해 제작진은 밤을 꼬박 새웠다. (　　)

주86. 그의 [횡설수설]한 말투에서 술기운을 감지할 수 있었다. (　　)

주87. 그 승려는 [도참설]의 비술도 잘 아는 술사로 보였다. (　　)

주88. 아내는 아이들이 앓고 난 뒤 부담 없는 식단을 궁리궁리하다가 [전복죽]을 쑤기로 했다. (　　)

주89. 삼촌은 몇 번의 [좌절]을 딛고 일어나 지금의 성공을 이루었다. (　　)

주90. 어머니는 나에게 그 아가씨를 만나 보라고 [종용]하셨다. (　　)

※ [　　] 안의 한자성어의 뜻을 읽고 ○ 안에 들어갈 알맞은 漢字(正字)를 쓰시오.

주91. [○ 目 相 對] 남의 학식이나 재주가 놀랄 만큼 부쩍 늚을 이르는 말. (　　)

주92. [滿 ○ 秋 水] 못에 가득 찬 가을의 맑은 물. (　　)

주93. [○ 蠶 食 之] 누에가 뽕잎을 먹듯이 점차 조금씩 침략하여 먹어 들어감. (　　)

주94. [鴻 ○ 之 志] 크고 높게 품은 뜻. (　　)

주95. [十 寒 一 ○] 일이 꾸준하게 진행되지 못하고 중간
에 자주 끊김을 이르는 말.　　　　（　　　）

주96. [膏 火 自 ○] 재주 있는 사람이 그 재주 때문에
화를 입는 것을 비유해 이르는 말.　（　　　）

주97. [奇 ○ 秀 峯] 기이하고 경치가 빼어난 산봉우리.
　　　　　　　　　　　　　　　　（　　　）

주98. [○ 木 糞 牆] 어떤 일을 하고자 하는 의지와 기
개가 없는 사람은 가르칠 수 없다는 말.
　　　　　　　　　　　　　　　　（　　　）

주99. [○ 烙 之 刑] 기름칠한 구리 기둥을 숯불 위에 걸
쳐 놓고 죄인을 그 위로 건너가게 하던 형벌.
　　　　　　　　　　　　　　　　（　　　）

주100. [換 骨 ○ 胎] 고인의 시문의 형식을 바꾸어서 그
짜임새와 수법이 먼저 것보다 잘되게 함을 이르는 말.
　　　　　　　　　　　　　　　　（　　　）

주관식 Ⅱ （주101~주150번）

■ [주관식 Ⅱ]의 답은 별도의 [주관식 Ⅱ 답안지]에 검정색 펜
　으로 작성하시오.

※ [　]안의 한자성어 활용이 적절하면 'O', 적절하
　지 않으면 'X'로 표기하시오.

주101. 그는 [暴殄天物]하는 자세로 집안을 일으켰다.
　　　　　　　　　　　　　　　　（　　　）

주102. 그녀의 [山鷄野鶩]같은 성격은 여러 어린이에
게 모범이 된다.　　　　　　　　（　　　）

주103. 지난주 금요일에 새로 산 청소기가 제대로 작동하
지 않아 [靑氈舊物]이 되어버렸다.
　　　　　　　　　　　　　　　　（　　　）

주104. 왕은 [遼東豕]와 같은 진귀한 물건을 사 모으
는 취미가 있었다.　　　　　　　（　　　）

※ [　]안의 문장의 뜻에 부합하는 사자성어를 漢
　字(正字)로 쓰시오.

주105. 관아에서 [세금을 가혹하게 거두어들이고, 강제로
재물을 빼앗자] 많은 농민이 유랑민이 되었다.
　　　　　　　　　　　　　　　　（　　　）

주106. 그는 누구한테 얻어맞았는지 [온몸이 상처투성이
가 되어] 집으로 돌아왔다.
　　　　　　　　　　　　　　　　（　　　）

주107. 당시 나의 딱한 처지는 그야말로 [수레바퀴 자국
에 고인 물에서 숨을 헐떡이고 있는 붕어]나 마
찬가지였다.　　　　　　　　　　（　　　）

주108. [주머니 속의 송곳]이라는 말처럼, 그는 재능이
매우 뛰어나서 숨어 있어도 자연히 그 존재가 드
러난다.　　　　　　　　　　　　（　　　）

※ 성어의 속뜻을 쓰시오.
주109. 走獐落兔
　　（　　　　　　　　　　　　　　　）

주110. 樗櫟之材
　　（　　　　　　　　　　　　　　　）

주111. 縞衣玄裳
　　（　　　　　　　　　　　　　　　）

주112. 拈華微笑
　　（　　　　　　　　　　　　　　　）

※ 다음 문장에 해당하는 우리말 속담을 쓰시오.
주113. 突不燃 不生煙
　　（　　　　　　　　　　　　　　）

주114. 未有瓦雀 虛過搗舍
　　（　　　　　　　　　　　　　　）

주115. 瞬目不函 或喪厥鼻
　　（　　　　　　　　　　　　　　）

주116. 衣以新爲好 人以舊爲好
　　（　　　　　　　　　　　　　　）

※ 문장의 ○에 들어갈 漢字를 〈보기〉에서 찾아 차례대
　로 쓰시오.

〈보기〉	也 於 蓋 其 之 豈 爲 未 善 己 以 將 既

주117. 虎不知獸畏己而走○ 以○畏狐也　《戰國策》
　　　　　　　　　　　　　（　　　，　　　）

주118. 倚南窓○寄傲 審容膝○易安　　《古文眞寶》
　　　　　　　　　　　　　（　　　，　　　）

주119. ○始者實繁 克終者○寡　　　　《貞觀政要》
　　　　　　　　　　　　　（　　　，　　　）

주120. 鳥之○死 ○鳴也哀　　　　　　《論語》
　　　　　　　　　　　　　（　　　，　　　）

※ 문장의 ○에 들어갈 漢字를 〈보기〉에서 찾아 차례대
　로 쓰시오.

〈보기〉　誠 咎 戚 辭 排 和 生 驕 哀 育 朴 擇 儉

주121. 泰山不○土壤 故大 河海不○細流 故深
　　　　　　　　　　　　　　　　《十八史略》
　　　　　　　　　　　　　　（　　　，　　　）

주122. 金玉滿堂 莫之能守 富貴而○ 自遺其○
　　　　　　　　　　　　　　　　《老子》
　　　　　　　　　　　　　　（　　　，　　　）

주123. 致中○ 天地位焉 萬物○焉　　《中庸》
　　　　　　　　　　　　　　（　　　，　　　）

주124. 禮與其奢也 寧○ 喪與其易也 寧○《論語》
　　　　　　　　　　　　　　（　　　，　　　）

※ 주어진 국역을 참고하여 [　　]안의 漢字들을 알
　맞게 배열하여 문장을 완성하시오.
주125. 學不可以已 [藍 藍 於 於 而 之 靑 靑 取] 氷
　　　水爲之而寒於水　　　　　　《荀子》
　　국역：배움은 그만둘 수 없으니 푸른색은 쪽 풀에서 취했으나
　　쪽보다 푸르고, 얼음은 물로 만들었으나 물보다 차다.
　　　　　　　　　　　　　　（　　　　　　　　　）

주126. [近 篤 問 博 而 而 思 切 志 學] 仁在其中矣
　　　　　　　　　　　　　　　　《論語》
　　국역：배우기를 널리 하고 뜻을 독실히 하며, 묻기를 절실히
　　하고 생각을 가까이에서 하면 인은 그 가운데에 있을 것이다.
　　　　　　　　　　　　　　（　　　　　　　　　）

주127. 人有三不祥 幼而不肯事長 賤而不肯事貴
　　　[肯 不 不 不 事 三 祥 是 也 人 而 之 肖 賢]
　　　　　　　　　　　　　　　　《小學》
　　국역：사람에게 세 가지 상서롭지 못한 것이 있나니, 어리면
　　서 어른 섬기기를 싫어하며, 천한 신분이면서 귀한 사람 섬기
　　기를 싫어하며, 어질지 못하면서 어진 이 섬기기를 싫어함이
　　바로 사람의 세 가지 상서롭지 못한 것이다.
　　　　　　　　　　　　　　（　　　　　　　　　）

주128. [賢 處 處 錐 之 之 若 中 也 士 世 夫 譬 囊]
　　　　　　　　　　　　　　　　《史記》
　　국역：무릇 어진 선비가 세상을 살아가는 것은 송곳이 자루
　　안에 있는 것과 같다.
　　　　　　　　　　　　　　（　　　　　　　　　）

※ [　　] 부분을 국역하시오.
주129. [博施於民 而能濟衆]　　　　《論語》
　　　　　　　　　　　　　　（　　　　　　　　　）

주130. [天生蒸民 有物有則]　　　　《詩經》
　　　　　　　　　　　　　　（　　　　　　　　　）

주131. [滿招損 謙受益]　　　　　　《書經》
　　　　　　　　　　　　　　（　　　　　　　　　）

※ 다음을 읽고 물음에 답하시오.

　無恒産而有恒心者는 惟士爲能이어니와 若
民則無恒産이면 因無恒心이라 苟無恒心이면
㉠放辟邪侈를　無不爲已니　及陷於罪然後에
從而刑之면 是는 ⓐ망민也라 焉有仁人在位하
여 ⓐ망민을 而可爲也리오 是故로 明君이 制民
之(ⓑ)하되 必使仰足以事父母하며 俯足以畜
妻子하여 ㉡낙세에 終身飽하고 凶年에 免(ⓒ)
死亡하나니 ㉢然後驅而之善이라 故로 ㉣民之
從之也輕하니이다
　　　　　　　　　　　　　　　　《孟子》

주132. ㉠을 국역하시오.
　　　　　　　　　　　　　　（　　　　　　　　　）

주133. ⓐ를 漢字(正字)로 쓰시오.
　　　　　　　　　　　　　　（　　　　　　　　　）

주134. ⓑ에 들어가기에 알맞은 1음절을 본문에서 찾아
　　　漢字(正字)로 쓰시오.
　　　　　　　　　　　　　　（　　　　　　　　　）

주135. ㉡을 漢字(正字)로 쓰시오.
　　　　　　　　　　　　　　（　　　　　　　　　）

주136. ⓒ에 들어가기에 알맞은 1음절을 본문에서 찾아
　　　漢字(正字)로 쓰시오.
　　　　　　　　　　　　　　（　　　　　　　　　）

주137. ㉢을 국역하시오.
　　　　　　　　　　　　　　（　　　　　　　　　）

주138. ㉣을 국역하시오.
　　　　　　　　　　　　　　（　　　　　　　　　）

桓公讀書於堂上이러니 輪扁斲輪於堂下일새 釋椎鑿而上하여 問桓公曰 敢問컨대 公之所讀者何言邪오 公曰 聖人之言也라 曰 聖人在乎아 公曰 已死矣라 曰 然則君之所讀者는 ㉠<u>故人之糟魄已夫</u>인저 桓公曰 寡人讀書에 輪人㉡<u>安</u>得議乎아 有說則可커니와 无說則死하리라 輪扁曰 臣也 以臣之事觀之컨대 斲輪 徐則(㉮)而不固하고 疾則(㉯)而不入하니 不徐不疾하여 ㉢<u>得之於手而應於心</u>이요 口不能言하여 有數存焉於其間이니이다 ㉣<u>臣不能以喩臣之子</u>요 臣之子亦不能受之於臣이라 是以 ㉤<u>行年七十而老斲輪</u>이니이다 古之人與其不可傳也死矣라 然則君之所讀者는 故人之糟魄已夫인저

《莊子》

주139. ㉠을 국역하시오.

(   )

주140. 문맥상 ㉡의 '<u>훈과 음</u>'을 쓰시오.

(   )

주141. ㉮와 ㉯에 각각 들어갈 漢字(正字)를 쓰시오.

(㉮;   , ㉯;   )

주142. ㉢을 국역하시오.

(   )

주143. ㉣을 국역하시오.

(   )

주144. ㉤을 국역하시오.

(   )

※ 다음을 읽고 물음에 답하시오.

郡守大驚異之하여 自往勞其兩班하고 ㉠<u>且問償糴狀</u>이라 兩班氈笠衣短衣하고 伏塗謁稱小人不敢仰視하니 郡守大驚下扶曰 足下何自貶辱若是오 兩班益恐懼하여 ⓐ<u>돈수</u>俯伏曰 惶悚이라 小人非敢自辱이오 己自鬻其兩班以償糴하니 里之富人乃兩班也라 ㉡<u>小人復安敢冒其舊號而自尊乎</u>아 郡守歎曰 君子哉富人也여 兩班哉富人也여 富而不吝하니 義也오 急人之難하니 仁也라 惡卑而慕尊하니 智也라 此眞兩班이라 雖然이나 私自交易而不立券하면 訟之端也라 我與汝約하리니 郡人而證之하고 ㉢<u>立券而信之</u>하되 郡守當自署之리라하다 於是에 郡守歸府하여 悉召郡中之士族及農工商賈하여 悉至于庭하고 富人坐鄕所之右하고 兩班立於公兄之下하여 乃爲立券曰 乾隆十年九月日에 右明文段은 屈賣兩班하여 爲償官穀하니 其直千㉣<u>斛</u>이라 維厥兩班은 名謂多端하니 讀書曰士요 從政爲大夫요 有德爲君子니 武階列西하고 文秩敍東하니 是爲(ⓑ)이니 任爾所從하라

《燕巖集》

주145. ㉠을 국역하시오.

(   )

주146. ⓐ를 漢字(正字)로 쓰시오.

(   )

주147. ㉡을 국역하시오.

(   )

주148. ㉢을 국역하시오.

(   )

주149. 문맥에 맞게 ㉣의 '<u>訓과 音</u>'을 쓰시오.

(   )

주150. ⓑ에 들어갈 2음절 한자어를 본문에서 찾아 漢字(正字)로 쓰시오.

(   )

모범답안 〈1〉

객관식

1	④	6	③	11	③	16	③	21	③	26	④	31	②	36	④	41	②	46	③
2	①	7	②	12	④	17	①	22	②	27	①	32	②	37	①	42	④	47	①
3	③	8	④	13	②	18	④	23	③	28	③	33	③	38	③	43	①	48	④
4	②	9	①	14	①	19	③	24	①	29	④	34	①	39	②	44	③	49	②
5	①	10	③	15	④	20	②	25	④	30	②	35	④	40	③	45	④	50	③

주관식 Ⅰ

주1	비구름일 엄	주21	이에/너 내	주41	긴찰	주61	蘭→欒	주81	稀罕
주2	질낮은명주실 흘	주22	죽을 조	주42	비함	주62	複→輻	주82	濕疹
주3	연뿌리 우	주23	斗	주43	구저	주63	掃→瀟	주83	不朽
주4	가물 발	주24	糸	주44	보불	주64	闡→喘	주84	抹消
주5	탄식할 차	주25	貝	주45	채보	주65	椒→醋	주85	斥候兵
주6	옷걸을 건	주26	虫	주46	인산	주66	腎盂	주86	操舵手
주7	저주할 저	주27	寶	주47	추로	주67	驅儺	주87	眩氣症
주8	거만할 거	주28	羅	주48	예취	주68	燎火	주88	洶洶
주9	보금자리 과	주29	譖	주49	준순	주69	巫覡	주89	洋襪
주10	화할 함	주30	摟	주50	저간	주70	胚芽	주90	急煞
주11	어리석을 은	주31	叨	주51	두간	주71	樗蒲	주91	蝸
주12	우박 박	주32	鰭	주52	적연	주72	巨擘	주92	炙/肴
주13	얼굴붉힐 난	주33	嚼	주53	박담	주73	獰惡	주93	輛
주14	개싸우는소리 한	주34	吃	주54	삽랄	주74	蒸/烝溜	주94	摩
주15	국문할 국	주35	濚	주55	분대	주75	驀進	주95	牢
주16	거칠어질 무	주36	茄	주56	하해	주76	搭載	주96	拈
주17	주울 척	주37	狔	주57	崎嶇	주77	彌勒	주97	擘
주18	경계할 천	주38	裨	주58	機構	주78	睫毛	주98	庖
주19	고달플 비	주39	稠	주59	爬行	주79	瑕疵	주99	眪
주20	보리 모	주40	炬	주60	跛行	주80	象嵌	주100	掖

주관식 Ⅱ

주101	○	주118	將 , 其	주135	비 개인 긴 둑에 풀빛 더욱 푸른데
주102	○	주119	焉 , 於	주136	別淚
주103	X	주120	嘗 , 逐	주137	騷客
주104	X	주121	德 , 禮	주138	頷聯
주105	捲土重來	주122	死 , 置	주139	天符印
주106	惑世誣民	주123	新 , 師	주140	가서 인간 세상을 다스리게 하였다.
주107	輻輳幷臻	주124	道 , 學	주141	거느릴 솔
주108	井底之蛙	주125	繼往聖開來學	주142	雄
주109	장군	주126	擧直錯諸枉　能使枉者直	주143	檀君王儉
주110	가지고 있는 책이 매우 많음.	주127	虎不知獸畏己而走也	주144	三國遺事
주111	온몸이 상처투성이가 됨. 일이 아주 엉망이 됨.	주128	地勢坤　君子以厚德載物	주145	ⓐ: 동사, ⓑ: 명사
주112	이미 저지른 잘못에 대하여 후회하여도 소용이 없음.	주129	덕의 유행이 파발마로 명(령)을 전달하는 것보다 빠르다. 덕의 퍼짐은 역참에 파발마를 두어 명령을 전하는 것보다 빠르다.	주146	그 나이가 나보다 먼저 태어나고 뒤에 태어남을 어찌 따지겠는가.
주113	원수는 외나무다리에서 만난다.	주130	처음을 독실하게 함이 진실로 아름답고, 마침을 삼가는 것이 마땅히 아름답다(좋다).	주147	恥
주114	나룻이 석 자라도 먹어야 샌님. 수염이 대 자라도 먹어야 양반(이다).	주131	나무는 먹줄을 받아들이면 곧아지고, 쇠는 숫돌에 갈면 날카로워진다.	주148	자기 자신에게 있어서는 스승으로 삼기를 부끄러워하니
주115	아무리 바빠도 바늘허리에 실 매어 쓰랴?	주132	어린 아들은 바늘 두드려 낚싯바늘 만드네	주149	구두
주116	쇠귀에 경 읽기.	주133	微軀	주150	도를 전해주고 학업을 가르치며 의혹을 풀어주는 것.
주117	苟 , 雖	주134	七言律詩		

모범답안 〈2〉

객관식

1	①	6	②	11	④	16	①	21	②	26	①	31	②	36	①	41	④	46	①
2	③	7	④	12	②	17	④	22	③	27	③	32	③	37	③	42	①	47	④
3	②	8	①	13	①	18	③	23	①	28	④	33	①	38	②	43	③	48	②
4	①	9	③	14	④	19	②	24	④	29	②	34	④	39	③	44	④	49	③
5	④	10	③	15	③	20	①	25	③	30	④	35	②	40	④	45	②	50	④

주관식 Ⅰ

주1	자물쇠 약	주21	돌무더기 뢰	주41	감흥	주61	塼→鈿	주81	起牀喇叭
주2	자라 오	주22	새털 창	주42	비예	주62	殯→瀕	주82	謳歌
주3	돌모양 록	주23	目	주43	담총	주63	苒→焰	주83	清麴醬
주4	무 복	주24	皿	주44	예일	주64	煇→麾	주84	貶毀
주5	둘 치	주25	勹	주45	맥간	주65	霓→詣	주85	繃帶
주6	걷는모양 신	주26	丿	주46	시뇨	주66	庶孽	주86	難澁
주7	어긋날 어	주27	蕁	주47	경한	주67	濕疹	주87	脈搏
주8	문짝 합	주28	髻	주48	사력	주68	粗肴	주88	匍匐
주9	곁마 부	주29	圃	주49	기렵	주69	桎梏	주89	贅辭
주10	수저 사	주30	黼	주50	체상	주70	尺牘	주90	蠱惑
주11	타넘을 과	주31	熬	주51	전욱	주71	繭絲	주91	劈
주12	굴레 륵	주32	艅	주52	차자	주72	帝嚳	주92	螂
주13	방죽 언	주33	翡	주53	분얼	주73	烽燧臺	주93	攀
주14	배 소	주34	臀	주54	성취	주74	花卉園藝	주94	棧
주15	성 복	주35	桿	주55	여측	주75	咆哮	주95	輒
주16	미끄러질 달	주36	帙	주56	쾌척	주76	酒煎子	주96	鬻
주17	어긋날 저	주37	黔	주57	執拗	주77	壓搾	주97	筌
주18	꿩 적	주38	辟	주58	聖學輯要	주78	賭博	주98	殄
주19	구울 번	주39	瀝	주59	咀嚼	주79	脊椎	주99	攫
주20	쌀사들일 적	주40	酵	주60	著作	주80	躁鬱症	주100	諛

<table>
<tr><td colspan="6" align="center">주관식 Ⅱ</td></tr>
<tr><td>주101</td><td align="center">O</td><td>주118</td><td align="center">與 , 獨</td><td>주135</td><td>김 거사의 시골집을 방문하다.</td></tr>
<tr><td>주102</td><td align="center">X</td><td>주119</td><td align="center">耳 , 亦</td><td>주136</td><td align="center">秋陰漠漠</td></tr>
<tr><td>주103</td><td align="center">X</td><td>주120</td><td align="center">以 , 使</td><td>주137</td><td>모르겠구나, 이 몸이 한 폭의 그림 속에 있는지를.</td></tr>
<tr><td>주104</td><td align="center">X</td><td>주121</td><td align="center">及 , 察</td><td>주138</td><td>산이 푸르니 꽃은 불붙는 듯하네.</td></tr>
<tr><td>주105</td><td align="center">衆口鑠金</td><td>주122</td><td align="center">餘 , 文</td><td>주139</td><td>부평초 같은 인생은 꿈과 같으니, 기쁨을 즐기는 것이 얼마나 되겠는가.</td></tr>
<tr><td>주106</td><td align="center">抱頭鼠竄</td><td>주123</td><td align="center">而 , 可</td><td>주140</td><td align="center">煙景</td></tr>
<tr><td>주107</td><td align="center">白駒過隙</td><td>주124</td><td align="center">厭 , 人</td><td>주141</td><td align="center">桃李</td></tr>
<tr><td>주108</td><td align="center">牛溲馬勃</td><td>주125</td><td align="center">必將待師法然後正</td><td>주142</td><td>天倫의 즐거운 일을 펴니,</td></tr>
<tr><td>주109</td><td>대립하는 두 세력이 다투다가 결국은 구경하는 다른 사람에게 득을 주는 싸움.</td><td>주126</td><td align="center">吾君不能 謂之賊</td><td>주143</td><td align="center">謝靈運</td></tr>
<tr><td>주110</td><td>태평한 세상의 평화로운 풍경.</td><td>주127</td><td align="center">民欲與之偕亡 雖有 臺池鳥獸</td><td>주144</td><td>아름다운 자리를 펴 꽃 앞에 앉고,</td></tr>
<tr><td>주111</td><td>앞뒤를 재고 망설임.</td><td>주128</td><td align="center">喪與其易也 寧戚</td><td>주145</td><td align="center">엄엄여월지예운</td></tr>
<tr><td>주112</td><td>처리하기가 매우 어려운 사건.</td><td>주129</td><td>처음은 제대로 되어 있지 않음이 없으나 능히 끝이 제대로 되어 있는 것이 거의 없다.</td><td>주146</td><td align="center">ⓛ:形 , ⓒ: 淸</td></tr>
<tr><td>주113</td><td>열 번 찍어 아니 넘어가는 나무 없다.</td><td>주130</td><td>무릎을 용납할 만한 곳이 편안하기 쉬움을 알았노라.</td><td>주147</td><td align="center">姸</td></tr>
<tr><td>주114</td><td>바늘 도둑이 소도둑 된다.</td><td>주131</td><td>내 어린이를 어린이로 사랑해서 남의 어린이에게까지 미친다.</td><td>주148</td><td>먼지가 끼어서 희미한 것만 못하네.</td></tr>
<tr><td>주115</td><td>낮말은 새가 듣고, 밤말은 쥐가 듣는다.</td><td>주132</td><td align="center">鄭瓜亭</td><td>주149</td><td>닦여져도 시기가 역시 늦지 않네.</td></tr>
<tr><td>주116</td><td>남의 일은 식은 죽 먹듯이 쉽다.</td><td>주133</td><td>님 그려 옷 적시지 않는 날이 없으니, (매일같이 님 생각에 옷깃이 젖어)</td><td>주150</td><td align="center">昏</td></tr>
<tr><td>주117</td><td align="center">如 , 之</td><td>주134</td><td align="center">殘月曉星</td><td></td><td></td></tr>
</table>

모범답안 〈3〉

객관식

1	③	6	④	11	②	16	④	21	③	26	③	31	③	36	③	41	①	46	④
2	②	7	①	12	①	17	③	22	①	27	④	32	①	37	②	42	③	47	③
3	①	8	③	13	④	18	②	23	④	28	②	33	④	38	③	43	④	48	②
4	④	9	③	14	②	19	③	24	③	29	④	34	②	39	④	44	②	49	③
5	①	10	②	15	①	20	①	25	②	30	①	35	②	40	①	45	④	50	①

주관식 Ⅰ

주1	우뚝할 올	주21	고치 견	주41	사찰	주61	爵→斫	주81	鞦韆
주2	담글 지	주22	끊을 초	주42	유약	주62	勒→肋	주82	披瀝
주3	불에쬘 배	주23	辛	주43	집지	주63	蜜→謐	주83	快擲
주4	다람쥐 오	주24	水	주44	춘후	주64	諸→齊	주84	抑鬱
주5	곁들 방	주25	黑	주45	탄갈	주65	締→滯	주85	喊聲
주6	꺾을 좌	주26	糸	주46	왜구	주66	洋襪	주86	剽竊
주7	우거질 촉	주27	捻	주47	치수	주67	罫線	주87	造詣
주8	깔볼/친압할 설	주28	亶	주48	시접	주68	湧出	주88	詭辯
주9	밟을/이를 섭	주29	磊	주49	빈축	주69	殄殲	주89	恝視
주10	역귀쫓을 나	주30	褪	주50	오뇌	주70	辟除	주90	靑藜杖
주11	박 포	주31	鹵	주51	훤화	주71	石鏃	주91	雹
주12	노 도	주32	媚	주52	구륵	주72	鐵槌	주92	鼇
주13	옥이름 가	주33	禿	주53	편태	주73	殯宮	주93	鮑
주14	지네 오	주34	驢	주54	적함	주74	咀嚼	주94	竪/豎
주15	제단 유	주35	囍	주55	이무	주75	嗚咽	주95	偸
주16	멀 형	주36	昵	주56	유리	주76	泡沫	주96	揻
주17	핥을 색	주37	恤	주57	嚆矢	주77	剛愎	주97	鰲
주18	두려워할 힐	주38	籌	주58	梟示	주78	幼稚園	주98	醢
주19	바람소리 삽	주39	笙	주59	報酬	주79	退嬰的	주99	橘
주20	줄/하사할 황	주40	倡	주60	補修	주80	梵唄	주100	磊

주101	X	주118	焉 , 也	주135	님을 위해 춤 옷을 짓기도 하련만
주102	O	주119	已 , 而	주136	陽, 腸, 裳
주103	O	주120	無 , 且	주137	茅屋
주104	X	주121	知 , 志	주138	바깥에서 손님 오지 않고 산새들만 지저귀니
주105	咆虎陷浦	주122	達 , 利	주139	뿌리가 구부러지고 흙은 다른 것으로 바뀌며
주106	去頭截尾	주123	納 , 李	주140	이미 떠나가다가 다시 돌아봅니다.
주107	得魚忘筌	주124	渴 , 聾	주141	反語文／反語形
주108	拈華微笑	주125	德之流行 速於置郵而傳令	주142	見
주109	형제들 사이의 싸움.	주126	倚南窓以寄傲 審容膝之易安	주143	너의 어린이를 사랑하고 (잘 기르고) 너의 개와 닭을 잘 키워라.
주110	신분 관계의 질서가 중요함.	주127	雖多 亦奚以爲	주144	柳宗元
주111	딸을 낳은 즐거움.	주128	今人之性 生而有好利焉	주145	다시 수레를 타고 (다시 벼슬살이를 한다 해도) 무엇을 구하겠는가.
주112	이익을 보려다가 도리어 밑천까지 잃음.	주129	가려서 仁에 처하지 않는다면 어찌 지혜롭다 하겠는가.	주146	尋壑
주113	백지장도 맞들면 낫다.	주130	임금에게 하기 어려운 일을 권면하고 책하는 것을 일러 공경이라 하고	주147	崎嶇
주114	안 되는 놈은 뒤로 자빠져도 코가 깨진다.	주131	온화하고 남을 공경하는 것이 덕의 기본이다.	주148	遑遑
주115	먼 친척보다 가까운 이웃이 낫다.	주132	杳然	주149	때로는 지팡이를 (세워) 놓고 김을 매기도 한다.
주116	천 리 길도 한 걸음부터.	주133	인간 세상이 아니라 別天地라	주150	맑은 시냇가에서 시를 짓는다.
주117	以 , 及	주134	세속을 벗어난 자연 속의 한가로운 삶		

모범답안 〈4〉

객관식

1	②	6	①	11	①	16	③	21	①	26	④	31	①	36	②	41	③	46	③
2	①	7	③	12	④	17	②	22	④	27	②	32	④	37	③	42	④	47	④
3	④	8	①	13	③	18	③	23	③	28	④	33	②	38	④	43	②	48	③
4	①	9	②	14	④	19	①	24	②	29	①	34	②	39	①	44	④	49	①
5	③	10	④	15	②	20	④	25	③	30	③	35	③	40	③	45	①	50	④

주관식 Ⅰ

주1	떨릴 전	주21	문지방 역	주41	타액	주61	罪→沸	주81	執拗
주2	애꾸눈 면	주22	가슴걸이 인	주42	육계	주62	砂→些	주82	高水敷地
주3	끙끙거릴 신	주23	牛	주43	난로	주63	洩→藝	주83	空豁
주4	쟁기 려 / 얼룩소 리	주24	羊	주44	자의	주64	湧→聳	주84	眩惑
주5	채소이름 둔	주25	麻	주45	저욕	주65	懸→絢	주85	齷齪
주6	대지를 축	주26	冂	주46	선빈	주66	褒貶	주86	狹窄
주7	도지개 경	주27	渣	주47	담락	주67	筌蹄	주87	反芻
주8	서직무성할 욱	주28	歇	주48	연교	주68	暈輪	주88	淘汰
주9	엿볼 사	주29	醍	주49	취대	주69	甘汞	주89	披露宴
주10	부엌 조	주30	扮	주50	새골	주70	戡亂	주90	螺絲
주11	고슴도치 위	주31	稟	주51	만타	주71	造詣	주91	獐
주12	낙타 락	주32	蝶	주52	견척	주72	撮影	주92	漲
주13	넉넉할 섬	주33	坼	주53	해수	주73	操舵	주93	屑
주14	펼 터	주34	獪	주54	괄시	주74	欌籠	주94	涸
주15	떼기밭 기	주35	豌	주55	눈아	주75	漕艇	주95	鏤
주16	소매 메	주36	滔	주56	외연	주76	杜鵑花煎	주96	鬧
주17	옴 선	주37	悴	주57	食醢	주77	軋轢	주97	暝
주18	짐수레 치	주38	猊	주58	食醯	주78	利尿劑	주98	苛
주19	경단 교	주39	箭	주59	祕藏	주79	靑孀寡守	주99	竄
주20	나무줄지어설 숙	주40	褐	주60	悲壯	주80	諡號	주100	裨

주101	X	주118	之 , 爲	주135	杜甫
주102	O	주119	矣 , 是	주136	七言律詩
주103	O	주120	焉 , 斯	주137	田家
주104	X	주121	成 , 進	주138	개꼬리 같은 조 이삭에 노란 참새 매달렸네 (조 이삭은 늘어져 개꼬리 같고 노란 참새 매달렸네)
주105	酒池肉林	주122	道 , 好	주139	赤壁
주106	吮癰舐痔	주123	幼 , 肖	주140	擧酒屬客
주107	暴殄天物	주124	色 , 箭	주141	窈窕
주108	山鷄野鶩	주125	禍福無門 唯人所召	주142	徘徊
주109	음식이 아무 맛도 없음.	주126	水善利萬物而不爭	주143	북두성과 견우성 사이
주110	앞사람의 실패를 보고 뒷사람은 교훈으로 삼아 스스로를 경계한다.	주127	天生蒸民 有物有則	주144	갈대 만한 작은 배가 가는 바를 따라 (가는 대로 맡겨)
주111	한곳으로 많이 몰려듦.	주128	見善如渴 聞惡如聾	주145	憔悴
주112	잘못된 점을 고치려다가 그 방법이나 정도가 지나쳐 오히려 일을 그르침.	주129	지난날의 성현을 계승하고 후학을 열었다.	주146	形容枯槁
주113	도둑이 제 발 저리다.	주130	옛날에 말을 함부로 내지 않는 것은 몸소 실천함이 미치지 못함을 부끄러워해서였다.	주147	與世推移
주114	될성부른 나무는 떡잎부터 알아본다.	주131	예는 사치하기보다는 차라리 검소하여야 하고	주148	어찌하여 술지게미를 먹고 묽은 술을 마시지 않고
주115	업은 아이 삼 년 찾는다.	주132	강물이 푸르니 새는 더욱 희고	주149	어찌 희디흰 결백한 몸으로 세속의 먼지를 뒤집어쓸 수 있는가.
주116	공든 탑이 무너지랴.	주133	春望	주150	ⓐ : 淸 , ⓑ : 濁
주117	則 , 何	주134	烽火		

모범답안 <5>

객관식

1	③	6	②	11	①	16	①	21	③	26	①	31	④	36	①	41	②	46	③
2	②	7	①	12	③	17	④	22	②	27	④	32	②	37	④	42	③	47	④
3	③	8	④	13	①	18	③	23	③	28	④	33	④	38	②	43	④	48	②
4	①	9	①	14	②	19	④	24	①	29	②	34	①	39	②	44	④	49	④
5	④	10	③	15	④	20	②	25	④	30	③	35	③	40	③	45	③	50	①

주관식 Ⅰ

주1	수레 로	주21	밭두둑 휴	주41	와즙	주61	隊→帶	주81	歆饗
주2	외로울 혈	주22	요충 요	주42	해장	주62	滔→陶	주82	鎭壓
주3	자랑할 후	주23	口	주43	정밀	주63	拙→猝	주83	瘀血
주4	시끄러울 화	주24	ノ	주44	추첨	주64	揀→墾	주84	蔓延
주5	나비 호	주25	龍	주45	치효	주65	嗣→麝	주85	熾烈
주6	항아리 항	주26	木	주46	수해	주66	蠹書	주86	庚戌國恥
주7	들깨 임	주27	适	주47	현요	주67	蝟集	주87	槿域
주8	찰벼 나	주28	襪	주48	혜강	주68	窘塞	주88	習癖
주9	집 신	주29	陀	주49	노전	주69	保姆	주89	剛愎
주10	깍을 산	주30	嫩	주50	기치	주70	冪數	주90	慘憺/澹
주11	다스릴 리	주31	墅	주51	육정	주71	澱粉	주91	豬/猪
주12	마를 위	주32	鋸	주52	훙서	주72	盥漱	주92	綽
주13	귀바퀴없을/나라 담	주33	賚	주53	설연	주73	渣滓	주93	鴉
주14	광나무 광	주34	拖	주54	백반	주74	鳳雛	주94	祖
주15	멀 초	주35	憝	주55	천권	주75	喀痰	주95	餐
주16	파리 승	주36	倡	주56	도회	주76	稜線	주96	芒
주17	시렁 붕	주37	硅	주57	巫蠱	주77	意氣銷沈	주97	孀
주18	일 도	주38	偈	주58	無故	주78	攪拌機	주98	眸
주19	놀 오	주39	斑	주59	受容	주79	搾取	주99	蟠
주20	맨발 선	주40	頹	주60	收容	주80	奧密稠密	주100	喊

주101	X	주118	而 , 以	주135	아침 저녁 채찍으로 치며 엄하게 재촉하니
주102	O	주119	於 , 奚	주136	苛政猛於虎 / 苛斂誅求
주103	O	주120	與 , 之	주137	荷香
주104	X	주121	賢 , 人	주138	오동잎에 빗소리가 재촉하도다.
주105	乾坤一擲	주122	正 , 治	주139	踐履
주106	應口輒對	주123	止 , 至	주140	ⓐ:口, ⓑ:心, ⓒ:身
주107	櫛風沐雨	주124	靡 , 鮮	주141	㉡:孟子 , ㉢: 禮經
주108	碧眼紫髥	주125	雖有至道　不學　不知其善也	주142	儀則
주109	귀천을 가리지 않고 사귐.	주126	以道佐人主者　不以兵强天下	주143	忙迫
주110	제왕의 위엄,	주127	飯疏食飲水　曲肱而枕之	주144	擊蒙要訣
주111	세상의 영고성쇠가 무상함(을 탄식).	주128	多聞闕疑　愼言其餘則寡尤	주145	隆然
주112	무슨 일을 하는 데에 가장 중요한 부분을 완성함.	주129	말을 많이 하면 자주 궁해지니 중도를 지키는 것만 못하니라.	주146	비록 몰래 엿보고 모방하여도 같게 할 수 없었다.
주113	오르지 못할 나무는 쳐다보지 말라.	주130	절개와 의리와 청렴과 물러남은 어려운 가운데서도 이지러뜨릴 수 없다.	주147	그 흙은 옛것을 바라고 다지는 것은 치밀하기를 바랍니다.
주114	가는 말이 고와야 오는 말이 곱다.	주131	성정이 안정되면 나물국(을 먹어)도 향기롭다네.	주148	다시 부
주115	개천에서 용 난다.	주132	關關	주149	그 천성이 온전해져 본성이 얻어진다.
주116	내 배가 부르니 종의 배고픔을 모른다.	주133	참치행채	주150	일찍 조
주117	焉 , 已	주134	白骨		

모범답안 〈6〉

객관식

1	②	6	①	11	③	16	④	21	②	26	④	31	②	36	④	41	③	46	④
2	③	7	④	12	①	17	③	22	③	27	③	32	④	37	②	42	④	47	②
3	①	8	①	13	②	18	④	23	①	28	②	33	①	38	②	43	①	48	④
4	④	9	③	14	④	19	②	24	④	29	③	34	③	39	③	44	③	49	①
5	③	10	②	15	①	20	①	25	③	30	①	35	④	40	①	45	②	50	③

주관식 Ⅰ

주1	시호 시	주21	참 심	주41	모자	주61	辜→錮	주81	虹霓門
주2	오리 부	주22	밥통 완	주42	예속	주62	棟→柄	주82	蛋白質
주3	비스듬할 이	주23	食	주43	천와	주63	硼→繃	주83	石榴
주4	서릴 반	주24	肉	주44	곤비	주64	拙→猝	주84	絢爛
주5	휘장 황	주25	士	주45	삽루	주65	滯→諦	주85	高粱酒
주6	눈물 체	주26	川	주46	미경	주66	瞥見	주86	吹打隊
주7	비틀 녑	주27	屑	주47	항해	주67	間歇	주87	下顎
주8	집어줄 재	주28	饅	주48	경갈	주68	攪拌	주88	和氣靄靄
주9	녹쓸 수	주29	娃	주49	당초	주69	滲透	주89	瘦瘠
주10	미칠 전	주30	躁	주50	사갈	주70	顆粒	주90	籌板
주11	모 앙	주31	眸	주51	게송	주71	呵責	주91	嚴
주12	다할/두루 탄	주32	孀	주52	자액	주72	孩提	주92	擒
주13	귀뚜라미 실	주33	塽	주53	공규	주73	矜恤	주93	褥
주14	애기풀 위	주34	衿	주54	모려	주74	壁龕	주94	沾
주15	인동덩굴 방	주35	忻	주55	호산	주75	狼狽	주95	蝦
주16	해돋이 양	주36	鞃	주56	빙자	주76	炭疽病	주96	稍
주17	저울눈 치	주37	碁	주57	殷殷	주77	狙擊	주97	扼
주18	빠를/갑자기 곽	주38	粢	주58	隱隱	주78	咀嚼	주98	鷸
주19	행랑 상	주39	飪	주59	分掌	주79	澎/彭湃	주99	粥
주20	발꿈치 종	주40	朽	주60	扮裝	주80	團欒	주100	嶇

<table>
<tr><td colspan="6" align="center">주관식 Ⅱ</td></tr>
<tr><td>주101</td><td>O</td><td>주118</td><td>安 ， 哉</td><td>주135</td><td>塵 ， 新 ， 人</td></tr>
<tr><td>주102</td><td>X</td><td>주119</td><td>而 ， 於</td><td>주136</td><td>(가): 어머니, (나): 벗</td></tr>
<tr><td>주103</td><td>O</td><td>주120</td><td>者 ， 之</td><td>주137</td><td>吳宮</td></tr>
<tr><td>주104</td><td>X</td><td>주121</td><td>立 ， 道</td><td>주138</td><td>浮雲</td></tr>
<tr><td>주105</td><td>蝸牛角上</td><td>주122</td><td>毫 ， 累</td><td>주139</td><td>낭자원야</td></tr>
<tr><td>주106</td><td>靑天霹靂</td><td>주123</td><td>繩 ， 就</td><td>주140</td><td>倘</td></tr>
<tr><td>주107</td><td>竹杖芒鞋</td><td>주124</td><td>錯 ， 直</td><td>주141</td><td>淹留</td></tr>
<tr><td>주108</td><td>螳螂拒轍</td><td>주125</td><td>心安茅屋穩　性定菜羹香</td><td>주142</td><td>저는 이미 귀신의 책에 실렸으니 오래 볼 수가 없습니다.</td></tr>
<tr><td>주109</td><td>근심이나 한이 남아 있어 죽어서도 눈을 편히 감지 못함.</td><td>주126</td><td>勤爲無價之寶　愼是護身之符</td><td>주143</td><td>珍重</td></tr>
<tr><td>주110</td><td>성에 차지 않거나 철저하지 못한 안타까움.</td><td>주127</td><td>衣服 不可華侈 禦寒而已</td><td>주144</td><td>金鰲新話</td></tr>
<tr><td>주111</td><td>아무 근거 없이 널리 퍼진 소문.</td><td>주128</td><td>詩三百　一言以蔽之曰思無邪</td><td>주145</td><td>李漢</td></tr>
<tr><td>주112</td><td>일이 이루어지지 아니할 것을 뻔히 알면서도 헛되이 하려 함.</td><td>주129</td><td>이것을 따르기 때문에 다투어 빼앗음이 생기고 사양함이 없어진다.</td><td>주146</td><td>何</td></tr>
<tr><td>주113</td><td>모로 가도 서울만 가면 된다.</td><td>주130</td><td>총명한 사람은 마땅히 침잠함과 두터움을 배워야 한다.</td><td>주147</td><td>子集</td></tr>
<tr><td>주114</td><td>친구 따라[친해] 강남 간다.</td><td>주131</td><td>質이 文을 이기면 촌스럽고, 文이 質을 이기면 겉치레만 잘함이니</td><td>주148</td><td>권질</td></tr>
<tr><td>주115</td><td>느릿느릿 걸어도 황소걸음.</td><td>주132</td><td>鶴髮</td><td>주149</td><td>경서를 연구함</td></tr>
<tr><td>주116</td><td>티끌 모아 태산.</td><td>주133</td><td>江陵</td><td>주150</td><td>鷄肋</td></tr>
<tr><td>주117</td><td>必 ， 然</td><td>주134</td><td>흰 구름 나는 아래 저무는 산만 푸르다.</td><td></td><td></td></tr>
</table>

모범답안 〈7〉

객관식

1	③	6	④	11	①	16	③	21	③	26	③	31	④	36	②	41	④	46	②
2	①	7	①	12	②	17	④	22	①	27	②	32	①	37	②	42	①	47	④
3	④	8	③	13	④	18	②	23	④	28	③	33	③	38	③	43	③	48	①
4	③	9	②	14	①	19	①	24	③	29	①	34	④	39	①	44	②	49	③
5	②	10	①	15	③	20	④	25	②	30	④	35	②	40	④	45	③	50	④

주관식 I

주1	빨/핥을 연	주21	벽돌 전	주41	잔혈	주61	刮→㓞	주81	誣告
주2	소통할 활	주22	기다릴 사	주42	뇌선	주62	醇→殉	주82	積阻
주3	이마 상	주23	匕	주43	아라리	주63	呑→炭	주83	剩餘
주4	가마솥 확	주24	手	주44	협착	주64	蟲→觸	주84	梟首刑
주5	겨우/비로소 재	주25	虫	주45	납승	주65	拐→乖	주85	瀕死
주6	굽을 우	주26	肉	주46	함수	주66	幇助	주86	巨擘
주7	쬘 양	주27	皺	주47	성첩	주67	湮滅	주87	短簫
주8	말이문을나오는모양 틈	주28	贄	주48	핵득	주68	僭稱	주88	橫暴
주9	도요새 휼	주29	翎	주49	연우	주69	据置	주89	崎嶇
주10	이을 갱	주30	閤	주50	전제	주70	諡號	주90	凌/陵蔑
주11	일어날 속	주31	櫴	주51	기망	주71	鐵柵	주91	喙
주12	우뚝솟을 숭	주32	纛	주52	밀랍	주72	飫聞	주92	撞
주13	무늬 현	주33	漢	주53	제반	주73	微恙	주93	梁
주14	부유할 춘	주34	膨	주54	감란	주74	毫釐	주94	藏
주15	접때/앞서 낭	주35	弘	주55	삼제	주75	靑葡萄	주95	捲
주16	빼어날/갑자기 당	주36	鑾	주56	천촉	주76	邪慝	주96	曝
주17	머리깎을 체	주37	礁	주57	陣痛	주77	陶俑	주97	悖
주18	창 계	주38	繭	주58	鎭痛	주78	對蹠	주98	彝
주19	주름/살틀 준	주39	塑	주59	砒霜	주79	靷帶	주99	稽
주20	어릴/예쁠 눈	주40	詣	주60	飛翔	주80	鹵獲	주100	偃

번호	답안	번호	답안	번호	답안
주101	X	주118	此 , 如	주135	金時習
주102	O	주119	而 , 以	주136	아름다운 나물은 때를 알아 돋아나고
주103	O	주120	不 , 已	주137	結廬
주104	X	주121	隱 , 顯	주138	전원 생활의 즐거움
주105	鼠竊狗偸	주122	綿 , 利	주139	망치와 끌을 내려놓고 위로 桓公을 올려다보며 (망치와 끌을 놓고 올라와서)
주106	刎頸之交	주123	賓 , 承	주140	옛사람의 찌꺼기일 뿐이겠습니다.
주107	季布一諾	주124	折 , 弱	주141	寡人
주108	蝸角之爭	주125	日月逝矣 歲不我延	주142	꽉 끼다 (너무 꼭 맞다)
주109	늙어서 효도함.	주126	節義廉退 顚沛匪虧	주143	교묘한 기술이 그 사이에 있으니
주110	믿을 만하고 도움이 되는 신하.	주127	所謂誠其意者　毋自欺也	주144	옛사람이 〈말로는〉 그 전할 수 없는 것을 함께 가지고 죽었을 것입니다.
주111	자연의 아름다운 경치를 몹시 사랑하고 즐기는 성벽.	주128	天之生物　必因其材而篤焉	주145	제후들에게 알려지거나 영달하기를 구하지 않았습니다.
주112	인생이나 세월이 덧없이 짧음.	주129	무릇 어진 선비가 세상을 살아가는 것은 비유컨대 송곳이 자루 안에 있는 것과 같다.	주146	驅馳
주113	달면 삼키고, 쓰면 뱉는다.	주130	재물을 생산함은 큰 방법이 있으니, 그것을 생산하는 자가 많고	주147	만날 치
주114	되로 주고 말로 받는다.	주131	부귀하여 교만하게 되면 스스로 화를 초래할 것이다.	주148	부탁하신 것을 이루지 못해서 先帝의 밝음을 손상시킬까 두려워하였습니다.
주115	미운 아이 떡 하나 더 준다. (미운 아이 먼저 품어라.)	주132	항상 의관도 걸치지 않고 있네. (거의 매일 의관이 필요 없네)	주149	漢室
주116	하룻강아지 범 무서운 줄 모른다.	주133	팥꽃	주150	出師表
주117	爲 , 焉	주134	冠, 殘, 寬, 歎		

모범답안 〈8〉

객관식

1	①	6	①	11	②	16	④	21	①	26	②	31	①	36	②	41	①	46	④
2	④	7	③	12	④	17	②	22	④	27	③	32	③	37	③	42	③	47	①
3	③	8	②	13	①	18	①	23	③	28	①	33	④	38	①	43	②	48	③
4	②	9	①	14	③	19	④	24	②	29	④	34	②	39	④	44	③	49	④
5	③	10	④	15	①	20	③	25	③	30	③	35	④	40	②	45	④	50	②

주관식 Ⅰ

주1	둑/언덕/마을 오	주21	무지개 예	주41	포혜	주61	諏→酋	주81	舞雩祭
주2	입술 문	주22	셀 경	주42	사릉	주62	嚼→勺	주82	猝乍間
주3	너 니	주23	米	주43	잔리	주63	纖→贓	주83	躁急
주4	도깨비불 린	주24	食	주44	누경	주64	鈑→辦	주84	褶曲
주5	찌끼 재	주25	糸	주45	전몽	주65	搏→雹	주85	脾胃
주6	밝을/맑을 견	주26	用	주46	접첩	주66	拖過	주86	冕旒冠
주7	어혈질 어	주27	曷	주47	포복	주67	躡路	주87	把握
주8	메벼 갱	주28	氓	주48	사선	주68	袂別	주88	搭載量
주9	돐 수	주29	盥	주49	시과	주69	錙銖	주89	齧齒類
주10	정성 순	주30	矮	주50	눈청	주70	香餌	주90	龍鬚鐵
주11	표주박 호	주31	麴	주51	초멸	주71	俘虜	주91	稠/衆
주12	즐길/애오라지 료	주32	捍	주52	저포	주72	蜎縮	주92	悷
주13	가져올 재	주33	愎	주53	과루	주73	翟輅	주93	菲
주14	명주 호	주34	疽	주54	후허	주74	歇后	주94	貂
주15	노래할 구	주35	噬	주55	작설	주75	爬行	주95	輾
주16	수 불	주36	蒜	주56	보궤	주76	殮襲	주96	恤
주17	비틀 년	주37	窩	주57	無辜	주77	船艙	주97	擲
주18	빌/공허할/다할 경	주38	鼉	주58	誣告	주78	鬱邑酒	주98	斑
주19	소리개 연	주39	獰	주59	傳喝	주79	截取線	주99	憺
주20	구멍 두	주40	搊	주60	全蠍	주80	救命胴衣	주100	蟹

주101	O	주118	后 , 以	주135	沈淪
주102	O	주119	之 , 於	주136	인간 세상에 글 아는 사람 노릇 어렵구나.
주103	X	주120	與 , 雖	주137	우물 속 달을 읊다.
주104	O	주121	旨 , 善	주138	물(우물물), 달(달빛)
주105	髀肉之嘆	주122	耕 , 敎	주139	惶悚
주106	偃旗息鼓	주123	志 , 耳	주140	이미 스스로 제 양반을 팔아서 환곡을 갚았습니다.
주107	鼠肝蟲臂	주124	行 , 卑	주141	비천한 것을 싫어하고 존귀한 것을 사모하니 지혜로운 일이다.
주108	哀號涕泣	주125	篤初誠美 愼終宜令	주142	및 급
주109	억지로 남의 작은 허물을 들추어냄.	주126	桃李不言 下自成蹊	주143	값 치
주110	경망스럽고 방정맞은 사람.	주127	七十而從心所欲　不踰矩	주144	君子
주111	훌륭한 임금을 좇아서 공명을 세움.	주128	老吾老 以及人之老 幼吾幼 以及人之幼	주145	스승이란 도를 전하고 학업을 가르쳐주고 의혹을 풀어주는 것이다.
주112	쓸모가 적은 물건.	주129	즐거우면서도 지나치지 않고, 슬프면서도 몸을 상하게 하지 않는다.	주146	惑
주113	웃는 낯에 침 뱉으랴.	주130	거친 밥을 먹고 물을 마시고 팔을 굽혀 베더라도 즐거움이 또한 이 가운데 있으니	주147	나는 道를 스승으로 삼으니
주114	누울 자리 봐 가며 발을 뻗어라.	주131	사람을 이롭게 하는 말은 따뜻하기가 솜 같고 상처 주는 말은 날카롭기가 가시 같다.	주148	어찌
주115	간에 붙었다 쓸개에 붙었다 한다.	주132	庭梅欲謝時	주149	㉫: 뛰어나다 , ㉪: 나오다
주116	하늘이 무너져도 솟아날 구멍이 있다.	주133	부질없이 거울 보며 눈썹 그려요	주150	師說
주117	乎 , 其	주134	오지 않는 님에 대한 기다림		

모범답안 〈9〉

객관식

1	④	6	③	11	④	16	②	21	④	26	③	31	③	36	③	41	③	46	①
2	③	7	②	12	①	17	①	22	③	27	①	32	④	37	①	42	②	47	③
3	②	8	①	13	③	18	④	23	②	28	④	33	②	38	④	43	③	48	④
4	③	9	④	14	①	19	③	24	③	29	③	34	④	39	②	44	④	49	②
5	①	10	①	15	②	20	④	25	①	30	②	35	①	40	②	45	①	50	④

주관식 Ⅰ

번호	답	번호	답	번호	답	번호	답	번호	답
주1	더위잡을 반	주21	산깊을 감	주41	엄칙	주61	彎→饅	주81	敷衍/演
주2	유쾌할 교	주22	아비 다	주42	당간	주62	焙→胚	주82	高喊
주3	무너질 퇴	주23	大	주43	갱가	주63	暢→艙	주83	行悖
주4	길치울 필	주24	鳥	주44	천착	주64	輟→徹	주84	親鞫/鞠
주5	차자 차	주25	水	주45	견감	주65	豐→諷	주85	鴻鵠
주6	비상섞인돌 여	주26	心	주46	촌탁	주66	貽笑	주86	簇子
주7	비릴 성	주27	韜	주47	운계	주67	對蹠	주87	醱酵
주8	활고자 미	주28	筐	주48	옥형	주68	罹災民	주88	尨大
주9	기장 량	주29	贅	주49	최외	주69	附缸	주89	元嗔煞
주10	누룩 국	주30	鑴	주50	눌삽	주70	耐皺性	주90	暗礁
주11	헌데딱지 가	주31	噬	주51	탱거	주71	靜脈瘤	주91	吠
주12	땅이름 박	주32	幄	주52	서려	주72	狎褻	주92	藁
주13	공적/사업 적	주33	儺	주53	틈사	주73	臍帶	주93	鄲
주14	날뛸 궐	주34	辦	주54	점윤	주74	傷痕	주94	雛
주15	깊을 수	주35	娉	주55	여력	주75	簪纓	주95	駕
주16	다듬잇돌 침	주36	匍	주56	전요	주76	拇印	주96	幡
주17	칼 겸	주37	脩	주57	現像所	주77	倉廩	주97	蜚
주18	볼기 둔	주38	盂	주58	懸賞公募	주78	瞑眩	주98	尋
주19	수고로울 구	주39	淘	주59	宣揚	주79	臆測	주99	晴
주20	꽁무니 고	주40	聳	주60	煽揚	주80	鬱寂	주100	諛

주101	X	주118	而 , 爲	주135	七言絕句
주102	X	주119	以 , 曰	주136	鄭知常
주103	O	주120	其 , 寧	주137	感時花濺淚
주104	O	주121	德 , 郵	주138	온통 비녀조차 이기지 못하겠네 (거의 비녀조차 꽂지 못하겠네)
주105	忙中偸閑	주122	雕 , 糞	주139	구불구불한 골짜기를 찾아가고 (이미 깊숙하게 골짜기를 찾고)
주106	竹頭木屑	주123	信 , 時	주140	샘물은 졸졸 비로소/바야흐로 흐르누나.
주107	逢人輒說	주124	利 , 亡	주141	형체를 우주 안에 붙이고 살기를 다시 얼마나 하겠는가.
주108	切齒扼腕	주125	多言 數窮 不如守中	주142	帝鄕
주109	허물이 드러나서 숨겨 감출 수가 없음.	주126	利人之言 暖如綿絮 傷人之言 利如荊棘	주143	혹치장이운자
주110	반찬이 없는 검소한 음식.	주127	在明明德 在親民 在止於至善	주144	애오라지 자연의 변화에 따라 생을 마치려 하니
주111	성질이 사납고 거칠어서 제 마음대로만 하며 다잡을 수 없는 사람.	주128	罔談彼短 靡恃己長	주145	측달충후
주112	형장으로 맞아 사죄하겠다는 뜻을 나타냄.	주129	젊은 후배들이 두려울 만하니 어찌 〈후생의〉 장래가 〈나의〉 지금만 못할 줄을 알겠는가?	주146	찬미와 풍자와 권선과 징악의 뜻이 아니면 시가 아니니
주113	부부 싸움은 칼로 물 베기.	주130	제자가 들어가서는 효도하고 나와서는 공손하며,	주147	澤民
주114	열 사람이 지켜도 도둑 한 놈을 못 막는다.	주131	물은 만물을 잘 이롭게 하나 다투지 않으며 뭇사람들이 싫어하는 곳에 처한다.	주148	用事
주115	첫술에 배부르랴.	주132	伽倻山	주149	押韻
주116	꿩 대신 닭.	주133	겹겹 봉우리 울리니	주150	걸핏하면
주117	不 , 自	주134	짐짓 흐르는 물로 온 산을 둘러쳤네. (일부러 물을 흘려보내 온 산을 감싸게 하였다네)		

모범답안 〈10〉

객관식

1	①	6	④	11	③	16	④	21	②	26	④	31	③	36	①	41	③	46	④
2	③	7	③	12	②	17	①	22	①	27	③	32	①	37	④	42	①	47	②
3	④	8	②	13	①	18	③	23	④	28	②	33	④	38	②	43	④	48	③
4	②	9	④	14	④	19	①	24	③	29	①	34	③	39	④	44	②	49	④
5	④	10	①	15	①	20	②	25	④	30	①	35	②	40	①	45	②	50	①

주관식 Ⅰ

주1	어리석을 당	주21	먹이 이	주41	여과	주61	沛→狽	주81	悖倫
주2	좁을/막힐 액	주22	무궁화 순	주42	저어	주62	斂→廉	주82	滲透
주3	서자 얼	주23	戈	주43	퇴격	주63	靷→靫	주83	刪削
주4	이에 원	주24	米	주44	천양	주64	甓→擘	주84	攄得
주5	절뚝발이 파	주25	臣	주45	산탄	주65	繃→棚	주85	花卉
주6	늘어질 타	주26	宀	주46	조적	주66	排氣瓣	주86	綻露
주7	덮을 멱	주27	詣	주47	이의	주67	困憊	주87	揶揄
주8	눈동자 모	주28	伺	주48	저력	주68	贅言	주88	幫助
주9	두를 요	주29	紘	주49	관수	주69	闖入	주89	兵站
주10	상긋웃을 언	주30	擅	주50	등라	주70	瘢痕	주90	鬚髯
주11	귀양갈 적	주31	筠	주51	메구	주71	蹇脚	주91	蠅
주12	사나울 한	주32	経	주52	유액	주72	梟雄	주92	捲
주13	병들 막	주33	彎	주53	표치	주73	攀緣	주93	霽
주14	열 탁	주34	樸	주54	불면	주74	金箔	주94	涕
주15	아지랑이 애	주35	猏	주55	섬진	주75	穿鑿	주95	蟻
주16	급박할 구	주36	夔	주56	취와	주76	膏肓	주96	匙
주17	벨 삼	주37	淹	주57	推薦	주77	慇懃	주97	篆
주18	모을 람	주38	胴	주58	鞦韆	주78	蜃氣樓	주98	癱
주19	지경 강	주39	廓	주59	輻射	주79	明紬	주99	銷
주20	상자 협	주40	揖	주60	複寫	주80	移秧	주100	誣

주101	O	주118	而 , 之	주135	蜀子規
주102	O	주119	以 , 于	주136	옳거니 그르거니 사람들아 묻지를 마오.
주103	X	주120	莫 , 其	주137	紅
주104	O	주121	延 , 慾	주138	山吐孤輪月
주105	雪泥鴻爪	주122	處 , 知	주139	逆旅
주106	平沙落雁	주123	義 , 浮	주140	옛사람이 촛불을 잡고 밤에 논 것은 진실로 이유가 있었도다.
주107	肉袒負荊	주124	覆 , 良	주141	경연
주108	席藁待罪	주125	以其昭昭 使人昭昭	주142	雅懷
주109	부모를 잘 섬기어 효도함.	주126	河海不擇細流 故深	주143	若
주110	부부간의 사랑.	주127	婚娶而論財　夷虜之道也	주144	春夜宴桃李園序
주111	마음이 넓고 너그러워 사소한 일에 거리끼지 아니함.	주128	欲速則不達　見小利則大事不成	주145	心
주112	훗날 웅비할 기회를 기다림.	주129	심은 것을 북돋워 주고 기운 것은 엎어버리는 것이다.	주146	躁妄
주113	아니 땐 굴뚝에 연기 나랴.	주130	처음을 잘하는 자는 실로 많으나, 마침을 잘하는 자는 대개 적다.	주147	樞機
주114	고래 싸움에 새우 등 터진다.	주131	백성을 부릴 때는 큰 제사를 받들 듯이 해야 한다.	주148	전쟁/싸움
주115	호랑이를 잡으려거든 호랑이굴에 들어가야 한다.	주132	사신으로 명령을 받들어 금나라에 들어가며	주149	ⓑ: 易, ⓒ: 煩
주116	오라는 곳은 없어도 갈 곳은 많다.	주133	南宋	주150	禮法이 아니면 말하지 말아서
주117	猶 , 自	주134	고요하고 쓸쓸하다		

모범답안 〈11〉

객관식

1	③	6	③	11	②	16	①	21	①	26	③	31	①	36	④	41	①	46	②
2	④	7	②	12	①	17	③	22	④	27	②	32	④	37	②	42	④	47	③
3	②	8	③	13	④	18	①	23	③	28	③	33	③	38	④	43	②	48	④
4	④	9	①	14	①	19	②	24	④	29	①	34	②	39	①	44	③	49	①
5	①	10	④	15	③	20	④	25	②	30	④	35	①	40	③	45	②	50	①

주관식 Ⅰ

주1	빗 소	주21	나을 추	주41	접선	주61	髣→尨	주81	膵臟
주2	깃대 강	주22	모일 준	주42	잠홀	주62	掛→罫	주82	軟膏
주3	머무를 두	주23	皮	주43	이습	주63	餌→痍	주83	鍮器
주4	빚을 온	주24	酉	주44	제설	주64	廠→脹	주84	縕袍
주5	흩날릴 양	주25	目	주45	이연	주65	媚→靡	주85	騈儷文
주6	마를 학	주26	采	주46	계상	주66	詆辱	주86	硝煙
주7	재잘거릴 남	주27	睫	주47	준축	주67	穢土	주87	冊封
주8	꽃술 예	주28	濾	주48	선탑	주68	貶毀	주88	徹天之怨讐
주9	침/물흐를 연	주29	繭	주49	명현	주69	抃踊	주89	間歇泉
주10	적을 사	주30	顯	주50	치소	주70	不銹鋼	주90	靑葡萄
주11	나방 아	주31	蓼	주51	재용	주71	叱咤	주91	蕭
주12	둔할 노	주32	醯	주52	뇌사	주72	贅客	주92	臻
주13	아름다운옥 혼	주33	譁	주53	치루	주73	餞別金	주93	脩
주14	순채 순	주34	竅	주54	시훼	주74	龕室	주94	禳
주15	속적삼 배	주35	矇	주55	침지	주75	經濟恐慌	주95	肴
주16	눈동자 정	주36	榔	주56	추창	주76	石窟庵	주96	眇
주17	쭉정이 비	주37	蔭	주57	插匙	주77	隔阻	주97	淸
주18	기내 환	주38	狎	주58	澁柹	주78	捏造	주98	菽
주19	조심할 기	주39	歎	주59	獰惡無道	주79	宣誓	주99	殄
주20	열 천	주40	孼	주60	靈惡	주80	邀擊	주100	雁

주101	X	주118	而 , 爲	주135	田制考
주102	X	주119	夫 , 之	주136	맑은 물결에 씻기어도 요염하지 않다.
주103	O	주120	於 , 不	주137	香遠益淸
주104	X	주121	數 , 中	주138	ⓐ: 菊, ⓑ: 牡丹, ⓒ: 蓮
주105	走獐落兎	주122	論 , 道	주139	쫓겨나 강담에서 노닐어 못가를 거닐면서 시를 읊조릴 적에
주106	雲捲天晴	주123	謙 , 愼	주140	ⓛ: 濁 , ⓒ: 淸
주107	輾轉反側	주124	軌 , 倫	주141	어찌하여 그 진흙을 휘젓고 그 흙탕물을 일으키지 않으며,
주108	萬彙群象	주125	出門如見大賓　使民如承大祭	주142	무슨 까닭으로 깊이 생각하고 고상하게 행동하여
주109	소홀히 한 작은 일이 큰 화를 불러옴.	주126	金玉滿堂　莫之能守富貴而驕　自遺其咎	주143	어찌 깨끗한 몸으로 남의 더러운 것을 받는단 말인가.
주110	두루 섭렵하기만 하고 전공하는 바가 없어 끝내 성취하지 못함.	주127	博施於民 而能濟衆	주144	ⓐ: 纓 , ⓑ: 足
주111	어떤 일에 뛰어난 솜씨.	주128	聖人常善救人　故無棄人	주145	단정하게 두 손을 모으고 똑바로 앉아
주112	몹시 부끄럽거나 무서워서 흐르는 땀이 등을 적심.	주129	배움은 그만 둘 수 없으니 푸른 색은 족풀에서 취했으나 쪽보다 푸르고	주146	및 급
주113	윗물이 맑아야 아랫물이 맑다.	주130	관리는 지위가 성취되는 데서 게을러지며 병은 조금 낫는 데서 덧나게 되며	주147	의리와 이익을 밝게 분별함과 인욕을 막고 천리를 보존하는 말에(내용에) 대해
주114	남의 잔치에 감 놓아라 배 놓아라 한다.	주131	(학문이란) 비유컨대 산을 만들되 마지막 흙 한 삼태기를 (붓지 않아 산을) 이루지 못하고서 중지하는 것은	주148	詩經
주115	소 잃고 외양간 고친다.	주132	크게 훌륭한 인물로 인정을 받다.	주149	일일이 깊이 생각하여 [선한 마음을] 감동하여 분발하고 [악한 마음을] 징계해야 할 것이다.
주116	아랫돌 빼서 윗돌 괴기.	주133	형 정약종의 옥사에 연좌되어 강진에 유배되다.	주150	涉獵
주117	若 , 所	주134	자세할 위		

모범답안 〈12〉

객관식

1	②	6	③	11	③	16	②	21	①	26	①	31	③	36	①	41	④	46	③
2	③	7	④	12	②	17	①	22	③	27	④	32	②	37	④	42	②	47	④
3	④	8	②	13	③	18	④	23	①	28	③	33	③	38	③	43	④	48	②
4	①	9	④	14	①	19	①	24	②	29	④	34	①	39	②	44	①	49	③
5	③	10	①	15	④	20	③	25	④	30	②	35	④	40	①	45	③	50	②

주관식 Ⅰ

주1	칼날 악	주21	작은배 부	주41	추루	주61	哄→訌	주81	慌忙
주2	열말 곡	주22	화할 인	주42	여지	주62	跛→爬	주82	彈劾訴追權
주3	새알 단	주23	勺	주43	노둔	주63	澁→颯	주83	慓毒
주4	기운 인	주24	木	주44	급살	주64	殫→綻	주84	袞龍袍
주5	지저귈 전	주25	艸	주45	초배	주65	潢→荒	주85	撮影
주6	김맬/없앨 누	주26	瓜	주46	양말	주66	翠嵐	주86	橫說竪說
주7	신/신을 구	주27	陂	주47	맥고	주67	龜趺	주87	圖讖說
주8	숨을 찬	주28	歛	주48	음예	주68	發靷	주88	全鰒粥
주9	편안할 담	주29	摺	주49	전탁	주69	彭殤	주89	挫折
주10	부싯돌 수	주30	逋	주50	추창	주70	佩瓢	주90	慫慂
주11	숫돌 지	주31	沸	주51	소삼	주71	猊座	주91	刮
주12	눈썹먹 대	주32	篠	주52	찬합	주72	糟粕	주92	塘
주13	쇠사슬/북소리 당	주33	獺	주53	실담	주73	獪猾	주93	稍
주14	도리깨 가	주34	兜	주54	형추	주74	心臟搏動	주94	鵠
주15	떡/가루떡 고	주35	鬣	주55	저마	주75	窩窟	주95	曝
주16	닭소리 악	주36	畦	주56	삼투	주76	濾過紙	주96	煎
주17	성실할 각	주37	狄	주57	凋落	주77	輝煌燦爛	주97	巒
주18	합사할 부	주38	罕	주58	殂落	주78	阿諂	주98	朽
주19	바로볼 수	주39	霤	주59	領收證	주79	薔薇	주99	炮
주20	밸 치	주40	劈	주60	領袖 會談	주80	獅子吼	주100	奪

주관식 Ⅱ

주101	X	주118	以 , 之	주135	樂歲
주102	X	주119	善 , 蓋	주136	於
주103	X	주120	將 , 其	주137	그런 뒤에야 백성들을 몰아서 善에 가게 합니다.
주104	X	주121	辭 , 擇	주138	백성들이 명령을 따르기가 쉬운 것입니다.
주105	苛斂誅求	주122	驕 , 咎	주139	옛사람의 찌꺼기이겠습니다.
주106	滿身瘡痍	주123	和 , 育	주140	어찌 안
주107	涸轍鮒魚	주124	儉 , 戚	주141	㉮: 甘 , ㉯: 苦
주108	囊中之錐	주125	靑取之於藍而靑於藍	주142	손의 감각으로 터득하여 마음으로 호응하는 것이어서
주109	뜻밖의 이익이 생김.	주126	博學而篤志　切問而近思	주143	신도 그것을 신의 자식에게 깨우쳐 줄 수 없고
주110	아무 데도 쓸모없는 사람.	주127	不肖而不肯事賢　是人之三不祥也	주144	나이가 칠십에 이르러 늙도록
주111	두루미의 깨끗하고 아름다운 모습.	주128	夫賢士之處世也　譬若錐之處囊中	주145	또 還子를 갚게 된 사정을 물어 보려고 했다.
주112	말로 통하지 아니하고 마음에서 마음으로 전하는 일.	주129	백성들에게 널리 은혜를 베풀고 많은 사람을 구제한다.	주146	頓首
주113	아니 땐 굴뚝에 연기 나랴.	주130	하늘이 많은 백성을 나게 하셨으니 일이 있으면 법칙이 있도다.	주147	소인이 이제 다시 어떻게 전의 양반 명칭을 거짓으로 꾸며대서 양반 행세를 하겠습니까?
주114	참새가 방앗간을 거저(그냥) 지나랴.	주131	교만함은 손해를 불러오고 겸손함은 이익을 얻는다.	주148	증서를 만들어 미덥게 하되
주115	눈 감으면 코 베어 간다.	주132	방탕하고 편벽되고 간사하고 사치함을 하지 않음이 없을 것이다.	주149	휘/열말 곡
주116	옷은 새 옷이 좋고 사람은 옛사람이 좋다.	주133	罔民	주150	兩班
주117	也 , 爲	주134	産		

제　회 국가공인 한자자격시험〔사범〕(주관식 II) 답안지

수험번호: (　　　)-(　　　)-(　　　)-(　　　) 성명: (　　　　) 생년월일 : (　　　　　　)

○　매　는　곳　○

문제유형	감독관 서명	초검자 서명	재검자 서명	점수
A ○				
B ○				

번호	주관식 답안란	채점	번호	주관식 답안란	채점	번호	주관식 답안란	채점
주101			주118			주135		
주102			주119			주136		
주103			주120			주137		
주104			주121			주138		
주105			주122			주139		
주106			주123			주140		
주107			주124			주141		
주108			주125			주142		
주109			주126			주143		
주110			주127			주144		
주111			주128			주145		
주112			주129			주146		
주113			주130			주147		
주114			주131			주148		
주115			주132			주149		
주116			주133			주150		
주117			주134					

수고하셨습니다.
★ 본답안지는 OCR답안지와 함께
감독관에게 반드시 제출하시오.

국가공인 한자자격시험 답안지

주관 : (사)한자교육진흥회
시행 : 한국한자실력평가원

1 1

사범, 1 ~ 3급 응시자용

회 차	제 회	응시등급		문제유형	
감독관 확 인 (서명)		사범	○	A형	○
		1급	○		
		2급	○	B형	○
		3급	○		

성 명

수 험 번 호

생 년 월 일

채점위원확인란
(응시자표기금지)

(초 검)

(재 검)

객 관 식 답 안 란

1	① ② ③ ④	16	① ② ③ ④	3	① ② ③ ④
2	① ② ③ ④	17	① ② ③ ④	32	① ② ③ ④
3	① ② ③ ④	18	① ② ③ ④	33	① ② ③ ④
4	① ② ③ ④	19	① ② ③ ④	34	① ② ③ ④
5	① ② ③ ④	20	① ② ③ ④	35	① ② ③ ④
6	① ② ③ ④	21	① ② ③ ④	36	① ② ③ ④
7	① ② ③ ④	22	① ② ③ ④	37	① ② ③ ④
8	① ② ③ ④	23	① ② ③ ④	38	① ② ③ ④
9	① ② ③ ④	24	① ② ③ ④	39	① ② ③ ④
10	① ② ③ ④	25	① ② ③ ④	40	① ② ③ ④
11	① ② ③ ④	26	① ② ③ ④	41	① ② ③ ④
12	① ② ③ ④	27	① ② ③ ④	42	① ② ③ ④
13	① ② ③ ④	28	① ② ③ ④	43	① ② ③ ④
14	① ② ③ ④	29	① ② ③ ④	44	① ② ③ ④
15	① ② ③ ④	30	① ② ③ ④	45	① ② ③ ④
		46	① ② ③ ④		
		47	① ② ③ ④		
		48	① ② ③ ④		
		49	① ② ③ ④		
		50	① ② ③ ④		

※ 답안지 작성요령

1. 객관식 답은 해당번호에 검정색 펜으로 표기
   ▶ 바른표기 예 : ●
   ▶ 틀린표기 예 : ◑ ⊙ ✓ ⊗
2. 객관식 답을 수정할 때는 수정테이프를 사용
3. 객관식 답을 수정할 때는 두줄로 긋고 작성
4. 본 답안지를 구기거나 훼손하지 마시오.

주 관 식 답 안 란

문항	주관식 답안란	초검	재검	문항		초검	재검
주1		○	○	주16		○	○
주2		○	○	주17		○	○
주3		○	○	주18		○	○
주4		○	○	주19		○	○
주5		○	○	주20		○	○
주6		○	○	주21		○	○
주7		○	○	주22		○	○
주8		○	○	주23		○	○
주9		○	○	주23		○	○
주10		○	○	주25		○	○
주11		○	○	주26		○	○
주12		○	○	주27		○	○
주13		○	○	주28		○	○
주14		○	○	주29		○	○
주15		○	○	주30		○	○

※ 응시자는 채점란의 ○표에 표기하지 마시오.

1 2

문항	주관식 답안란	초검	재검	문항	주관식 답안란	초검	재검	문항	주관식 답안란	초검	재검	문항	사범, 1급 답안란 (2, 3급은 작성불가)	초검	재검	문항	사범, 1급 답안란 (2, 3급은 작성불가)	초검	재검
주31		○	○	주46		○	○	주61		○	○	주75		○	○	주90		○	○
주32		○	○	주47		○	○	주62		○	○	주76		○	○	주91		○	○
주33		○	○	주48		○	○	주63		○	○	주77		○	○	주92		○	○
주34		○	○	주49		○	○	주64		○	○	주78		○	○	주93		○	○
주35		○	○	주50		○	○	주65		○	○	주79		○	○	주94		○	○
주36		○	○	주51		○	○	주66		○	○	주80		○	○	주95		○	○
주37		○	○	주52		○	○	주67		○	○	주81		○	○	주96		○	○
주38		○	○	주53		○	○	주68		○	○	주82		○	○	주97		○	○
주39		○	○	주53		○	○	주68		○	○	주83		○	○	주98		○	○
주40		○	○	주55		○	○	주70		○	○	주84				주99		○	○
주41		○	○	주56		○	○		사범, 1급 답안란 (2, 3급은 작성불가)			주85		○	○				
주42		○	○	주57		○	○	주71		○	○	주86		○	○	주100		○	○
주43		○	○	주58		○	○	주72		○	○	주87		○	○				
주44		○	○	주59		○	○	주73		○	○	주88		○	○	사범II점수	①②③④⑤⑥⑦⑧⑨		
주55		○	○	주60		○	○	주74		○	○	주89		○	○	(응시자 표기금지)	⓪①②③④⑤⑥⑦⑧⑨ ⓪①②③④⑤⑥⑦⑧⑨		

제　회 국가공인 한자자격시험〔사범〕(주관식 II) 답안지

수험번호: (　　　)-(　　　)-(　　　)-(　　　) 성명: (　　　) 생년월일 : (　　　　　　)

○　매　는　곳　○

문제유형	감독관 서명	초검자 서명	재검자 서명	점수
A ○				
B ○				

번호	주관식 답안란	채점	번호	주관식 답안란	채점	번호	주관식 답안란	채점
주101			주118			주135		
주102			주119			주136		
주103			주120			주137		
주104			주121			주138		
주105			주122			주139		
주106			주123			주140		
주107			주124			주141		
주108			주125			주142		
주109			주126			주143		
주110			주127			주144		
주111			주128			주145		
주112			주129			주146		
주113			주130			주147		
주114			주131			주148		
주115			주132			주149		
주116			주133			주150		
주117			주134					

수고하셨습니다.
★ 본답안지는 OCR답안지와 함께
감독관에게 반드시 제출하시오.

국가공인 한자자격시험 답안지

주관 : (사)한자교육진흥회
시행 : 한국한자실력평가원

1 1

사범, 1 ~ 3급 응시자용

회 차	제 회	응시등급		문제유형	
감독관 확 인	(서명)	사범	○	A형	○
		1급	○		
		2급	○	B형	○
		3급	○		

성 명

수 험 번 호

(숫자 마킹란 0~9)

생 년 월 일

(숫자 마킹란 0~9)

채점위원확인란 (응시자표기금지)
(초 검)
(재 검)

객 관 식 답 안 란

1	① ② ③ ④	16	① ② ③ ④	3	① ② ③ ④
2	① ② ③ ④	17	① ② ③ ④	32	① ② ③ ④
3	① ② ③ ④	18	① ② ③ ④	33	① ② ③ ④
4	① ② ③ ④	19	① ② ③ ④	34	① ② ③ ④
5	① ② ③ ④	20	① ② ③ ④	35	① ② ③ ④
6	① ② ③ ④	21	① ② ③ ④	36	① ② ③ ④
7	① ② ③ ④	22	① ② ③ ④	37	① ② ③ ④
8	① ② ③ ④	23	① ② ③ ④	38	① ② ③ ④
9	① ② ③ ④	24	① ② ③ ④	39	① ② ③ ④
10	① ② ③ ④	25	① ② ③ ④	40	① ② ③ ④
11	① ② ③ ④	26	① ② ③ ④	41	① ② ③ ④
12	① ② ③ ④	27	① ② ③ ④	42	① ② ③ ④
13	① ② ③ ④	28	① ② ③ ④	43	① ② ③ ④
14	① ② ③ ④	29	① ② ③ ④	44	① ② ③ ④
15	① ② ③ ④	30	① ② ③ ④	45	① ② ③ ④
				46	① ② ③ ④
				47	① ② ③ ④
				48	① ② ③ ④
				49	① ② ③ ④
				50	① ② ③ ④

※ 답안지 작성요령

1. 객관식 답은 해당번호에 검정색 펜으로 표기
   ▶ 바른표기 예 : ●
   ▶ 틀린표기 예 : ◐ ⊙ ✓ ⊗
2. 객관식 답을 수정할 때는 수정테이프를 사용
3. 객관식 답을 수정할 때는 두줄로 긋고 작성
4. 본 답안지를 구기거나 훼손하지 마시오.

문항	주관식 답안란	초검	재검	문항		초검	재검
주1		○	○	주16		○	○
주2		○	○	주17		○	○
주3		○	○	주18		○	○
주4		○	○	주19		○	○
주5		○	○	주20		○	○
주6		○	○	주21		○	○
주7		○	○	주22		○	○
주8		○	○	주23		○	○
주9		○	○	주23		○	○
주10		○	○	주25		○	○
주11		○	○	주26		○	○
주12		○	○	주27		○	○
주13		○	○	주28		○	○
주14		○	○	주29		○	○
주15		○	○	주30		○	○

※ 응시자는 채점란의 ○표에 표기하지 마시오.

1 2

문항	주관식 답안란	초검	재검	문항	주관식 답안란	초검	재검	문항	주관식 답안란	초검	재검	문항	사범, 1급 답안란 (2, 3급은 작성불가)	초검	재검	문항	사범, 1급 답안란 (2, 3급은 작성불가)	초검	재검
주31		○	○	주46		○	○	주61		○	○	주75		○	○	주90		○	○
주32		○	○	주47		○	○	주62		○	○	주76		○	○	주91		○	○
주33		○	○	주48		○	○	주63		○	○	주77		○	○	주92		○	○
주34		○	○	주49		○	○	주64		○	○	주78		○	○	주93		○	○
주35		○	○	주50		○	○	주65		○	○	주79		○	○	주94		○	○
주36		○	○	주51		○	○	주66		○	○	주80		○	○	주95		○	○
주37		○	○	주52		○	○	주67		○	○	주81		○	○	주96		○	○
주38		○	○	주53		○	○	주68		○	○	주82		○	○	주97		○	○
주39		○	○	주53		○	○	주68		○	○	주83		○	○	주98		○	○
주40		○	○	주55		○	○	주70		○	○	주84		○	○	주99		○	○
주41		○	○	주56		○	○	사범, 1급 답안란 (2, 3급은 작성불가)				주85		○	○				
주42		○	○	주57		○	○	주71		○	○	주86		○	○	주100		○	○
주43		○	○	주58		○	○	주72		○	○	주87		○	○				
주44		○	○	주59		○	○	주73		○	○	주88		○	○	사범II점수 (응시자 표기금지)	①②③④⑤⑥⑦⑧⑨ ⓪①②③④⑤⑥⑦⑧⑨ ⓪①②③④⑤⑥⑦⑧⑨		
주55		○	○	주60		○	○	주74		○	○	주89		○	○				

제   회 국가공인 한자자격시험〔사범〕(주관식 II) 답안지

수험번호: (   )-(   )-(   )-(   ) 성명: (   ) 생년월일 : (   )

○   매   는   곳   ○

문제유형	감독관 서명	초검자 서명	재검자 서명	점수
A ○				
B ○				

번호	주관식 답안란	채점	번호	주관식 답안란	채점	번호	주관식 답안란	채점
주101			주118			주135		
주102			주119			주136		
주103			주120			주137		
주104			주121			주138		
주105			주122			주139		
주106			주123			주140		
주107			주124			주141		
주108			주125			주142		
주109			주126			주143		
주110			주127			주144		
주111			주128			주145		
주112			주129			주146		
주113			주130			주147		
주114			주131			주148		
주115			주132			주149		
주116			주133			주150		
주117			주134					

수고하셨습니다.
★ 본답안지는 OCR답안지와 함께
감독관에게 반드시 제출하시오.

국가공인 한자자격시험 답안지

주관 : (사)한자교육진흥회
시행 : 한국한자실력평가원

1 1

사범, 1 ~ 3급 응시자용

회 차	제 회	응시등급		문제유형	
감독관 확인	(서명)	사범	○	A형	○
		1급	○		
		2급	○	B형	○
		3급	○		

성 명

수 험 번 호

생 년 월 일

채점위원확인란
(응시자표기금지)

(초 검)

(재 검)

객관식 답안란

1	① ② ③ ④	16	① ② ③ ④	3	① ② ③ ④
2	① ② ③ ④	17	① ② ③ ④	32	① ② ③ ④
3	① ② ③ ④	18	① ② ③ ④	33	① ② ③ ④
4	① ② ③ ④	19	① ② ③ ④	34	① ② ③ ④
5	① ② ③ ④	20	① ② ③ ④	35	① ② ③ ④
6	① ② ③ ④	21	① ② ③ ④	36	① ② ③ ④
7	① ② ③ ④	22	① ② ③ ④	37	① ② ③ ④
8	① ② ③ ④	23	① ② ③ ④	38	① ② ③ ④
9	① ② ③ ④	24	① ② ③ ④	39	① ② ③ ④
10	① ② ③ ④	25	① ② ③ ④	40	① ② ③ ④
11	① ② ③ ④	26	① ② ③ ④	41	① ② ③ ④
12	① ② ③ ④	27	① ② ③ ④	42	① ② ③ ④
13	① ② ③ ④	28	① ② ③ ④	43	① ② ③ ④
14	① ② ③ ④	29	① ② ③ ④	44	① ② ③ ④
15	① ② ③ ④	30	① ② ③ ④	45	① ② ③ ④
				46	① ② ③ ④
				47	① ② ③ ④
				48	① ② ③ ④
				49	① ② ③ ④
				50	① ② ③ ④

※ 답안지 작성요령

1. 객관식 답은 해당번호에 검정색 펜으로 표기
   - ▶ 바른표기 예 : ●
   - ▶ 틀린표기 예 : ◖ ⊙ ✓ ⓧ
2. 객관식 답을 수정할 때는 수정테이프를 사용
3. 객관식 답을 수정할 때는 두줄로 긋고 작성
4. 본 답안지를 구기거나 훼손하지 마시오.

주관식 답안란

문항	주관식 답안란	초검	재검	문항		초검	재검
주1		○	○	주16		○	○
주2		○	○	주17		○	○
주3		○	○	주18		○	○
주4		○	○	주19		○	○
주5		○	○	주20		○	○
주6		○	○	주21		○	○
주7		○	○	주22		○	○
주8		○	○	주23		○	○
주9		○	○	주23		○	○
주10		○	○	주25		○	○
주11		○	○	주26		○	○
주12		○	○	주27		○	○
주13		○	○	주28		○	○
주14		○	○	주29		○	○
주15		○	○	주30		○	○

문항	주관식 답안란	초검	재검	문항	주관식 답안란	초검	재검	문항	주관식 답안란	초검	재검	문항	사범, 1급 답안란 (2, 3급은 작성불가)	초검	재검	문항	사범, 1급 답안란 (2, 3급은 작성불가)	초검	재검
주31		○	○	주46		○	○	주61		○	○	주75		○	○	주90		○	○
주32		○	○	주47		○	○	주62		○	○	주76		○	○	주91		○	○
주33		○	○	주48		○	○	주63		○	○	주77		○	○	주92		○	○
주34		○	○	주49		○	○	주64		○	○	주78		○	○	주93		○	○
주35		○	○	주50		○	○	주65		○	○	주79		○	○	주94		○	○
주36		○	○	주51		○	○	주66		○	○	주80		○	○	주95		○	○
주37		○	○	주52		○	○	주67		○	○	주81		○	○	주96		○	○
주38		○	○	주53		○	○	주68		○	○	주82		○	○	주97		○	○
주39		○	○	주53		○	○	주68		○	○	주83		○	○	주98		○	○
주40		○	○	주55		○	○	주70		○	○	주84		○	○	주99		○	○
주41		○	○	주56		○	○	**사범, 1급 답안란** (2, 3급은 작성불가)				주85		○	○	주99			
주42		○	○	주57		○	○	주71		○	○	주86		○	○	주100		○	○
주43		○	○	주58		○	○	주72		○	○	주87		○	○	주100			
주44		○	○	주59		○	○	주73		○	○	주88		○	○	사범II점수		① ② ③ ④ ⑤ ⑥ ⑦ ⑧ ⑨	
주55		○	○	주60		○	○	주74		○	○	주89		○	○	(응시자 표기금지)		⓪ ① ② ③ ④ ⑤ ⑥ ⑦ ⑧ ⑨ / ⓪ ① ② ③ ④ ⑤ ⑥ ⑦ ⑧ ⑨	

제　회 국가공인 한자자격시험〔사범〕(주관식 II) 답안지

수험번호: (　　　)-(　　　)-(　　　)-(　　　) 성명: (　　　　　) 생년월일 : (　　　　　　　　　)

○　매　는　곳　○

문제유형	감독관 서명	초검자 서명	재검자 서명	점수
A ○				
B ○				

번호	주관식 답안란	채점	번호	주관식 답안란	채점	번호	주관식 답안란	채점
주101			주118			주135		
주102			주119			주136		
주103			주120			주137		
주104			주121			주138		
주105			주122			주139		
주106			주123			주140		
주107			주124			주141		
주108			주125			주142		
주109			주126			주143		
주110			주127			주144		
주111			주128			주145		
주112			주129			주146		
주113			주130			주147		
주114			주131			주148		
주115			주132			주149		
주116			주133			주150		
주117			주134					

수고하셨습니다.
★ 본답안지는 OCR답안지와 함께
　감독관에게 반드시 제출하시오.

국가공인 한자자격시험 답안지

주관 : (사)한자교육진흥회
시행 : 한국한자실력평가원

1 1

사범, 1 ~ 3급 응시자용

회 차 / 제 회 / 응시등급 / 문제유형

회 차	제 회	응시등급	문제유형
감독관 확인	(서명)	사범 ○ / 1급 ○ / 2급 ○ / 3급 ○	A형 ○ / B형 ○

성 명

수 험 번 호

생 년 월 일

채점위원확인란 (응시자표기금지)

(초 검)

(재 검)

객 관 식 답 안 란

1	① ② ③ ④	16	① ② ③ ④	3	① ② ③ ④
2	① ② ③ ④	17	① ② ③ ④	32	① ② ③ ④
3	① ② ③ ④	18	① ② ③ ④	33	① ② ③ ④
4	① ② ③ ④	19	① ② ③ ④	34	① ② ③ ④
5	① ② ③ ④	20	① ② ③ ④	35	① ② ③ ④
6	① ② ③ ④	21	① ② ③ ④	36	① ② ③ ④
7	① ② ③ ④	22	① ② ③ ④	37	① ② ③ ④
8	① ② ③ ④	23	① ② ③ ④	38	① ② ③ ④
9	① ② ③ ④	24	① ② ③ ④	39	① ② ③ ④
10	① ② ③ ④	25	① ② ③ ④	40	① ② ③ ④
11	① ② ③ ④	26	① ② ③ ④	41	① ② ③ ④
12	① ② ③ ④	27	① ② ③ ④	42	① ② ③ ④
13	① ② ③ ④	28	① ② ③ ④	43	① ② ③ ④
14	① ② ③ ④	29	① ② ③ ④	44	① ② ③ ④
15	① ② ③ ④	30	① ② ③ ④	45	① ② ③ ④
46	① ② ③ ④
47	① ② ③ ④
48	① ② ③ ④
49	① ② ③ ④
50	① ② ③ ④

※ 답안지 작성요령

1. 객관식 답은 해당번호에 검정색 펜으로 표기
   ▶ 바른표기 예 : ●
   ▶ 틀린표기 예 : ◑ ⊙ ✓ ✗
2. 객관식 답을 수정할 때는 수정테이프를 사용
3. 객관식 답을 수정할 때는 두줄로 긋고 작성
4. 본 답안지를 구기거나 훼손하지 마시오.

주관식 답안란

문항	주관식 답안란	초검	재검	문항		초검	재검
주1		○	○	주16		○	○
주2		○	○	주17		○	○
주3		○	○	주18		○	○
주4		○	○	주19		○	○
주5		○	○	주20		○	○
주6		○	○	주21		○	○
주7		○	○	주22		○	○
주8		○	○	주23		○	○
주9		○	○	주23		○	○
주10		○	○	주25		○	○
주11		○	○	주26		○	○
주12		○	○	주27		○	○
주13		○	○	주28		○	○
주14		○	○	주29		○	○
주15		○	○	주30		○	○

※ 응시자는 채점란의 ○표에 표기하지 마시오.

1 2

문항	주관식 답안란	초검	재검	문항	주관식 답안란	초검	재검	문항	주관식 답안란	초검	재검	문항	사범, 1급 답안란 (2, 3급은 작성불가)	초검	재검	문항	사범, 1급 답안란 (2, 3급은 작성불가)	초검	재검
주31		○	○	주46		○	○	주61		○	○	주75		○	○	주90		○	○
주32		○	○	주47		○	○	주62		○	○	주76		○	○	주91		○	○
주33		○	○	주48		○	○	주63		○	○	주77		○	○	주92		○	○
주34		○	○	주49		○	○	주64		○	○	주78		○	○	주93		○	○
주35		○	○	주50		○	○	주65		○	○	주79		○	○	주94		○	○
주36		○	○	주51		○	○	주66		○	○	주80		○	○	주95		○	○
주37		○	○	주52		○	○	주67		○	○	주81		○	○	주96		○	○
주38		○	○	주53		○	○	주68		○	○	주82		○	○	주97		○	○
주39		○	○	주53		○	○	주68		○	○	주83		○	○	주98		○	○
주40		○	○	주55		○	○	주70		○	○	주84		○	○	주99		○	○
주41		○	○	주56		○	○		사범, 1급 답안란 (2, 3급은 작성불가)			주85		○	○				
주42		○	○	주57		○	○	주71		○	○	주86		○	○	주100		○	○
주43		○	○	주58		○	○	주72		○	○	주87		○	○				
주44		○	○	주59		○	○	주73		○	○	주88		○	○	사범II점수 (응시자 표기금지)	①②③④⑤⑥⑦⑧⑨ ⓪①②③④⑤⑥⑦⑧⑨ ⓪①②③④⑤⑥⑦⑧⑨		
주55		○	○	주60		○	○	주74		○	○	주89		○	○				

제　회 국가공인 한자자격시험 〔사범〕(주관식 II) 답안지

수험번호: (　　　)-(　　　)-(　　　)-(　　　) 성명: (　　　　　) 생년월일 : (　　　　　　　　)

○　매　는　곳　○

문제유형	감독관 서명	초검자 서명	재검자 서명	점수
A ◯				
B ◯				

번호	주관식 답안란	채점	번호	주관식 답안란	채점	번호	주관식 답안란	채점
주101			주118			주135		
주102			주119			주136		
주103			주120			주137		
주104			주121			주138		
주105			주122			주139		
주106			주123			주140		
주107			주124			주141		
주108			주125			주142		
주109			주126			주143		
주110			주127			주144		
주111			주128			주145		
주112			주129			주146		
주113			주130			주147		
주114			주131			주148		
주115			주132			주149		
주116			주133			주150		
주117			주134					

수고하셨습니다.
★ 본답안지는 OCR답안지와 함께
　감독관에게 반드시 제출하시오.

국가공인 한자자격시험 답안지

주관 : (사)한자교육진흥회
시행 : 한국한자실력평가원

1 1

사범, 1 ~ 3급 응시자용

회 차	제 회	응시등급		문제유형	
감독관 확 인	(서명)	사범	○	A형	○
		1급	○		
		2급	○	B형	○
		3급	○		

성 명

수 험 번 호

생 년 월 일

채점위원확인란
(응시자표기금지)

(초 검)

(재 검)

객 관 식 답 안 란

1	①②③④	16	①②③④	31	①②③④
2	①②③④	17	①②③④	32	①②③④
3	①②③④	18	①②③④	33	①②③④
4	①②③④	19	①②③④	34	①②③④
5	①②③④	20	①②③④	35	①②③④
6	①②③④	21	①②③④	36	①②③④
7	①②③④	22	①②③④	37	①②③④
8	①②③④	23	①②③④	38	①②③④
9	①②③④	24	①②③④	39	①②③④
10	①②③④	25	①②③④	40	①②③④
11	①②③④	26	①②③④	41	①②③④
12	①②③④	27	①②③④	42	①②③④
13	①②③④	28	①②③④	43	①②③④
14	①②③④	29	①②③④	44	①②③④
15	①②③④	30	①②③④	45	①②③④
				46	①②③④
				47	①②③④
				48	①②③④
				49	①②③④
				50	①②③④

※ 답안지 작성요령

1. 객관식 답은 해당번호에 검정색 펜으로 표기
   ▶ 바른표기 예 : ●
   ▶ 틀린표기 예 : ◑ ⊙ ✓ ⊗
2. 객관식 답을 수정할 때는 수정테이프를 사용
3. 객관식 답을 수정할 때는 두줄로 긋고 작성
4. 본 답안지를 구기거나 훼손하지 마시오.

주관식 답안란

문항	주관식 답안란	초검	재검	문항		초검	재검
주1		○	○	주16		○	○
주2		○	○	주17		○	○
주3		○	○	주18		○	○
주4		○	○	주19		○	○
주5		○	○	주20		○	○
주6		○	○	주21		○	○
주7		○	○	주22		○	○
주8		○	○	주23		○	○
주9		○	○	주23		○	○
주10		○	○	주25		○	○
주11		○	○	주26		○	○
주12		○	○	주27		○	○
주13		○	○	주28		○	○
주14		○	○	주29		○	○
주15		○	○	주30		○	○

※ 응시자는 채점란의 ○표에 표기하지 마시오.

1 2

문항	주관식 답안란	초검	재검	문항	주관식 답안란	초검	재검	문항	주관식 답안란	초검	재검	문항	사범, 1급 답안란 (2, 3급은 작성불가)	초검	재검	문항	사범, 1급 답안란 (2, 3급은 작성불가)	초검	재검
주31		○	○	주46		○	○	주61		○	○	주75		○	○	주90		○	○
주32		○	○	주47		○	○	주62		○	○	주76		○	○	주91		○	○
주33		○	○	주48		○	○	주63		○	○	주77		○	○	주92		○	○
주34		○	○	주49		○	○	주64		○	○	주78		○	○	주93		○	○
주35		○	○	주50		○	○	주65		○	○	주79		○	○	주94		○	○
주36		○	○	주51		○	○	주66		○	○	주80		○	○	주95		○	○
주37		○	○	주52		○	○	주67		○	○	주81		○	○	주96		○	○
주38		○	○	주53		○	○	주68		○	○	주82		○	○	주97		○	○
주39		○	○	주53		○	○	주68		○	○	주83		○	○	주98		○	○
주40		○	○	주55		○	○	주70		○	○	주84		○	○	주99		○	○
주41		○	○	주56		○	○	사범, 1급 답안란 (2, 3급은 작성불가)				주85		○	○				
주42		○	○	주57		○	○	주71		○	○	주86		○	○	주100		○	○
주43		○	○	주58		○	○	주72		○	○	주87		○	○				
주44		○	○	주59		○	○	주73		○	○	주88		○	○	사범II점수			
주55		○	○	주60		○	○	주74		○	○	주89		○	○	(응시자 표기금지)			

사범II점수 (응시자 표기금지)

① ② ③ ④ ⑤ ⑥ ⑦ ⑧ ⑨
⓪ ① ② ③ ④ ⑤ ⑥ ⑦ ⑧ ⑨
⓪ ① ② ③ ④ ⑤ ⑥ ⑦ ⑧ ⑨